BONHEUR D'ÉCOLE

Marc Le Bris

BONHEUR D'ÉCOLE

Peut-on encore sauver l'école française ?

Collection « Coup de gueule »

Jean-Claude Gawsewitch Éditeur

130, rue de Rivoli
75001 Paris
ISBN : 978-2-35013-125-2

« En aura-t-elle proféré, des sottises, ma génération, sur les rituels considérés comme marque de soumission aveugle, la notation estimée avilissante, la dictée réactionnaire, le calcul mental abrutissant, la mémorisation de textes infantilisante… »

Daniel Pennac, *Chagrin d'école*,
Gallimard, 2007.

À la femme de ma vie

Tous les noms et prénoms sont changés.
Les travaux scolaires évoqués sont disponibles sur
http://marc.le.bris.free.fr

Bonheur

Je sais où est le paradis. Je l'ai trouvé.

Le paradis est une petite plage de Bretagne, à la dune herbue, que l'on peut rejoindre à pied en scrutant, par l'échancrure du cordon de sable, si la mer est bleue, calme, écumante ou verte. Toujours, une petite fille au moins va ou vient, cheveux mouillés, serviette colorée aux épaules, grelottant un peu encore, relevant très vite chaque pied posé sur les graviers de la route, qu'elle traverse pour rejoindre la maison de pêcheur de son grand-père, y demander les haveneaux du garage, ou une crêpe de plus pour le goûter de Suzanne qui vient d'arriver… La petite fille mince et longue, en maillot mouillé, qui se détache en ombre chinoise devant la mer lumineuse est notre part d'éternité à tous. Sans elle, le tableau serait fugace. Cette petite fille ressemble forcément à une autre, à celle qui traverse la plage des *Vacances de M. Hulot*, à Brigitte quand elle quittait, gelée, le « Porto » à Sainte-Marie-sur-Mer, à ma cousine remontant le quai de Saint-Colomban, à la petite-fille que j'aurai un jour et que j'emmènerai par la main à cette plage-ci, avec sa bouée sur le ventre…

Rien de nouveau, les enfants sont toujours les mêmes. Les petits garçons tout frêles s'attachent leur serviette de bain au cou, puis courent sur le sable en regardant en arrière si leur cape de héros se déploie bien au vent de leur course. Ils se jettent à l'eau plusieurs fois de suite, dans de grands éclats qui attirent leurs cousins. Ils s'arrêtent tout à coup devant un coquillage qui les émeut, qu'ils ramassent et observent un instant, puis rejettent dans le sable lorsque mamie appelle pour le goûter… Il n'y a pas d'enfant nouveau. L'idée même de l'enfant nouveau me siffle un courant d'air aussi glacial que les promesses d'homme nouveau lancées par le XXe siècle.

Mais ce n'est pas tant cette rassurante permanence de l'enfance qui nous tient lieu d'éternité. C'est que, à l'aube de leurs deux mois de vacances à la plage, les enfants ont conscience de l'immense durée des temps ensoleillés comme d'une éternité que nous avons perdue, et qu'ils nous rappellent. Ils réveillent par leurs jeux, leur vie, leur insouciance l'enfant que nous étions, qui a aussi, en son temps, touché à cette presque éternité, à ce bonheur qui ne savait pas dire son nom, qui ne savait que courir en avant, vers l'avenir inimaginable mais infini. Le bonheur posé de l'enfance est un peu éternel, surtout au début de l'été. Mais ils ne le savent pas. Ils le sauront plus tard, lorsque, plus âgés, ils verront, un été, une petite fille en maillot mouillé traverser la route en se piquant les pieds aux gravillons.

Le seul bonheur éternel disponible à l'homme est le souvenir qu'il a des temps de son enfance.

S'ils ont conscience de l'éternité, ils n'ont pas celle de leur bonheur. Ils doivent toujours tout demander, on leur fait attendre leur goûter, ils ne font pas ce qu'ils veulent, ils se coupent le pied au rocher et pleurent très fort, leur petite sœur les énerve et il ne faut rien dire. Le tout petit garçon énergique et potelé veut toujours aller à l'eau, et sa mère l'en empêche, craignant le froid, la chute, la noyade. Ils ne sont pas libres. Ils sont heureux, sans doute, dans leur insouciante ineptie, leur enfantine inconséquence, la légèreté de leur vie. Mais ils ne sont pas libres.

– Je serai un agent secret ennemi caché dans mon sous-marin, et celui qui me trouvera deviendra mon ami, propose l'aîné des cousins

– Bon, d'accord, mais les agents secrets n'ont pas des capes comme ça…

L'insouciance, la légèreté, l'inconséquence, l'ineptie sans doute et le manque de liberté sont les ingrédients du bonheur enfantin, le seul pur et simple bonheur vraiment disponible.

Et demain, c'est la rentrée… Adieu inconséquence, insouciance, légèreté, ineptie… Adieu bonheur éternel.

Déjà, la présence des pères revenus en ce dernier dimanche d'août a cassé un peu la merveilleuse routine des jeux de l'été, qu'on aurait pu croire éternelle. Celui-ci s'est posé devant la mer haute, poings aux hanches, considérant les barques bleues ou jaunes que les grands-pères un peu pêcheurs laissent se dandiner tout le jour au milieu du petit havre de la plage. Tout le monde passe beaucoup de temps à regarder ces barques perchées sur l'eau transparente à la teinte bleu-vert si particulière au-dessus des bancs de sable. Les grands-pères pêcheurs ne les utilisent pas si souvent, ou alors tôt le matin, et ils nous les laissent là tout le jour, sans doute pour le tranquille plaisir de nos yeux.

Mais les jeunes pères, qui ont toujours un but à atteindre, ne voient pas seulement de la poésie dans ces barques multicolores qui oscillent tranquillement sur l'eau calme.

– Bon, puisque maintenant Damien sait nager, nous allons nager ensemble jusqu'à la barque jaune et orange !

Bien sûr, la maman, la mamie, la tata s'opposent un peu :

– Mais c'est trop loin, il ne sait pas encore assez bien nager !

Même le papy, qui s'était laissé submerger tout l'été par la douceur féminine, maternelle, qui présidait aux soins du goûter et qui régnait donc ici, doute. Il les a pourtant regardées tout l'été, ces barques ventrues. Mais il se lève. Le petit garçon, entre les deux hommes debout, hésite, il regarde tour à tour son grand-père, son père, le groupe des femmes assises. Qu'en sait-il, lui, si les barques sont trop loin ?

Rien à faire, le père est décidé. La maman transige mollement et n'obtient que de l'accompagner aussi. Ils se mettent tous les trois à l'eau, doucement, sans grands cris cette fois. Le trio commence à nager vers son but éclatant de couleurs sous le soleil. Les trois têtes dépassent de l'eau calme, à contre-jour, droites, la plus petite au milieu. Et ils avancent, doucement, régulièrement. Les deux parents regardent sans cesse au milieu, le père parle doucement, mais la surface calme de l'eau nous transmet ses conseils essoufflés :

– Respire bien, serre tes doigts… tranquillement, souffle, ça va bien…

Ils avancent sous le soleil, dans le presque silence de la mer étale. Le petit garçon atteint la bouée de la barque jaune, il s'y accroche un instant et souffle. Le père donne le signal du retour, et le trio repart en sens inverse. L'allure est meilleure. À mi-chemin, après quelques mots du père, voici que le petit enfonce un peu sa tête sous l'eau entre deux brasses, comme il a vu faire les champions olympiques de natation, comme son papa lui a déjà montré. On voit bien que l'expérience lui plaît, qu'il n'a pas eu peur. Il recommence. Puis il accélère encore sa brasse, et bientôt prend de l'avance sur ses deux parents. Il sourit, il se hâte, il enfonce sa tête sous l'eau, il avance, triomphant ; les cousins plus jeunes l'attendent. Il est fier, il est fier, il est heureux, il est grand, comme il est grand ! Même de loin, cela se voit.

Le plus grand des deux cousins l'observe, captivé, la cape tombant en berne jusqu'au pli de ses genoux. L'année prochaine, l'année prochaine, ce sera son tour. Il ne le sait pas encore, mais ce jeu qui était merveilleux, avec la cape au dos, est mort là, aujourd'hui. Les trois cousins ont tous grandi, et leur insouciant bonheur éternel vient d'en prendre un sacré coup.

Et le papa, qui ne dit rien, est très fier de son petit. Les papas poussent et les mamans freinent. Elles veulent aussi, mais elles freinent quand même. Avec les papas, on affronte le danger, et on grandit. Seulement, après, on n'a plus autant envie de jouer à la cape qui vole au vent, on a changé un peu, et on a perdu une part de cet innocent bonheur.

L'école est la part du père. Plus lourd encore, elle est la part du pays. L'école fait nager vers les barques multicolores de la vie adulte. Elle laisse derrière elle les bonheurs enfantins et elle regarde vers le large, vers l'avenir. Qu'en est-il du bonheur de la nage face à celui de l'agent secret caché sous une petite barque retournée ? Là, tout de suite, juste avant de se mettre à l'eau, il n'y a pas de bonheur, mais de l'inquiétude, de l'inconnu, de l'avenir. Le bonheur est peut-être pour plus tard, pour après, et il ne sera pas le même. Le bonheur n'est pas un but de l'école, il n'en est qu'un accessoire occasionnel.

L'idéologie pédagogique qui s'est écrit sa loi à elle en 1989, centrée sur l'enfant, a transformé l'école en son contraire. Une école tournée vers le bonheur enfantin, une école de gâteaux, de goûters, de nounours et de promenades, une école-utérus, une école à fabriquer d'éternels enfants, que l'on croit heureux, puisque gavés de gâteaux, de promenades et de toboggans.

Eh bien non, cette école idéologique de vingt ans est une faillite retentissante, qui ne rend pas heureux, qui coupe les jeunes ailes des enfants, qui les protège du si nécessaire effort et de tout risque de traumatisme. Une école de la stagnation, sans but affiché, qui a fait souffrir des générations d'enfants en ne leur apprenant ni à lire ni à compter.

Demain, je vais faire un peu souffrir des mères d'élèves, et quelques pères aussi, que j'empêcherai gentiment de suivre leur enfant du CP jusqu'à la cour des grands. Peut-être même certains enfants vont en être malheureux, inquiétés par cet abandon forcé ; c'est une très bonne chose. Ils quittent petit à petit leur enfance. Et dès que leurs parents auront le dos tourné, dès que les élèves ne seront plus englués dans leur si nécessaire amour, ils prendront leur petit envol pour la journée, leur journée, que les parents ne verront pas. Une journée dans une cour balisée, surveillée, fermée, à leur taille, au milieu de leurs semblables. La petite nouvelle s'adossera au grillage, intimidée. Meriem se rendra compte qu'elle est toute seule. Elle viendra doucement lui prendre la main, elle lui dira : « Tu viens jouer ? » et elles partiront toutes deux en sautillant vers le centre de la cour où je les perdrai de vue. Magiques instants de pure douceur, dont nous avons tous les jours un aperçu ; bonheur d'instituteurs que les parents ne peuvent partager avec nous, et que je vais tenter de vous raconter dans ce livre. Bonheur d'instituteurs qui font leur travail d'instituteurs, qui apprennent à lire, qui « traumatisent » un peu, à coups de dictées, de problèmes, de notes quelquefois sévères, mais qui emmènent leurs élèves jusqu'aux délices du principe d'Archimède et de la littérature du XIXe siècle, depuis que, un peu à ma demande, quelques ministres successifs nous ont rendu la liberté pédagogique confisquée par les idéologues lorsqu'ils étaient au pouvoir.

Lorsqu'ils sont au pouvoir, les idéologues confisquent souvent quelque liberté.

Cette liberté d'enseigner vraiment aux enfants tels qu'ils sont, jusqu'à ce qu'ils réussissent – presque – tous, est le véritable bonheur scolaire, le plus conscient, le mien.

J'exerce le plus beau métier du monde.

Marc Le Bris,
instituteur public.
Le 31 août 2008.

Rentrée

Puis les voilà tous à s'asseoir.
Dans l'école crépie de lune
On les enferme jusqu'au soir,
Jusqu'à ce qu'il leur pousse plume
Pour s'envoler. Après, bonsoir !

Maurice Fombeure.

Tout le monde est inquiet, aux rentrées de CP. Les mères comprennent à ce nouveau seuil l'inéluctable éloignement de leurs enfants ; mais elles craignent surtout, depuis quinze ans, les méthodes de lecture de l'Éducation nationale.

Les enfants, qui avancent sans se retourner, sont surtout préoccupés de savoir avec qui ils vont se ranger tout à l'heure.

Nouveauté de la rentrée du CP, les mamans accompagnent leurs enfants jusqu'au portail de la cour en leur donnant la main. L'année dernière, en grande section de maternelle, elles les emmenaient ainsi jusque dans la classe, jusqu'à la maîtresse à qui elles transmettaient, confiantes, la menotte du bambin comme le bâton d'un relais. Mais cette année, elles lâchent les mains au portail, et laissent aller leur grand garçon, leur grande fille, cartable au dos, seuls dans la grande cour. Souvent, les bras veufs des mères esquissent de petits signes d'au revoir, agitant un peu leurs mains vides de mamans inquiètes. Mais les enfants leur tournent le dos sans répondre, inquiets, eux, de la nouveauté qui les attend, devenir des élèves. La nouveauté est attirante, mais inquiétante.

Paul a les cheveux très courts, et il a facilement la voix cassée d'émotion par une menace de bagarre, ou lorsque sa petite balle rebondit malencontreusement hors de la cour de récré. Pourtant, il a sur le dos un cartable terrible, au rabat illustré de trois héros extraordinaires, cagoulés de couleurs vives, penchés en avant, menaçants, terrifiants. Le super-héros du milieu, le bleu, arbore de longues griffes acérées et rutilantes d'éclairs métalliques. Le cartable, assez large pour contenir un grand classeur, dépasse des épaules au point que les bretelles ne descendent pas droit devant la poitrine, ce qui contraint Paul à les maintenir des deux pouces vers le sternum, comme faisaient les gros bourgeois du XIXe siècle aux poches de leur gilet.

J'attends le jour prochain où une association de parents d'élèves en mal de campagne médiatique utile viendra interdire les cartables trop grands, qui scient les épaules, encombrent les échines et plient sous leur joug les foules de petits élèves innocents. Ne vous y trompez pas, son cartable encombre Paul comme un fusil Lebel encombrait les bleus de décembre 1914 : il sera très utile avant peu. Dans un an, les épaules auront dépassé le cartable, et Paul aura appris à le jeter sans ménagement dans un coin de la cour, en arrivant le matin, pour pouvoir courir après sa petite balle, ou devant son copain un peu plus grand que lui. Il sera corné, usé, frotté, battu, encombré d'une foule d'objets hétéroclites, de feuilles de lecture froissées au fond, graissées par quelque vieux goûter oublié, écrasé par le grand classeur.

Ce matin de rentrée, la contrainte du cartable ne le gêne pas ; elle le sert. En courant par bonds exagérés, il fait sonner dans son dos la sacoche creuse comme une maraca, qui ne contient que quelques crayons neufs, ou un pot de colle et un taille-crayon, achetés au milieu du mois d'août au supermarché qui sait si bien aiguiser les impatiences enfantines. Paul fait résonner ce qu'il croit avoir obtenu de sa maman par caprice, mais qu'elle lui a offert avec application, ces quelques symboles de l'importance, de la grandeur, de ce qui se joue aujourd'hui. Paul entre au CP. Il va apprendre à lire. Il le sait. Bien sûr, il ne semble préoccupé, pour l'instant, que de bien faire voir son cartable neuf et de trouver à qui donner la main pour obtenir une bonne place dans les rangs. Mais il sait, il a perçu, à la maison, chez les tontons, les grands-parents, toute l'importance de ce qui va se passer : il va apprendre à lire. Jusque-là, il n'a jamais encore participé à une opération de si grande envergure. De si grande envergure, et qui l'implique personnellement lui, lui tout seul, parmi les autres, mais tout seul devant ces lettres et ces mots pas tout à fait inconnus. Il a réussi, déjà, voici une éternité, à domestiquer le pipi debout, mais aussi à tenir lui-même sa cuillère, puis sa fourchette et bientôt un crayon, un pinceau, des ciseaux. Déjà, il s'habille presque tout seul, sauf les lacets et les pulls de mamie à l'encolure trop serrée. Il a déjà conquis de l'indépendance ; et le mot « bébé ! » serait une insulte à ses yeux. Il va donc conquérir une autre indépendance. Il se trouve devant son premier gros travail intellectuel : apprendre à lire.

Il a très envie d'apprendre à lire. Il sait très bien ce qu'est lire, ce que cela apporte : cela permet d'entrer dans le monde des grands. C'est-à-dire, amis philosophes, dans le monde des civilisations humaines historiques. Paul ne le dit pas comme cela, il le sent seulement, il sent confusément l'importance que nos civilisations apportent à ce rite de passage. Et comme tous les candidats de toutes les civilisations à tous les rites de passage, il donnerait sa vie pour le franchir. Il sacrifiera sa vie de bébé, sa douce vie d'enfant cajolé pour pouvoir, seul, lire. Jamais, à aucun autre moment de la vie, nous ne sommes portés par un tel espoir, un tel désir d'émancipation, une telle propension à la liberté qu'apporte l'effort continu. Effort continu et lent, obstiné et sérieux, précis et exact… effort adulte, effort intellectuel et adulte. Tout le contraire de l'enfance, de ses caprices, de sa futilité… Oh, il va bien lui en rester un peu d'enfance, de loisirs, de futilité, mais il commence là, véritablement, et avec une passion qu'il ressent presque, sa vie indépendante. Il est enfin un élève. L'élève indépendant n'est plus le bébé de maman. Il le redeviendra quelquefois, par fatigue du soir, pour un doigt coupé, une fièvre, une douleur abdominale, mais seulement de temps en temps, comme le bateau qui rentre au port pour mieux en repartir, pour pouvoir regonfler ses flancs de vivres, de confiance, et d'un peu d'amour ; et il repartira toujours, chaque fois plus loin, plus longtemps.

Ceux qui ont centré l'école sur l'enfant sont des ânes. L'école est centrée sur l'élève. L'élève est la matière première de l'école.

Et la maîtresse frappe dans les mains, signe de l'entrée en classe. Un peu en retard malgré son désir impérieux de rentrer, encombrée par les mamans les plus inquiètes qui sont venues tenter de prolonger, par contumace, leur protection maternelle jusqu'à l'intérieur de la classe : « Vous savez… Sébastien est petit, et il est gaucher, alors il n'arrive pas bien à écrire dans les lignes… mais ce n'est pas sa faute… » « Il lui faut absolument un goûter à 10 heures… » « Il a peur… » « Il ne voit pas très bien, il faut l'installer au premier rang… » « Il doit aller souvent aux toilettes… » Les enfants de ces mamans-là, eux, regrettent leur petit chantage d'hier, regrettent l'évidente douceur que leur maman étale ce matin, publiquement, devant les copains. Ils veulent bien être des bébés, un peu, à la maison, dont le tendre giron est encore leur deuxième peau ; mais pas ici ; ici, ils sont des grands, des élèves, pas des bébés. Rentre, maman, s'il te plaît. Retourne à la maison ; tout va bien ; laisse-moi seul devant les copains. D'ailleurs, ils ne jettent pas un regard aux mamans plaintives. Ils se cachent plutôt.

Puis ils se rangent, ligne double mais désordonnée de petits bonshommes qui se frottent les uns aux autres, cornant déjà les cartables neufs, se tortillant pour passer devant. Sans ce désir inné, presque animal, de passer le premier, nous n'arriverions pas à les faire entrer en ordre. Les enfants petits se précipitent toujours vers la nouveauté annoncée, surtout pour y être les premiers rangés. Cet alignement, quoi qu'on fasse, est fébrile. Pour qui ne regarde pas assez précisément la réalité enfantine, cette agitation nuisible est incompréhensible : quelles raisons ont-ils donc de s'agiter ainsi pour une action quotidienne si peu importante ? Allons, tenez-vous un peu ! C'est que ce rang anodin pour nous leur est une échelle sociale aussi déterminante que la préséance de cour à Versailles. Ils veulent à toute force être les premiers devant, ceux que la maîtresse regarde plus que les autres, ou qui recevront l'insigne honneur de tenir la porte ouverte Les plus grands ne veulent pas donner la main à une fille, surtout, dernière honte. Ils veulent « être rangés avec » celui-ci, ou celle-là, qui sont leurs héros, leur ami espéré, leur copain des vacances… Et tous ne sont pas satisfaits. Alors ils remuent, se détournent, se retournent, ils protestent, ils évitent une main tendue, ils en quémandent une autre, sans trop parler fort, car les paroles dites ici révèlent tellement de choses qu'ils voudraient garder intimes. Les amitiés enfantines sont quelquefois puissantes et belles.

Jeune instituteur post-soixante-huitard, j'ai voulu libérer mes élèves du rang obligatoire, symbole scolaire et militaire de la coercition des petits chefs. Ce sont les adolescents que nous étions encore qui aspiraient à se débarrasser des contraintes formalistes ; les petits de sept ans veulent se conformer et ils aiment se donner la main. Ces rangs, en plus que d'être le symbole de leur vie scolaire nouvelle, ces rangs sont, avec les jeux collectifs, la course à pied et les compositions notées, le principal terrain d'expression de leur vie sociale. À cet âge-là, ils ne se marient pas encore, mais ils se mesurent déjà ; ils font la course ou ils se donnent la main. Et c'est très joli.

La différence entre un rang de CM et un rang de CP est que les CP se donnent la main, contrairement aux grands, qui ne s'abaisseraient pas à cet enfantillage et qui affectent une indifférence souveraine… Regardez bien pourtant qui est « rangé avec » qui… Eux y sont très attentifs.

La maîtresse donne, à voix claire, quelques informations pratiques, qui sont autant de points d'ordre. L'ordre est nécessaire aux collectivités, surtout enfantines. On doit ranger les cartables ici en entrant dans la cour le matin – ranger et pas jeter ; il ne faut pas faire rouler ceux qui ont des roulettes dans les couloirs, car ils provoquent de nombreux bleus aux chevilles. Les CP se rangent ici, les CE là… Ils accrochent leur blouson ici, puis avancent jusque-là… et ils entrent dans la classe, presque en silence.

Cet ordre est vraiment nécessaire. Plus le nombre d'élèves de l'école augmente, plus cet ordre est nécessaire. Le désordre génère des accidents, des doigts dans les portes, des batailles idiotes, des énervements dangereux, et l'impossibilité de travailler. Car nous allons travailler. Plus jeune, j'essayais, comme un équilibriste, d'éviter de donner des ordres à mes élèves, sans jamais y parvenir. La contrainte était considérée comme un délit, même venant d'un enseignant. Alors qu'elle est un bonheur pour les petits élèves, qui aspirent de toutes leurs forces à savoir s'ils ont bien fait, s'ils ont « bon », s'ils sont conformes. Les petits veulent savoir ce qu'il faut faire pour pouvoir le faire, et nous devons le leur dire, et même leur apprendre à respecter ces règles, y compris de pure forme. J'aime la ferme netteté de ma collègue, qui est une belle nécessité. Et comme j'ai des élèves plus grands, j'hérite, je n'ai pas tout à installer, je n'ai qu'à maintenir, et donc ma classe peut « travailler » sans trop de points d'ordre.

Un environnement clairement balisé est une condition nécessaire au bonheur d'enfants jeunes.

Mais quel est donc leur bonheur ?

Le premier bonheur du premier matin de CP est un bonheur domestique, une sorte de jour de Noël sérieux. Une découverte balisée et confiante de sa place, son livre, sa chaise, son cahier, son crayon, son voisin. Le cartable et la trousse appartiennent au jeune élève, ils sont achetés par les parents. Mais dans notre commune, l'école gratuite n'est pas un vain mot : tous les petits élèves se retrouvent égaux devant leur pupitre. Le cahier, le crayon, le livre et toutes les fournitures scolaires sont fournis par l'école, c'est-à-dire par la mairie qui en fait un point d'honneur. Voilà pourquoi le grand cartable de Paul sonnait le vide.

Depuis le 15 août, la maîtresse est venue à l'école tous les jours. Elle a imprimé les étiquettes des cahiers, installé les protège-cahiers, les livres couverts, les crayons, les règles, les pots de colle. Elle a soigneusement choisi les places : les myopes devant, les bavards séparés, les étourdis pas trop loin du bureau, et David juste à côté du bureau.

Les petits entrent doucement, intimidés et curieux, cherchant du regard l'étiquette de leur prénom, puis ils s'assoient doucement lorsqu'ils l'ont trouvée, en touchant pour se rassurer le petit tas bien rangé de matériel neuf, aux franches couleurs, et qui sent bon la librairie. Mais ils ne commencent pas à tout sortir, à tout défaire, à tout saisir rapidement, comme ils se le permettent, livrés à leurs pulsions de désir, au matin de Noël. Et si l'un d'eux, emporté par cette fougue assez naturelle somme toute, se laissait aller ainsi, il serait rappelé à l'ordre. Non, tout sera détaillé posément, expliqué précisément, montré soigneusement et rangé à sa place. Le cahier vert pour ceci, que l'on range ici ; et le cahier rouge pour cela, qui se range là. Posément, au signal, ensemble, ils inventorient le matériel scolaire pour n'en rien oublier, pour n'en rien perdre, pour savoir où et quoi, pour pouvoir, enfin, être propriétaires. Vraiment propriétaires, c'est-à-dire responsables. Pour pouvoir être grands. La République, par les yeux de la maîtresse, leur accorde une grande attention et leur fait une grande confiance.

Eh non, ce bonheur-ci n'est pas le bonheur de Noël, il n'est pas cette agitation avide et forcenée, ce déchirement frénétique jusqu'au papier de l'ultime cadeau, et la frustration qui s'ensuit presque toujours lorsque tout est ouvert. Ce bonheur-ci est un bonheur scolaire tranquille, ordonné, une promesse de travail et d'ordre, de netteté et de cette beauté très spécifique du travail tranquille qui est bien plus satisfaisante que le déchirement frénétique de papier cadeau.

Maintenant, la classe va travailler : elle va commencer par la lettre *i*. Les modèles sont déjà écrits dans les cahiers, rouges et bien rangés sous la date soigneusement écrite…

Note

– Je n'ose pas écrire la réponse !

Annaïck est une grande fille de onze ans, déjà longiligne, et pour l'instant encombrée de ses longs membres qu'elle plie et déplie lorsqu'elle hésite, ondulant sur place comme une algue verticale. Elle m'est arrivée pour un an, après un malheur et la réorganisation familiale qui s'est ensuivie. Elle a été cueillie à froid par l'exigence et le niveau des exercices scolaires de ma classe. C'est qu'ici il y a des dictées dans lesquelles on attrape facilement des zéros.

Aujourd'hui, il s'agit de trouver la fonction du nom « parade » dans la phrase : « À chaque coup de lance arrivait la parade de la baïonnette » (extrait de *Madame Thérèse*, « La charge des uhlans », Erckmann-Chatrian). Annaïck doit donc écrire si « parade » est sujet, attribut ou complément. Elle est debout devant mon bureau, se tortillant d'un pied sur l'autre :

– Je n'ose pas écrire la réponse !

– Ose ! Sois courageuse. Il faut le courage de penser seul, de choisir son opinion, puis de la risquer. Je trouve cela important, c'est une sorte de courage politique.

Elle continue à se tortiller sur place, me montrant son cahier où est écrite la phrase. La politique, elle ne s'en soucie pas. Elle sait bien qu'elle quémande une information que les autres n'auront pas. Le sujet est après le verbe, ce qui est rare, et donc troublant…

– Qu'est-ce qui arrivait à chaque coup de lance ?

– Ben… la parade de la baïonnette !?

– Alors !!??

– Sujet… C'est sujet !?

– Tu es sûre ?

– Ben… oui…

Je lui rends son cahier, signifiant par là que je la laisse partir. Elle ne part pas. Elle se tortille encore et revient. Elle veut ma réponse, elle a besoin que je confirme son pari, elle a outrageusement besoin que je lui dise : « Oui, c'est ça ! » Je cède un peu :

– C'est peut-être cela…

– Ben…

Mes atermoiements, même légers, lui sont une torture.

– Oui ! C'est cela !!!

Elle repart en sautillant, rassérénée, souriante, sûre. Sans cette confirmation par l'autorité que je suis, elle ne saurait pas. À ce stade, elle en a besoin.

Mais je suis un peu vert ; elle m'a soutiré la bonne réponse que les autres doivent trouver seuls. Faiblesse qui me vaudra demain deux quémandeurs, et trois après-demain si je n'y prends pas garde. Car toute la classe a vu, toute la classe a reconnu la fissure dans le barrage, comme les tout-petits qui savent si bien déceler les faiblesses maternelles dont ils profitent sans vergogne. Les enfants sont experts à ce jeu si nécessaire à leur jeune vie.

Il en est toujours ainsi de notre métier qui sacrifie si souvent un peu de rigueur éducative au profit de la rigueur intellectuelle. Mais je savais qu'Annaïck avait besoin de confirmation. Plus tard, dans l'année scolaire, elle s'est montrée de plus en plus autonome. La sûreté de ses choix s'est affirmée petit à petit, et elle a bien profité de cette année scolaire. Très bien, même. La fonction du nom « parade » était sans doute une des premières fois où elle sentait véritablement le poids des mots : la bonne réponse rapportait un point.

– Monsieur, si on ne met pas de majuscule, ça enlève un point ?

Julie *connaît* l'art quotidien de me poser ingénument certaines questions fondamentales de mon métier. Cette fois-ci, elle répond aux interrogations d'un contrôle d'histoire et doit écrire Versailles, Colbert, Turgot, Necker. Elle a appris, elle sait qu'ils ont des majuscules, et pourtant elle me demande s'il faut les écrire.

Derrière ses lunettes rondes aux lentilles épaisses, qui glissent souvent jusqu'au bout de son petit nez couvert de taches de rousseur, ses yeux verts me fixent droit, confiants. Elle se doute, elle sait bien que je vais répondre : « Oui ! ça enlève un point ! » ; peut-être cherche-t-elle seulement la confirmation dont elle a besoin : que le monde est stable, que les règles ne changent pas comme le temps qu'il fait, que les noms propres ont toujours des majuscules, même si c'est un effort que de les écrire. Il est fondamentalement nécessaire que je lui réponde oui. Pour elle, pour les autres, pour tout ce qui fait l'école, pour tout ce qui fait l'homme.

Depuis trente ans, la théorie pédagogique dominante justifie de répondre : « Non ! » à la question de Julie. Ou bien : « Je ne sais pas, je te laisse libre… fais comme tu préfères… » Ou bien, pire encore, Julie n'aura pas de contrôle, Julie n'aura pas de note qui risquerait d'être mauvaise ; Julie n'aura pas alors de majuscules à écrire, qui distinguent les noms propres des noms communs ; de toute façon, on ne lui enlèvera pas de point. La théorie pédagogique moderne n'enlève jamais de points, c'est un de ses principes fondateurs.

En réalité, les enseignants n'obéissent pas à la théorie. Ils obéissent à leur bon sens pratique. Ils finissent presque tous par appliquer ce qui fonctionne. Ils mettent presque tous des notes, très peu de temps après leur formation initiale. Comme moi, ils se lamentent et dorment mal quand ils doivent en donner de mauvaises, mais ils en donnent quand même. Et pour survivre, ils cachent, ils maquillent, ils font semblant. Ils changent les mots : composition devient contrôle, contrôle devient évaluation ; mais sous les mots contraints, très vite, la composition, la dictée reviennent. Malgré les cris de mépris des théoriciens sans élèves lorsqu'ils découvrent la réalité. Heureux réalisme des enseignants de terrain !

Si je n'enlève pas de point à chaque majuscule oubliée, à chaque nom propre mal orthographié, je ne fais pas mon travail qui contient des objectifs concernant l'exactitude, la précision, la rigueur intellectuelle si nécessaires à l'homme. Ne pas enlever de points à Julie parce qu'elle risque d'en souffrir revient à la considérer d'avance comme une sous-humaine qu'on traiterait avec pitié. Je lui enlèverai des points, je lui donnerai une mauvaise note si elle la mérite, par respect pour elle.

Ce prétexte de souffrance enfantine due à un point enlevé, ou à une mauvaise note, est une trop énorme excuse moderne pour qu'on ne le regarde pas de plus près. Ce traumatisme supposé de l'élève a justifié l'abandon du jugement que l'école fournit à l'élève, l'abandon du jugement qu'elle lui doit.

Au bout de deux semaines de sa sixième, la fille d'une amie lui rapporte la première note de sa jeune vie, un douze sur vingt. Sa maman lui demande si elle est contente : « Je suis bien contente d'avoir des notes ; comme ça, je sais qui je suis… »

Elle venait d'une école primaire sans notes ; une école qui pensait la protéger en ne la notant pas, en ne la traumatisant pas. Ici, elle a une note pas très bonne, dont elle n'est pas contente, mais elle a enfin ce dont les enfants ont besoin tous les jours pour se construire : elle a une note, elle a enfin le jugement d'un adulte de référence sur un travail scolaire. Cette note répond à un besoin impérieux : « Je veux savoir ce que je vaux, donc qui je suis… » On la traumatise plus profondément en lui refusant notre jugement de référence qu'en écorchant sa fierté avec un huit sur vingt. D'où sort donc cette philosophie de la vie mièvre, plate, insipide, sans difficultés, sans barrières à franchir, sans la comparaison sociale avec ses pairs ? La personnalité adulte est construite autour de l'amour de la mère, mais aussi autour du jugement que l'école a renvoyé. Il est précieux et nécessaire.

Mais on n'enlèvera pas de points à Julie ; on lui dira toujours qu'elle a tout bon. C'est le principe de base de l'école moderne ; tout le monde a tout bon ; tout le monde a son bac ; tout le monde a tout ; sinon ce serait injuste et l'égalité des chances serait un vain mot. La véritable injustice est de ne pas dire à Julie la vérité : si la réponse est fausse, il faut le signifier avec poids, c'est-à-dire avec un point de moins, avec une note. Sa parole, sa réponse ont une valeur.

À la question tirée du même contrôle d'histoire – « La société était composée de trois ordres ou états ; quels étaient leur nom et leur rôle ? » –, Laurine a répondu : « La noblesse, c'est les gens riches ; le clergé… je ne sais pas ce qu'ils font ; et le tiercé, c'est les gens pauvres. »

Laurine est une petite fille de neuf ans. Écrire qu'elle est immature serait un pléonasme : elle a neuf ans. Elle comprend le monde comme une petite fille heureuse de neuf ans. Or, avant neuf ans, les choses vont par deux, qui s'opposent ou se complètent. Il s'agit véritablement d'un élément incontournable de la construction de l'intelligence enfantine[1] : le papa et la maman, le jour et la nuit, le soleil et la lune, le blanc et le noir, l'addition et la soustraction, le bien et le mal, les riches et les pauvres. Ces paires dichotomiques du début de la construction de l'intelligence persistent longtemps si l'école n'intervient pas : les adolescents qui ont peu lu, ou qui n'ont pas disserté sous la conduite de professeurs de français, ne sauront pas donner beaucoup d'autre jugement que « nul » ou « génial », « trop cool » ou « tout pourri », oppositions binaires simplistes qui ne soupçonnent pas la nuance. Sans la construction d'une compréhension plus fine, c'est-à-dire de la maturité intellectuelle, le raisonnement adolescent demeure très proche du raisonnement enfantin. La principale différence entre les adolescents et la petite fille de neuf ans ne tient plus alors qu'au changement de groupe de référence. À neuf ans, la petite fille se réfère à sa maman, elle dit comme maman dit. À quinze ans, ils disent comme les copains disent, donc, sans doute, le contraire de ce que papa et maman espèrent. Ce qui fait d'une pierre deux coups. Difficile passage obligé vers l'indépendance du jugement ; mais fertile terrain pour la prolifération des idées binaires absolues et sans nuances quelquefois dangereuses – les khmers rouges avaient entre treize et quinze ans. L'école, son jugement sur l'individu, la démonstration mathématique et les dissertations sont une véritable réponse à cette menace dangereuse. L'éducation, ici,

1. Cf. Henri Wallon, *Les Origines de la pensée chez l'enfant*, PUF, 1945, mais aussi l'expérience de tous les adultes en charge d'enfants.

est véritable, pour peu que l'instruction qui la contient soit bien menée : apprendre à rédiger, précisément, exactement, finement, éduque.

Donc Laurine voit le monde par couples, comme tous les enfants, et souvent bien des adultes. Et moi je lui demande trois choses : il y a trois états dans la société française du XVIIIe siècle. Nous l'avons pourtant expliqué, écrit sur le cahier, illustré par des gravures de l'époque. La réponse enfantine à deux têtes vient malgré tout recouvrir les finesses à trois temps abordées en classe et pas assez fixées encore. Laurine ne voit plus que deux ordres : les riches et les pauvres. Le clergé est superflu dans son classement. À la question : « Lesquels sont les gentils ? » elle finirait certainement par répondre : « Les riches sont les gentils… » si elle était vraiment bébé-lune. Eh oui, pour les petits, les riches sont propres et les pauvres sont sales, les propres sont gentils et les sales sont méchants ! Mais elle répondrait : « Les pauvres sont les gentils » si elle était plus mûre, c'est-à-dire si elle avait bien compris l'air du temps fait de charité et de faux marxisme qui présente toujours les pauvres comme des victimes, donc des gentils. Ce qui revient tout simplement à une inversion de jugement par recherche de conformité, mais qui n'est toujours pas un jugement indépendant.

Pourtant, et ma classe l'a fort bien étudié, il y avait un clergé pauvre et une noblesse pauvre, il y avait un tiers état riche. Le classement par richesse n'est pas superposable à celui par ordre. La paire gentil-méchant n'est pas non plus superposable à la paire pauvre-riche ou à la paire propre-sale.

Laurine va grandir ; Laurine va comprendre, elle va s'en rendre compte. Elle va passer du raisonnement binaire enfantin à un raisonnement plus précis. Tiens, justement, aujourd'hui, elle va faire un pas en avant, parce que je vais lui enlever un point à son contrôle. Elle va être interloquée, elle va sourire ou se fâcher un peu contre elle – pas contre moi, elle a une grande confiance, et c'est une bonne chose qu'elle n'ait pas tout à remettre en cause à chaque pas qu'elle fait, jusqu'à la sûreté de ce que je dis ; elle va constater la différence entre sa réponse et la « bonne réponse » – la mienne ; elle va se dire : « Que je suis bête ! » ; et la prochaine fois, elle aura moins tendance à laisser son esprit se réfugier dans des comportements intellectuels enfantins. Et elle apprendra mieux sa leçon.

Je vais pousser sa compréhension des choses vers la complexité, vers la maturité intellectuelle qu'elle n'a pas, c'est mon travail. Et plus je connais et comprends la réalité du fonctionnement intellectuel enfantin, mieux je fais mon travail.

Les mauvais Piagétiens et les pédopsychiatres attentistes diront qu'elle a franchi un stade[2] ou que son petit cerveau a mûri ; mais je sais que, si elle a grandi, c'est aussi parce qu'un instituteur lui aura donné une leçon,

2. Le psychologue Piaget, lorsqu'il ne parle que de psychologie, décrit assez finement une évolution de l'intelligence enfantine par paliers qu'il appelle des stades. Les pédagogues modernistes en tirent qu'il suffit d'attendre ces stades, ou pour les plus précis d'entre eux, d'attendre leur construction autonome. C'est la théorie pédagogique du « constructivisme ». Piaget a raison dans son analyse, mais pas dans la prospective que lui ou d'autres en ont tirée. Cf. p. 145.

parce qu'elle aura appris sa leçon, et surtout parce qu'aujourd'hui elle a perdu un point du fait de ne l'avoir pas bien apprise. Le stade intellectuel n'est pas inné, il ne suffit pas de l'attendre. Il faut aller à l'école… et apprendre ses leçons.

Mais je vais aussi enlever un autre point au contrôle de Laurine. Autant j'aurais minimisé le point en moins de tout à l'heure, parce que je le comprends bien, autant celui-ci sera enlevé durement : elle a écrit « tiercé » pour « tiers état », et j'ai bien ri. Mais je vais sévèrement lui faire savoir que je lui enlève un gros point pour son imprécision – pourtant si drôle – de vocabulaire. On pourrait se laisser aller à penser que cette imprécision est pardonnable. Non, l'imprécision est un des cailloux dans les lentilles qui sont le fond de sauce de mon métier. Je dois apprendre à Laurine la rigueur, la précision, l'exactitude sans lesquelles aucun progrès de la maturité intellectuelle que je citais plus haut n'est possible. Elle a confondu « tiers état » avec « tiercé ». C'est une faute que je ne dois pas lui pardonner. Cet entraînement à la rectitude intellectuelle est un de mes principaux et plus lourds devoirs professionnels. J'utilise le mot entraînement comme un entraîneur sportif l'utilise : « Vous me ferez dix longueurs de bassin. » Pour apprendre la précision, la rigueur intellectuelle et l'exactitude, il faut enlever des points. L'école d'aujourd'hui, qui n'enlève pas de points, est en faillite devant la précision, la rigueur intellectuelle et l'exactitude. Laurine aura donc deux points de moins à son contrôle, et c'est très bien comme ça.

Langage

Le matin, les maternelles pratiquent le regroupement. Les petits s'assoient en tailleur, sur un tapis, et la maîtresse organise un dialogue oral merveilleux pour le spectateur que je suis quelquefois, mais de grande importance et de grande précision. Lorsqu'il est bien mené, le petit matin d'une classe maternelle est une leçon active de langue, où chaque petit élève dit des choses que la maîtresse doit comprendre, et que les copains doivent comprendre aussi. Ce qui n'est pas rien. Celui-ci dit que son papa est malade, mais qu'il fume quelquefois la pipe. Celui-là qu'il a fait du vélo avec des roulettes. La maîtresse, autant pour le faire parler au futur que pour le pousser à grandir, lui demande quand donc il les enlèvera. Petit Paul, qui soutient son bras droit au-dessus de sa tête depuis un moment, explique à son tour que son papa à lui n'a pas réussi à dévisser ses roulettes parce qu'il est trop malade, mais qu'il fume quelquefois des cigarettes avec papy et tonton. J'observais depuis un moment sa figure claire, aux grands yeux bleu délavé et aux bonnes joues à taches de rousseur. Il a la bouche ouverte, le bras levé pour parler à son tour, et il écoute, il écoute. On dirait que ses yeux boivent tout ce qui est dit. Surtout les paroles de la maîtresse. Quand la maîtresse parle de roulettes, de petit vélo ou de bronchite, bien qu'il n'ait aucune idée de ce qu'elle va dire, il acquiesce légèrement. Durant tout le discours de la maîtresse, il hoche doucement la tête, oui, oui, sans la quitter de ses grands yeux. Elle n'a pas encore dit, mais il est déjà d'accord avec elle. C'est une sorte d'adoration enfantine. Il est tellement d'accord avec tout ce qui vient de se dire, vélo, maladie, tabac, qu'il le redit, oubliant de raconter ses vraies histoires à lui.

La petite fille aux bonnes joues lève le doigt pour parler. Elle est assise sur le tapis, au milieu de la trentaine de petits élèves de grande section et de moyenne section, et elle attend sagement son tour pour prendre la parole, malgré son envie. Enfin, la maîtresse, qui veille à ce que personne n'interrompe celui qui parle, la montre du doigt et l'invite à s'exprimer :

– Eh ben, moi… eh ben moi… je sais que les lutins existent. Ma grand-mère a dit que les lutins existent en Norvège… et que, ils nous surveillent par la lune. Quand elle est toute ronde, ils nous surveillent beaucoup. Quand elle est petite, c'est qu'ils ne nous surveillent pas beaucoup. Peut-être qu'ils dorment !

La maîtresse reprend ses propos.

– Ah bon ? Alors, c'est pour cela que nous ne les voyons jamais, c'est parce qu'ils sont en Norvège ?

Les trente-deux visages approuvent. Mais, très vite, une autre petite élève parle à son tour :

– Eh ben moi, eh ben moi… avec ma maman, j'ai fait une grande liste de cadeaux pour Noël !

– C'est les lutins qui préparent les cadeaux !

– Ben oui, en Norvège !

– Moi, j'ai fait deux listes ! coupent trois impulsifs gentiment rappelés à l'ordre.

– Une très longue liste ? demande la maîtresse.

– Non, pas très très longue…

La petite regarde bien la maîtresse, elle se doute de ce qu'il faut répondre, mais elle vérifie en regardant ses yeux.

– Vous vous rappelez pourquoi il ne faut pas faire de trop longue liste ?

– Parce qu'il ne faut pas prendre tous les jouets pour le même.

– Il faut partager !

– Eh ben moi, eh ben moi, avec ma maman, j'ai fait deux listes, mais l'autre liste est pour ma petite sœur.

Le vrai, c'est ce que la grand-mère, la maman, la maîtresse disent.

Le bien, c'est ce qu'elles veulent.

Pour le reste, ils ne parlent que d'eux-mêmes, y compris pour évoquer des objets nouveaux. Moi et les lutins, moi et ma grand-mère, moi et mes cadeaux. Eh ben moi, dans mon jardin, il a neigé. Eh ben moi, dans ma télé, j'ai vu des lutins.

La maîtresse, avec un sourire malicieux, se retourne vers moi, qui ne suis qu'un spectateur bienveillant dans la classe :

– Et tu le savais, toi, que les lutins vivent en Norvège ?

– Eh bien non… !

Les petits me regardent, un peu déçus que je ne sache pas une chose si connue, qu'ils ne savaient pas eux-mêmes à la minute précédente. Pas question, dans cette classe, de remettre en cause l'existence des lutins, ni celle de leur chef rouge, ni de rien du tout. Nous n'avons pas l'âge de remettre en question. La maîtresse n'a pas dit oui aux lutins de Norvège, elle n'a pas non plus dit non. Les enfants ont approuvé tout seuls. Ils croient ce qu'ils ont envie de croire. Ce qui leur plaît. Ils ne séparent pas le vrai du faux, ni même le vrai du bien. Ils croient tout. Ils ne prouvent rien. Ils prennent ce qui passe.

Ou alors, en cas de dispute, ils se justifient : « Eh ben moi, eh ben moi, mon papa, il a dit que… » Et c'est tout.

En revanche, ils tentent quand même de faire ce qu'ils veulent. Et ils veulent des choses, ils ont des désirs que notre siècle prend trop pour des volontés. Ils veulent des jouets, des bonbons, des caresses, qu'on les écoute, eux, qu'on les regarde, qu'on les aime. Ils veulent tous les jouets et ils écrivent une liste très longue pour le père Noël. La maîtresse m'explique :

– On me reprochera peut-être de leur faire de la morale, bourgeoise ou gauchiste. Mais je leur apprends à ne pas tout vouloir, pour qu'ils ne soient pas déçus. Ils n'auront pas tout. On n'a jamais tout. Mais aussi pour qu'ils commencent à considérer l'existence des autres, à l'âge où ils n'ont qu'eux-mêmes en tête.

Plus important que cette petite morale, elle a surtout veillé à l'utilisation de l'adjectif « longue » au lieu de « grande » qui est moins précis et moins adapté au nom « liste » ; et elle a maintenu toute une partie des échanges du début au futur. Les roulettes, les lutins, le « on ne peut pas tout avoir » ne sont que les sujets de la séance de langage, ses accessoires. Certainement, le « on ne peut pas tout avoir » est d'une grande profondeur éducative[1], mais il n'est pas le but, il n'est que le moyen, le support. Le bien, la maîtresse le dit. Le futur, les adjectifs précis, les élèves les utilisent. Et cette langue précise leur sera utile, à l'adolescence, lorsqu'ils commenceront à vouloir décider du bien ou du mal par eux-mêmes. L'instruction est nécessaire à l'éducation.

Enfin, la maîtresse demande à trois petits qui n'ont pas beaucoup parlé, quelle chanson ils veulent chanter. « Meunier, tu dors », « Mon bocal est trop petit », « Pomme de reinette et pomme d'api »… La voix claire de la maîtresse s'élève au-dessus du chœur des petites voix qui la suivent des yeux. Par de petits gestes des bras, ils font tourner le moulin, ou bien tapent un poing sur l'autre, alternativement et en rythme. Certains, bouche bée, ne chantent même pas tellement ils suivent. On leur dirait qu'ils ne chantent pas, ils ne nous croiraient pas. Ou alors ils ne font pas les gestes. Délicieux moment de bonheur. Plénitude évidente, douce et profonde satisfaction enfantine collective. Merveilleux petit spectacle de rien que les parents, ni

1. Aldo Naouri, *Éduquer ses enfants : l'urgence aujourd'hui*, Odile Jacob, 2008.

personne d'ailleurs, n'auront jamais, sauf les instituteurs en classe.

Je m'éclipse discrètement, je resterais bien, mais je n'ai pas que cela à faire…

Addition

Marinette n'aime pas les maths. Sa maman me dit qu'elle répond n'importe quoi, vite, pour s'en débarrasser. Je vois un peu les choses comme sa maman. Quand Marinette se retrouve devant un problème arithmétique, elle écrit une réponse, puis elle fait autre chose ; elle prend un livre, entame une discussion avec sa voisine… Si je l'interroge oralement : « Que dois-tu chercher ? » elle me répond : « Une opération » ; si j'insiste, elle ajoute : « Une addition »… alors que j'attends : « Je dois chercher le prix des cinq journaux », ou : « Combien de monnaie la caissière rendra au client. » Si j'insiste encore, elle prend deux nombres dans le texte du problème et elle fabrique une opération avec. Le plus souvent une addition, ou bien la dernière opération travaillée en classe.

Elle agit comme agissait Yves, mon gros copain d'école, pendant les séances sportives de course d'endurance : elle évite l'effort qu'elle n'aime pas. Yves prenait comme tout le monde le train du début de course au milieu du peloton, mimant l'effort facile, le souffle régulier. Puis, au premier écran végétal, il se cachait doucement, attendant la fin, pour reprendre, toujours soufflant, l'avant-dernier tour au milieu du peloton complice. Il avait le début et la fin, mais pas l'exercice physique. Il avait l'apparence du travail bien fait : un docète de l'endurance.

Comme lui, Marinette mime le début et la fin du problème, mais en réalité elle évite par tous les moyens l'effort qu'elle n'aime pas. Elle a ce comportement ancré depuis le début de son école : elle répond vite, n'importe quoi. Si Marinette a ancré ce comportement de répondre tout de suite n'importe quoi, c'est que c'était un comportement efficace au début de ses mathématiques.

Dans l'explication qui suit, je vais faire endosser à l'école la responsabilité des difficultés scolaires de Marinette. C'est un parti pris légitime, mais excessif. En réalité, Marinette a des « difficultés scolaires », que je range dans les difficultés de compréhension. Elle est en particulier complètement désorganisée dans le temps et dans l'espace. Sur une feuille blanche, elle écrit n'importe où, dans les quatre coins, des choses qu'elle ne relit jamais. J'ai commencé par l'obliger à écrire en haut à gauche des phrases qui veulent dire quelque chose, puis des nombres qui veulent aussi dire quelque chose. Pour les phrases, cela a fonctionné un peu. Pour les nombres…

Ce parti pris de faire endosser à l'école toute la responsabilité des difficultés scolaires s'explique très bien, mais il est dangereux. Instituteur, je dois toujours tenter d'amener Marinette à comprendre ; donc chercher ce qui est de ma responsabilité, c'est-à-dire ce que l'école a mal fait. Ainsi, je risque de nier les difficultés particulières de Marinette. La négation de la réalité n'est pas un bon point de départ. Et c'est une vraie question pédagogique de savoir si les méthodes précises utiles à Marinette, pour qu'au bout de quatre mois elle commence à discriminer addition et multiplication, sont utiles à Hugo qui les a discriminées en quelques minutes, il y a trois ans déjà... La réponse technique à cette discordance est l'organisation de classes homogènes. La principale différence de structure entre l'école de 1950 et celle d'aujourd'hui est l'hétérogénéité des classes ; c'est-à-dire que l'école moderne se contente de nier les différences qu'elle prétend accepter. Revenons-en à nos nombres.

Pourquoi Marinette confond-elle addition et multiplication, mis à part ses difficultés personnelles de compréhension, qui mettent en relief un des errements scolaires actuels ? Marinette ne comprend rien aux opérations parce qu'elle a étudié une seule opération pour commencer les mathématiques. Marinette ne comprend rien aux mathématiques à cause des programmes scolaires de 1995 et 2002 qui voulaient n'étudier qu'une seule opération pour commencer la scolarité, et qui interdisaient d'écrire des unités dans les opérations. Ces programmes scolaires étaient le principal obstacle à la réussite des élèves.

Ainsi, le premier travail abstrait de Marinette, en même temps qu'on lui faisait deviner les sons des lettres qu'on ne lui avait pas apprises, a été de répondre à des questions mathématiques par l'opération unique dont elle disposait : l'addition. Pendant presque un an, pour qu'elle en saisisse bien le sens, l'essence, le fond, Marinette n'a entendu parler que de l'addition. À chaque question qu'on lui a posée, elle devait répondre : « Plus », prendre les deux nombres du problème et « faire l'opération ». Marinette confond désormais les mots opération et addition dans un sens commun tout simple : c'est ce qu'on répond à un problème. Et ce comportement est ancré. Comme pour la lecture à départ global, qui privilégie la devinette, l'à-peu-près et la fantaisie, au début du premier vrai travail intellectuel que la nation demande aux enfants, les mathématiques constructivistes installent des habitudes de travail intellectuel dramatiquement fausses. Le travail intellectuel ainsi proposé aux jeunes élèves, calcul et lecture, sert de moule et de fondation à tout le travail intellectuel à venir. Pour une petite fille comme Marinette, c'est un drame. Tout ce qui est nécessaire au travail intellectuel, y compris à la créativité intellectuelle, en a été évacué. La mémorisation précise, l'exactitude, les éléments de base de la déduction, les connaissances fermement établies, tout a été écarté au profit de la créativité. La créativité…

La créativité n'est qu'une conséquence de tout le travail de transmission de la culture. La créativité ne peut s'exprimer qu'au-dessus d'un substrat culturel épais. Il faut avoir tout appris pour inventer autre chose. La créativité, quelle qu'elle soit, y compris artistique, a besoin avant tout de culture établie et d'habitudes de travail construites : la logique, la déduction, l'extrapolation sont nécessaires au créatif, quel qu'il soit. Culture et intelligence.

Je ne saurais même pas définir la créativité. Les démiurges-béotiens non seulement l'ont définie, mais ils l'ont mise au premier rang de leurs objectifs scolaires démesurés. Et maintenant, non seulement Marinette ne crée rien, mais en plus elle ne raisonne pas.

Les « grande section » ont une feuille sur laquelle la maîtresse a dessiné quatre bonbons dans un pot et trois bonbons qui y tombent, huit oiseaux sur un fil dont trois qui viennent de s'envoler, six pommes sur la table dont deux croquées jusqu'au trognon, trois poussins bien vivants et trois autres poussins qui sortent de l'œuf, et ils doivent écrire au-dessous l'opération qui correspond à l'histoire : 4 + 3 = 7 ; 8 – 3 = 5 ; 6 – 2 = 4 ; 3 + 3 = 6. Lorsque l'un d'eux s'est trompé, s'il a écrit 8 + 3 au lieu de 8 – 3, la maîtresse lui demande combien d'oiseaux il y avait sur le fil. Il compte :

– Huit.

– Montre-moi huit.

Il regarde ses mains ouvertes devant lui, lève cinq doigts de la main gauche et doucement, un par un, lève encore trois doigts de la main droite. Puis il lève les mains devant lui. Les plus immatures, les bébés-lune, comptent les cinq doigts de la main gauche un à un…

– Combien d'oiseaux s'envolent ?

Il compte :

– Trois !

– Ils s'envolent. Après, il y aura plus d'oiseaux ou moins d'oiseaux ?

– Moins…

– Quelle opération faut-il faire ?

– Moins...

– Montre-moi.

Le petit bonhomme avait presque oublié ses doigts dépliés qu'il tenait pourtant devant lui... Il hésite.

– Quand on fait une soustraction, « une moins », que fait-on avec les doigts ? On les déplie ou on les replie ?

Il regarde ses mains ouvertes, puis la maîtresse, puis ses mains ouvertes...

– On les replie ???

Et en même temps qu'il le dit, il replie ses trois doigts de la main droite.

– Combien en reste-t-il ?

Il compte – c'est un bébé-lune :

– Cinq !

– Tu étais obligé de compter ? Combien de doigts dans ma main ouverte ?

Elle lui tend sa main.

– Cinq !

– Tu le sais que la main a cinq doigts, tu n'es pas obligé de recompter !

Nous sommes en avril de la grande section. Il s'agit d'un des aboutissements de la progression soigneuse de l'année, que je ne peux décrire ici, et de la progression spécifique sur addition et soustraction.

Le signe + et le signe – trônent en haut du tableau depuis plus d'un mois. Tous les matins, leur nom est rappelé :

– Comment s'appelle celui-ci ?

– Plus...

– Et celui-là ?
– Moins…
– Comment tu les reconnais ?
– Pour dessiner un plus, il faut deux traits…
– Et pour un moins, il en faut moins…
– Dessine un plus avec tes doigts (ils croisent leurs deux index devant leurs yeux comme ferait l'adversaire d'un vampire), un moins (l'index droit est tendu à l'horizontale). Quels sont les verbes qui racontent une histoire d'addition, une histoire de plus ?
– Donner…
– Rajouter…
– Offrir…
– Donner si on te donne à toi. Et ceux qui racontent une histoire de soustraction… de moins ?
– Quand on te prend des choses !
– Ou qu'on casse !
– Ou qu'on perd !
– Si on donne aux autres…
– Quand on mange…
– Oui, ben moi, une fois, mon papa, il avait prêté sa perceuse à mon tonton et mon tonton il croyait que papa il l'avait donnée, eh ben, il l'avait pas donnée, il l'avait que prêtée…
– Oui, Sébastien, mais revenons à nos plus et à nos moins…
L'association d'idées est un élément important de l'intuition des très petits, de même que l'importance de l'affectif. Elles perdurent longtemps.
– Qui pourrait inventer une histoire d'addition ? Une histoire de plus…

La maîtresse ne leur demande pas encore le mot « addition », elle le distille simplement autour du mot connu mais pas bien adapté, « plus ». Pas trop de mots à la fois. Mais bientôt le mot « addition » va être officialisé dans la classe ; alors, elle le leur demandera, et ils l'utiliseront.

– J'avais trois euros, et mon tonton m'en a donné deux !

– Bien… Une histoire de soustraction, avec un « moins », une histoire où on a moins de choses à la fin…

– J'avais trois bonbons et j'en ai donné un à ma petite sœur. Après j'en avais moins…

– Combien t'en reste-t-il ?

– Euh… deux… Mais ma petite sœur était contente parce qu'elle a mangé un bonbon, alors c'est bien quand même…

L'affectivité au service de la raison ? Ils étaient tous contents à l'idée de ces trois euros qui deviennent cinq euros… Quelle aubaine, quel bonheur ! Mais les trois bonbons qui diminuent à deux… Zut ! Bah ! La petite sœur est contente, alors ça va… L'affectivité… Ils préfèrent toujours ajouter que soustraire. Les petits n'aiment pas soustraire.

Cette leçon élémentaire, préélémentaire, de mathématiques consiste tout simplement en une leçon de vocabulaire. La maîtresse installe précisément et exactement des mots – et des signes – qui recouvrent des actions. Certains par association : plus (+), addition, recevoir… ; moins (–), soustraction, enlever, prendre, perdre, il reste… D'autres par opposition : plus/moins, addition/soustraction, acheter/vendre… Elle connaît la réalité du fonctionnement intellectuel enfantin (oppositions et appariements intuitifs) et elle l'utilise pour des buts très précis de mathématiques à venir.

Bien sûr, les enfants sont sollicités sans arrêt, mais la maîtresse donne les mots, dirige la pensée vers une ligne droite, empêche l'éparpillement : « Ne dis pas n'importe quoi, concentre-toi, suis ton idée jusqu'au bout, dis-le clairement, fais ce qui est demandé… » La libérale autoconstruction des connaissances, face à cela, n'est rien.

Il y a des moments pour la fantaisie, l'imagination, la liberté… Mais il faut aussi, en parallèle, construire les habitudes de raisonnement rigoureuses.

Les programmes scolaires, jusqu'en 2005, décrivaient les opérations les unes à la suite des autres. Addition au CP, multiplication au CE, soustraction au CE et division au CM. Les derniers programmes rétablissent, enfin, les quatre opérations en parallèle. Il était temps. On ne peut les comprendre que les unes par rapport aux autres. Et il faut les reconnaître assez tôt pour avoir largement le temps de les utiliser. Pour comprendre, il faut faire. Faire, pour une opération, cela signifie l'effectuer et l'utiliser dans un problème, en choisissant parmi les quatre.

Écriture

Un midi de juin, à l'heure des mamans – l'heure où les mamans viennent chercher les petits de maternelle –, je suis dans la classe de grande section de maternelle (cinq-six ans) où Leila attend sa mère qui est un peu en retard. Comme la petite est toute seule, je bavarde un peu avec elle pour la détourner de cette inquiétude d'abandon qu'ils ont tous dans ce cas, lorsqu'ils craignent qu'on ne les ait un tant soit peu oubliés.

– Qu'avez-vous fait ce matin ?

– On a lu !

– Ah ! Vous avez lu ? Qu'avez-vous donc lu ?

– Ce qui est écrit au tableau.

Le tableau est en effet couvert de ces phrases typiques des débutants en lecture, un peu contournées, ne contenant que des mots qui évitent soigneusement certaines lettres et certains couples de lettres inconnus. Cela me fait toujours penser aux débutants en langue étrangère qui ne savent pas dire la phrase précise et qui se contentent de périphrases alambiquées, mais sans le mot clé qui leur manque. Certaines phrases du tableau sont assez longues et claires pourtant.

– Tu me le lis ?

La formule de ma demande est la même que celle qui permet aux enfants petits d'obtenir une lecture de conte, le soir, avant de dormir. Seulement, la demande est inversée ; aujourd'hui, le grand demande au petit de six ans. Renversement considérable.

Leila s'approche du tableau et se poste devant, un peu trop près, la tête exagérément penchée en arrière, les mains derrière le dos. C'est une petite brune potelée, souriante, avec de bonnes joues, la tête ronde, les yeux noirs malicieux et les cheveux courts. Elle porte une jupe en jean. Encore bébé et déjà petite fille.

– *Lola a sss… sali sa rrro… robe. Lola a sali sa robe !*

Quand elle ne lit pas assez vite pour comprendre, elle relit plus vite et elle s'écoute.

– *Maman a sali…*

– Lis les lettres, Leila, ne devine pas !

La maîtresse, à son bureau, dans l'autre coin de la classe, profite de ma présence pour avancer quelque préparation. Elle a repéré notre manège. Sans lever la tête, elle a interrompu la petite qui reprend :

– *Maman a llla… lavé la ro… be à la mmm… ma… ch… chi… ne. Maman a lavé la robe à la machine.*

– C'est bien, Leila…

– *Caroline ai… me la sa… lade. Le la… ppp… in… Le lapin a vu le chhh… chou.*

Puis elle se retourne vers moi, souriant largement, et comme je traîne sans doute un peu, la maîtresse, là-bas, du fond de son bureau, lui lance le compliment qu'elle attend…

– C'est très bien, Leila, tu es grande…

La maman de Leila entre alors discrètement, elle aussi souriante et ravie, elle embrasse la petite et lui dit qu'elle est une grande fille. Elle était là depuis un moment, cachée derrière la porte, complice, pour profiter de ce petit instant de rien, sans forme ni but. Elle demande à la maîtresse si la petite sait lire.

– Je ne dirais pas ça… pas encore. Elle sait comment lire, elle connaît les associations de base, celle du système alphabétique et les sons à deux lettres… C'est bien parti, déjà ; mais l'année prochaine, au CP, elle va tout reprendre systématiquement, ils vont tout reprendre et reprendre encore, ils vont ritualiser les associations de lettres en lisant, lisant et relisant, jusqu'à ce que la lecture ne soit plus un effort, mais un savoir-faire devenu naturel.

La maman raconte alors comment tous les jours, à toute occasion, Leila passe son temps à tenter de déchiffrer tout ce qui est écrit, sur les paquets de céréales, dans les gros titres des journaux, aux devantures des magasins. Les autres midis, ce sont d'autres mamans qui nous racontent les mêmes phénomènes. C'est là que j'ai entendu l'histoire de la pharmacie.

Léo, petit brun maigre et vif, épi au front, monture de lunettes colorée, est arrivé cette année en grande section, et sa maman, un peu inquiète, nous a prévenus tout de suite qu'il était, selon la maîtresse de l'année dernière, remuant et agité ; « mais pas méchant », a-t-elle ajouté. En général, ces propos maternels sont des tentatives de protection avancée pour des petits diables capables de nous faire souffrir. Mais Léo, mis au tracé de graphismes et de lettres comme tout le monde, plutôt mignon, n'a pas commis les friponneries que sa mère tentait d'excuser à l'avance. En revanche, il était très maladroit, il n'y arrivait pas, et souffrait visiblement de la différence avec les autres. La maîtresse l'a rassuré, lui a donné en accéléré les éléments de graphisme de moyenne section qui lui manquaient, et Léo, petit à petit, s'est mis à rattraper le train pour finalement devenir un graphiste en lettres aussi soigné que les autres. Au bout d'un mois, la maman a demandé à voir la maîtresse. Les enseignants sont comme les chefs cuisiniers ; quand on les demande en salle, ce n'est en général pas pour des compliments. Eh bien, cette fois-là, si.

– Qu'avez-vous fait à mon Léo ?

– … ???

– Il est transformé depuis qu'il vient à cette école. Plus de comédies, plus de colères, plus d'agitation perpétuelle. Il s'est posé, tranquillisé, et il revient tous les soirs à la maison, ravi, content, et il raconte ce qu'il a fait, et il nous montre, et il refait, et il nous explique… C'est formidable ! Au début, j'ai eu un peu peur, parce que la différence avec l'autre école était saisissante ; mais tout va bien, il est très content, et toujours pressé de venir…

La maîtresse a expliqué alors un peu les éléments techniques que Léo aurait encore besoin d'améliorer, quelques boucles ou quelques cannes.

– Et puis, tenez, je vais être franche avec vous. Lorsque j'ai dit à la maîtresse de l'an dernier dans quelle école je l'inscrivais, elle me l'a déconseillée, en me parlant de mauvaise école, de mauvaise pédagogie… Eh bien, mon jugement est fait… Je suis retournée là-bas prévenir les autres mamans avec qui je suis en contact…

Depuis, elle nous a apporté le travail de moyenne section. Presque rien, en effet. Mettez un petit gars sur un terrain de foot tous les jours sans jamais lui donner de ballon. À la fin, il est énervé. Mettez un petit bonhomme à l'école et faites-lui tout, sauf de l'école… il en sera de même. Les petits ont un besoin physique de développement intellectuel ; certaines écoles, aux plus gentils mais plus faux prétextes de la terre, font souffrir beaucoup d'élèves en ne leur donnant pas ce dont ils ont besoin : l'instruction qui leur est due.

Donc, ce Léo-là, en mars, se retrouve coincé avec maman, dans la voiture, attaché au siège auto, en attendant mémé qu'on venait de déposer à la pharmacie. Au-dessus de la vitrine au mannequin ceinturé et pansé de larges bandes, les lettres majuscules lumineuses bleu électrique occupent tout son champ de vision. La maman raconte, elle entend les réflexions à voix basse du petit :

– PPPP… P.

Grognement de protestation. On recommence…

– PPPP… P… P…

Il ne trouve pas le son de la lettre *h*. Il la laisse tomber et passe à la suite.

– PPPP… PAAA… RRR… PARR… MMM… MA… KKK.

Or les « grande section » viennent de s'occuper de la lettre *c* qui fait le bruit [k] avec *a*, *o* et *u*, mais le bruit [sss] avec *i* et *e*…

– P… A… RRR… MA… CIe… Parmacie… Parmacie ? PHARMACIE !!!! Maman, est-ce que *p* et *h*, ça fait *fff* ? Hein maman ? Est-ce que *p* et *h* ça fait *fff* ?

– Oui !

Le lendemain matin, au regroupement, il a redemandé à la maîtresse, autorité suprême dans le domaine, si *p* et *h* faisaient [fff]. Il faut être sûr. Et pour être sûr, quand on est petit, on demande à maman, ou à la maîtresse, ou, mieux, aux deux. Quel confort enfantin que ces confirmations !

Sans la connaissance du *c*, il serait peut-être resté à PARMAKI, trop éloigné du mot connu pour l'évoquer. Sans sa connaissance des sons des autres lettres *m*, *a*, *r*…, il n'aurait pas pu approcher non plus de ce mot. Sans la connaissance intime, désormais, que deux lettres mises côte à côte s'associent *a priori* toujours de la même façon, il n'aurait pas commencé à lire le mot. Sans sa connaissance de la diphtongue *ch*, c'est-à-dire sans cette connaissance donnée par la maîtresse qu'il y a quelquefois deux lettres pour un seul son, il n'aurait pas osé trouver que *p* et *h* font [fff].

Ce petit bonhomme de grande section a commencé, lui, effectivement, à construire par déduction sa mémoire à lecture. Ce n'est possible que parce qu'il est lancé dans un chemin très précis, qui lui donne une direction, un système, des appuis connus.

La plus grosse erreur des didacticiens est ici : oui, la construction autonome des savoirs est possible. Seulement les enfants ne peuvent que prolonger un système existant, remplir une structure installée par le travail initial. Ils ne peuvent pas, absolument pas, fabriquer *ex nihilo* un système complet, inventer une structure nouvelle rien qu'en la regardant. En particulier une structure aussi conventionnelle que la lecture. La méthode didacticienne qui consiste à placer l'enfant au milieu d'un bain d'écrit pour qu'il en tire la lecture est évidemment, terriblement, complètement fausse. Et, pour tout dire, stupide.

Après le passage de la maman de Leila, je demande, moi, à la maîtresse s'ils savent lire. Elle me répond clairement la même chose qu'aux mères. Tout de même, combien savent lire les petites phrases de ce tableau, en grande section : *a*, *e*, *i*, *o*, *u*, *ou*, *in, an*… *p*, *t*, *m*, *n*, et même *ch*… ?

– Les lettres seules, ils les connaissent toutes, même celles qui ont des sons différents selon leur utilisation (*c*, *s*, *g*) ; ils connaissent aussi *ch*, *ou*, *ai*, *oi*, *on*, *an*, *in* et le *est* de « c'est ». Les associations simples une consonne, une voyelle, *b* et *a*, *ba*…, ils savent tous les lire. Deux élèves en difficulté, arrivés en cours d'année après un placement familial d'urgence, et un autre élève encore ne retiennent pas bien les sons à deux lettres, ni toutes les lettres. Mais, guidés, ils associent les syllabes simples à une consonne, à une voyelle. À part eux, les trois autres moins avancés de la classe déchiffrent seuls toutes les syllabes simples (*pa*, *pe*, *pi*, *ma*, *me*…), mais aussi à l'intérieur des mots si on les aide au découpage syllabique. Leur lenteur de déchiffrage gêne quelquefois leur compréhension. Les mots trop longs leur font peur. Pour les quinze autres, ils sont à peu près comme Leila. Avec, parmi eux, quatre élèves qui lisent à peu près tout, par déduction, et un qui a déjà tout déduit, qui lit les livres de la petite bibliothèque…

Je rappelle qu'ils sont en maternelle, en grande section. Mais, comment fait-elle donc pour leur apprendre à lire ?

– Je ne leur apprends pas à lire, je leur apprends à écrire…

– … !!!

Mais oui, bien sûr, je les ai vues, ces séances de graphisme commencées en moyenne section par des bâtons, des zigzags, des boucles, des cannes, des vagues qui deviennent, petit à petit, au sein d'une progression graphique très étudiée, des lettres que l'on apprend à dire à chaque fois qu'on les écrit.

La grande section débute par le rond, que l'on commence en haut, en enroulant vers la gauche, puis la petite canne, crosse en bas à droite. Cela forme un *a*. Le même graphisme, avec un rond et une canne qui commence plus haut, cela forme la lettre *d*. Et déjà, on écrit, à la fin de la première semaine : *dada*, *dada*, *dada*… que l'on lit alors en associant les lettres à la main avant de les associer à l'oreille et à l'œil. Le *o*, rond, petite queue en haut, arrive juste après, et on fera *dodo*, *dodo*, *dodo*, à la fin de la semaine. La canne en bas avec une casquette (le petit trait horizontal du *t* qu'on n'écrit qu'après, parce que la casquette, on la met en dernier) donne le *t* : *toto*, *tata*… La grande boucle vers le haut, en grande section, se trace avec le dos droit. Elle est alors un *l*, qui s'appelle « el » et qui s'entend [l], qu'ils tracent pendant une semaine en l'associant aux *o* et aux *a*. La petite héroïne de cette classe, dessinée partout, s'appelle Lola…

Et l'on continuera avec la petite boucle, qui est un *e*, lequel, avec un accent comme ceci, donne un *é*…

À chaque lettre nouvelle ainsi très précisément décrite puis écrite selon des règles magnifiques de précision, de rigueur, d'élégance même, on associe son nom dans l'alphabet et le bruit qu'elle fait. Évidemment, le *e*, fait le bruit [e]. On ne commence pas par le *e* de « femme » qui s'entend [a]. Les didacticiens n'ont que cet exemple à citer pour nous empêcher cette méthode évidemment efficace… Ils veulent à tout prix commencer par les exceptions, ces ânes de lecture et d'enfance.

Nous ne savons pas bien pourquoi ces méthodes qui commencent par l'écriture sont si efficaces. Le premier siècle d'enseignement collectif l'avait pourtant déjà bien établi, et les grands fondateurs de l'enseignement de masse le reconnaissent : les meilleures méthodes sont des méthodes d'écriture-lecture. Nous supposons qu'il est peut-être nécessaire de faire passer par le corps les premiers éléments constitutifs de l'intellect. Maria Montessori parie un peu dans ce sens aussi. Je n'irai pas plus loin dans les suppositions.

Quand j'observe Léa, en grande section, qui écrit, je la vois prononcer doucement sur ses lèvres les syllabes qu'elle va écrire : « Ca… » et elle écrit *ca*… « Ro… » et elle écrit *ro*… « Li… » « Ne… » ; elle a fabriqué tout son mot dans sa tête pour l'écrire. Il est vraiment possible que ce soit ce travail-là qui soit le plus efficace dans la constitution du système intellectuel de la lecture. Plus efficace que la lecture sans écrire, plus efficace même que de s'écouter lire à voix haute, qui ne sera qu'une deuxième étape, beaucoup plus abstraite déjà, mais nécessaire aussi. Pour le CP.

Globale

Faut-il que les méthodes de lecture soient devenues des religions pour que le clergé qui les a en charge refuse à ce point de considérer le rejet général et massif dont elles sont l'objet. Il y a déjà eu dans l'histoire de tels clergés, centrés sur leur débat théorique interne, qui n'ont pas vu gonfler la vague qui les a renversés. Le clergé catholique de l'ouest de l'Allemagne au XVe siècle, la bureaucratie soviétique au XXe siècle… Cette vague-ci renversera l'école publique française, qu'ils croient défendre et qui va s'effondrer s'ils n'ouvrent pas les yeux pour regarder la mer qui gonfle.

Le débat théorique interne des factions de clergé entre elles est en général de très faible intérêt lorsque le tsunami s'avance. Je me suis pourtant encore laissé prendre à ce débat vide. Un jeune collègue militant pédagogique m'a écrit poliment et intelligemment. C'est une première, tellement les grands prêtres pédagogiques et les petits moines des chapelles coopératives qui s'adressent à moi sont incapables de s'élever au-dessus du grognement tribal de protestation, sinon de l'insulte. Celui-ci voulait discuter honnêtement. Et il parlait du fond, enfin il essayait…

Il est de la chapelle qui prône la méthode naturelle de lecture, issue de la pédagogie Freinet. La méthode naturelle de lecture (MNL), me dit-il, n'est pas une méthode globale, et il m'accuse d'être malhonnête ou bien ignare chaque fois que je confonds volontairement l'une et l'autre. Il a raison. Je ne suis pas ignare, mais juste un peu malhonnête lorsque j'utilise la formule « méthode globale ». On peut en effet considérer, comme lui, que sa méthode n'est pas globale, que seules les campagnes de 1938 et de 1960 portaient le titre « méthode globale ». Elles ont été de si évidents échecs, elles ont bousillé directement, du premier coup, un si grand nombre d'élèves que le grand public, les parents ont conservé le mot « global » pour désigner les méthodes de lecture qui n'apprennent pas à lire. Exactement comme ils utilisent les mots « maths modernes » pour les maths qui n'apprennent pas à calculer. Entre spécialistes, je reconnais son reproche.

La MNL est simplement cette façon de n'utiliser que des récits d'élèves transcrits par le maître, desquels il tire le son qui sera étudié ce matin-là au CP. Derrière un texte proposé par un élève ou un paragraphe de manuel, on peut bien lancer une leçon de lecture alphabétique, syllabique, par hypothèse, phonétique ou même globale.

Je réfléchissais à la réponse à lui faire, lorsque des cousins sont arrivés à l'improviste avec leur petit dernier qui entre en sixième. Entre le Noilly-Prat et les cacahuètes, à propos d'une vague indisposition intestinale, la maman demande au petit s'il a lu le livre qui explique le fonctionnement du système digestif. Victor ne répond pas. Et pour tout le monde, elle raconte qu'elle a trouvé un manga – ces bandes dessinées japonaises qui se lisent de droite à gauche – au sujet du système digestif.

– L'as-tu lu ? redemande la mère.

– Oui... oui..., répond Victor avec un geste de la main qui signifie : « Allez, on passe à autre chose »...

Le papa reprend la question :

– Tu l'as vraiment lu ?

– Ouiii !!! J'ai regardé les images...

– C'est toujours la même chose, conclut la maman.

Le grand-père, instituteur en retraite, me lance un coup d'œil désabusé. Il est instit, comme moi, de la vieille école, laïcard et tout et tout... mais il est du métier. Un médecin reconnaît un tuberculeux au premier coup d'œil. Et là, c'est son petit-fils. Il a eu le temps de confirmer le diagnostic. La conversation qui roule, les plaisanteries et les jeux de mots au sujet des raccourcis SMS qu'utilise la grande sœur mettent un moment en évidence que Victor confond les lettres *c* et *s*, puis *g* et *j*. Après, il s'est tu, par crainte de montrer d'autres lacunes.

Victor ne sait pas vraiment lire. Il entre en sixième sans avoir jamais redoublé, mais il ne sait pas lire. Il n'a jamais rien lu vraiment et ne lira jamais rien. Il en souffre déjà beaucoup. Qui donc a amené un enfant de profs, à l'œil vif, petit-fils d'instits, petit frère de grandes sœurs littéraires brillantes, à ce douloureux échec ? Toi ou moi, cher collègue MNL ? Ta théorie ou la mienne ? Mais je ne ris plus, je suis très sérieux, comme un chirurgien qui doit trancher : ici ? ou là ? J'ai sous les yeux cette souffrance diffuse d'un enfant handicapé par une théorie. Je dis que c'est la tienne, tu dis que c'est la mienne… Il va bien falloir trancher, savoir, mesurer, regarder… parce que je ne supporte plus ce gâchis lamentable, cette destruction sans but, ces souffrances inutiles, cet aveuglement. Si je suis responsable par aveuglement, je pars en retraite demain, j'arrête.

Mais, pour l'instant, je repousse la réponse que je te dois, parce que je suis en colère. Tu continues le débat gentiment, et je reçois un autre message où tu cites un collègue reconnu du groupe Freinet qui explique :

> *La méthode naturelle de lecture écriture part de textes de vie, issus de la parole des enfants, de leur culture de proximité et de leur milieu proche. […] Les enfants sont amenés à pratiquer un grand nombre d'activités de lecture et de production d'écrits à partir de ces textes. […]*
> *L'enfant découvre des* **analogies orthographiques**, *des mots courts (« ange » dans mange et range). […] Il commence à* **faire correspondre unité sonore et unité graphique**, *à faire les relations grapho-phonologiques. Il prend conscience des « attaques » (consonnes initiales), des mots et des syllabes (par exemple* p *dans pantalon, piqûre, papa) et ainsi* **découvre les graphèmes et leur mode de fonctionnement**. *De*

proche en proche, il parvient à la **découverte de la combinatoire***.*
Depuis le début, l'enfant lit du texte qui lui fait sens. En parallèle, les **observations fines de l'écrit** *le conduisent à* **découvrir le code** *en commençant par les plus accessibles et à s'interroger sur son fonctionnement. Le sens et le code sont en interaction permanente...*

Ah ! Ce n'est pas global, certes. Mais est-ce une méthode pour apprendre à lire ?

Je n'ai pas le courage de répondre tout de suite, ni le temps, parce que s'annoncent quelques visites impromptues. Geneviève et Henri, couple catholique plutôt de droite, ont mouillé leur voilier au long cours dans notre petit port. Notre neveu Manu, citadin de gauche extrême au vert langage, puis jeune socialiste, et maintenant papa dévoué, arrive ce soir avec ses deux filles pour ioder un peu leurs cirés au climat breton. Mon Noilly-Prat va encore en prendre un coup, surtout s'ils parlent politique...

Lorsque l'enfant paraît, quels sujets voulez-vous donc que les repas de famille abordent ? Geneviève, en retraite, plusieurs fois mamie, bénévole de soutien scolaire au collège voisin, très au fait des méthodes de lecture, regarde les petites qui mangent leur tranche de jambon. Et quel âge ont-elles ? Et la grande, elle a fini son CP ? Et la petite, elle est en moyenne section ? Et la lecture ?

Manu couche ses filles, revient s'asseoir, coupe la conversation qui s'était rallumée sur la météo de l'été et raconte :

– À la fin de sa moyenne section, la maîtresse de maternelle nous propose de passer directement notre grande au CP, parce que, dans la classe à plusieurs niveaux, elle a déjà fait tout le travail de grande section. Elle est mûre, elle comprend vite, elle aime le scolaire, les feutres, le coloriage et les lettres… Je n'étais pas très chaud… Mais si la maîtresse le dit. Évidemment, psychologue scolaire, tests d'intelligence et de maturité… Et voilà le « passage anticipé » validé par l'Éducation nationale. Louise passe au CP avec un an d'avance. Un mois après la rentrée, la maîtresse du CP nous convoque. Louise a des problèmes, des difficultés scolaires et sociales, elle est instable, difficile… Une consultation psychologique serait peut-être bienvenue. Inquiets, nous obtenons une série de rendez-vous auprès d'un psychologue. Louise s'y plaît bien, cela l'amuse et la contente. Elle ira jusqu'au bout des consultations…

– Cela lui a été bénéfique ? demande Geneviève.

– Je ne sais pas, aucune idée. Cela ne lui a pas fait de tort en tout cas. Toujours est-il que la question scolaire ne s'arrangeait pas, et tous les soirs il y avait des heurts entre la mère et la fille à propos de lecture. La méthode Dagobert me semblait bizarre, pas claire, jamais on n'écrivait, les lettres n'étaient pas présentées dans l'ordre, d'ailleurs il n'y avait aucun ordre, mais des mots, quelquefois très compliqués, et Louise n'arrivait pas à les lire. Justement, un de ces soirs de frottement avec la mère, à propos d'un de ces mots longs et compliqués, Louise se met à pleurer et dit : « De toute façon, je n'y arriverai jamais, je suis nulle, c'est trop dur pour moi… » C'est là que nous t'avons appelé, ajoute Manu en me regardant.

En effet, je me souviens de ce coup de téléphone de la maman de Louise. Je l'avais un peu oublié, celui-là, tellement j'en reçois souvent de semblables. J'avais répondu, comme je réponds chaque fois, méthode alphabétique, supermarché, une demi-heure maximum par jour, leçon après leçon, sans oublier de faire écrire les lettres et les associations de lettres, et sans le dire à l'école. Aussitôt dit, aussitôt fait. Louise se prend tout de suite au jeu. « Ah ! C'est bien plus facile que je croyais ! » répète-t-elle à chaque fin de leçon. Il faut même la retenir à une page par jour parce qu'elle demande chaque fois la suite, et les parents craignent d'en faire trop et d'encombrer trop vite sa mémoire.

Juste avant Pâques, nouvelle convocation de la maîtresse :

– Louise est débloquée, elle a eu le déclic, ça y est, elle lit, les progrès sont spectaculaires… Elle n'est plus désagréable en classe, tout va bien, je voulais vous en informer…, dit-elle avec un petit sourire assez satisfait.

Et devant la réaction quelque peu contenue des deux jeunes parents, qui auraient dû sourire largement, elle rajoute :

– Peut-être le bénéfice des consultations de psychologue ? Ou alors le temps de maturation nécessaire pour cette méthode… Toujours est-il qu'elle est débloquée…

C'est mère louve qui défend l'entrée de la tanière pour protéger Mowgli devant Shere Khan. Mes appels au secret, les espoirs diplomatiques du papa, ses coups de pied dans les tibias de maman n'ont pas suffi à la retenir ; elle a sorti la méthode du supermarché de son sac à main, ouverte à la page du jour, et elle l'a sèchement posée devant la pauvre collègue étonnée :

– C'est nous qui lui apprenons à lire ! Lettre à lettre, syllabe à syllabe, et elle en est très heureuse, ravie, elle en redemande...

Le papa, plus calme, explique alors leur démarche, leur travail de tous les soirs, l'importance de l'écriture et de la lecture de syllabes systématiques... La collègue saute vite sur son fichier de préparation et ouvre sa méthode Dagobert aux dernières pages...

– Mais c'est prévu, regardez...

Et elle montre les quelques pages de juin où les méthodes déductives finissent par syllaber...

– En juin ? Mais vous ne ferez rien avant juin ? Il sera bien temps...

Bon, les choses ont fini par s'arranger. La diplomatie paternelle a freiné mère louve dans ses corrections ostensibles des fautes d'orthographe de la maîtresse. Et puis, la classe de CP allait de mieux en mieux : la maman de Louise, solidaire, a évidemment prévenu les autres mères de son système de sauvetage de la lecture. Le supermarché voisin a été dévalisé de ses méthodes Boscher et Léo & Léa, et le CP a eu de bons résultats. La maîtresse l'a-t-elle compris ?

Elle est partie en congé de maternité à la fin de l'année. La maman de Louise lui a offert *Et vos enfants ne sauront pas lire... ni compter !*[1] en lui expliquant pourquoi, et elle ne s'est pas fâchée du tout. Au contraire. Manu a conclu son récit : il est persuadé que la collègue a entendu bien des choses et qu'elle ne va pas en rester à sa méthode Dagobert.

Quel que soit le problème posé, ce sont les femmes qui sauveront le monde. Celle-ci, mère louve, mesure l'intérêt réel de ses petits et le défend. Celle-là, enceinte, passe par-dessus les oppositions idéologiques, remet en question les convictions dont on l'a encombrée, pour plus d'efficacité, dans l'intérêt des petits, dans l'intérêt du petit qu'elle porte, déjà consciente... J'ai un jour affronté un plateau de télévision très facétieux, sur la question de l'enseignement. Ce sont les femmes qui ont sauvé mon combat. Les hommes ? Le gauchiste de service s'est ridiculisé en palinodies sur une supposée trahison envers l'extrême gauche dont je viens ; l'autre, le vieux socialo de service, m'a accusé de frapper les doigts de mes élèves à la règle... Ils inventent, ils ne regardent pas... Les hommes parlent d'autre chose, ils sont toujours au bistrot, en costume de Batman, en train de s'inventer des ennemis qu'ils pourchassent en paroles, bière à la main. Les femmes regardent et protègent. La grand-mère a vu ses petits-enfants lire, la tante a aidé ses neveux à faire leurs devoirs sur la table de la cuisine, la jeune mère, encore naïve, cherche le renseignement qui permettra à son petit de mieux s'en sortir. Les femmes s'occupent du réel.

1. Marc Le Bris, Stock, 2004.

La bonne nouvelle, est que notre propagande a filtré. Une jeune institutrice secouée par des parents mécontents n'aurait pas pu entendre jusqu'à maintenant la critique, par manque d'appuis extérieurs. Mais maintenant tout le monde en a entendu parler, tout le monde, même les pauvres élèves-maîtres soumis à une propagande très puissante, tout le monde sait qu'il est possible que la doxa pédagogique de l'IUFM, issue des didacticiens et des sciences de l'éducation, soit inefficace, ou même idiote. Qu'il existe une autre voie ou deux. Alors, les plus sages vont regarder, au lieu de se battre contre les moulins qu'on leur a désignés. Regarder et mesurer les résultats.

Sens

Et je n'ai toujours pas répondu à mon jeune collègue militant, qui espère apprendre à lire à ses élèves avec cette belle idéologie à laquelle il croit si fort ! La foi soulève les montagnes, mais elle ne suffit pas pour apprendre à lire aux petits de sept ans. Faut-il vraiment que je vous analyse, cher lecteur, la terrible vacuité du passage qu'il me cite en exemple ? Oui, il n'y a pas que de la vacuité et de l'imprécision là-dedans, il y a une théorie de la lecture qui n'est en effet pas globale, mais qui n'est pas de la lecture non plus, et qu'il faut démonter.

La méthode naturelle de lecture écriture part de textes de vie, issus de la parole des enfants, de leur culture de proximité et de leur milieu proche. [...]

La MNL devient MNLE. L'écriture affichée ici me fait plaisir, mais elle n'est qu'affichée. Dans cette méthode, il ne s'agit pas d'écrire des lettres une à une, mais des « productions d'écrits », c'est-à-dire de courts textes. Le mot lecture-écriture est repris aux mêmes sources historiques que mon écriture-lecture. Les « textes de vie »… ne sont pas le contraire des « textes de mort ». L'auteur imprécis tente de signifier ici seulement que les textes sur lesquels la classe travaille sont les histoires racontées par les enfants le matin. Pourquoi pas ? L'idée fondatrice est qu'il est bon d'intéresser les enfants. Bien. Donc on étudie leurs histoires, les histoires de leur vie… « textes de vie ». Comme dans toute la rédaction néopédagogique, l'imprécision logique règne et laisse pointer la philosophie sous-jacente. Il n'est absolument pas évident que les enfants aiment toujours s'intéresser à eux-mêmes, à leurs histoires. On peut penser qu'il leur arrive d'en avoir assez de raconter la promenade dominicale au supermarché. Il est possible qu'ils aiment aussi les histoires venues d'ailleurs ou du passé. La petite poule rousse ? Le Petit Chaperon rouge ? Laissez-les regarder ailleurs. Mais non, leurs histoires de nombrils sont les seuls objets qui les intéressent. En réalité, derrière cette volonté apparaît la philosophie de l'enfance angélique et pure que le contact avec le monde adulte polluera. Une sorte de rousseauisme mâtiné de péché originel en suspens, avec un peu de pollution de la planète pour faire moderne. Les enfants aiment la variété. Il n'y a aucune raison de se limiter à leurs histoires. Mais c'est une question secondaire.

Les enfants sont amenés à pratiquer un grand nombre d'activités de lecture et de production d'écrits à partir de ces textes. […]

Un vœu pieu. Espérons ensemble qu'ils seront actifs. Tant qu'ils n'ont pas fait, ils ne sauront pas.

Réjouissons-nous de leur activité, sauf si les « productions d'écrits » sont des petites rédactions qu'on demanderait à des élèves qui ne savent pas encore leurs lettres une par une. Comment, cher lecteur, vous me supposez partisan et excessif ? Eh non, malheureusement, l'auteur parle bien de rédaction de petits textes par des élèves qui ne savent pas les lettres. C'est ce genre de torture, involontaire, certes, car ces maîtres sont animés des meilleures volontés du monde… c'est ce genre de torture involontaire, donc, qui a failli rendre folle la petite Louise… et tant d'autres. Mais c'est commis avec la meilleure volonté du monde. Stupide ! Pas méchant, mais seulement stupide !

L'enfant découvre des ***analogies orthographiques****, des mots courts (« ange » dans mange et range). [...] Il commence à* ***faire correspondre unité sonore et unité graphique****, à faire les relations grapho-phonologiques.*

Voici la théorie, le fond de la méthode de lecture : l'enfant découvre, il compare, il observe « ange », « range » et « mange »… et, petit Champollion, il en déduit que *a*, *n*, *g* et *e* font le bruit [ange].

Il prend conscience des « attaques » (consonnes initiales), des mots et des syllabes (par exemple p *dans pantalon, piqûre, papa) et ainsi* ***découvre les graphèmes et leur mode de fonctionnement****.*

Il découvre, par une enquête, que tous les mots qui commencent par le bruit [p] commencent par la lettre *p*. De là il commence à deviner comment on associe *p* et *an*, *p* et *i*, *p* et *a*.

De proche en proche, il parvient à la ***découverte de la combinatoire****.*

Puis, petit à petit, à force d'enquêtes sur ces textes aux lettres inconnues, il déduit et le son des lettres, et la manière de les assembler… la « combinatoire » : *b* et *a*, *ba*. En juin donc…

Voici, remarquablement résumées, les méthodes qui n'apprennent pas à lire aux enfants, car elles font autre chose. Elles entraînent les enfants à réfléchir et à enquêter sur le bruit conventionnel des lettres et la méthode conventionnelle pour les assembler. La méthode ne propose strictement que de découvrir, d'établir des relations, de faire correspondre, de s'interroger… C'est une méthode de recherche, pas une méthode d'entraînement. Elle remplace la mémorisation par la découverte. Elle confond la compréhension et la recherche. Il ne suffit pas de chercher pour comprendre. Ce sont deux actions différentes, voisines, mais différentes. Ce n'est pas une méthode d'apprentissage de la lecture.

D'où vient-elle ? Il s'agit de la méthode actuellement hégémonique dans l'Éducation nationale française. Elle dérive très directement des théories farfelues et destructrices de Jean Foucambert et de l'Association française pour la lecture (AFL), qui a régné pendant des années sur la question de la lecture dans l'Éducation nationale, ce qui est un scandale incroyable, et le nœud véritable de la destruction de la lecture française ; il est d'ailleurs possible que ce soit l'inverse, et que les âneries dangereuses de Foucambert dérivent de la MNL de Freinet, car Foucambert s'en réclamait au départ.

Depuis le début, l'enfant lit du texte qui lui fait sens.

« Un texte qui lui fait sens » ? « Un texte qui fait sens à l'enfant » ? Cette formulation ridicule se retrouve chez tous les membres du lobby pédagogiste : les inspecteurs, les associations, les didacticiens, les IUFM. Ils ont inventé une sorte de langue interne qui les referme entre eux un peu comme les gamins des cités qui n'ont que leur argot commun. Mais j'ai réussi à trouver des néopédagogues qui parlent notre langue et qui m'ont expliqué le sens du « texte qui fait sens » en vrai français. Il s'agit d'un de leurs importants arguments contre les méthodes alphabétiques qui, elles, ne font pas sens. « Faire sens aux enfants » signifie, d'une part, qu'on ne leur donnera à lire que des mots qui veulent dire quelque chose. Pas de *pa*, *pe*, *pi*, *po*, *pu*, ni de *dada* ou *dodo* comme dans notre grande section. D'autre part, le texte que l'on donnera à découvrir aux petits CP doit absolument être intéressant par son sens, y compris son sens profond. Les enfants à qui on soumet ce texte ne connaissent pas leurs lettres, mais c'est la motivation générée par l'intérêt du texte – son sens – qui va pousser les enfants à deviner que le bruit [p] s'écrit avec la lettre *p* ainsi que toutes les autres conventions de notre écriture, qu'on leur cache donc pour qu'ils les découvrent. Car, en néolecture, le déchiffrage n'est rien et le sens est tout. Il est le moteur, c'est par le sens qu'on découvre le code. Lors d'un débat de presse – je ne sais plus lequel – pour s'opposer à mes *pa*, *pe*, *pi*, *po*, *pu*, Philippe Meirieu m'a raconté hors micro cette expérience scolaire d'apprentissage de la lecture dans le texte intégral de l'*Iliade* et l'*Odyssée*. Je n'en entends plus parler… un fiasco de plus ? Cela pour bien montrer que cette incroyable folie est publiquement revendiquée.

La maîtresse de notre grande section, en janvier, distribue à chaque élève un petit papier qui porte l'inscription de ce qu'il doit apporter à l'école pour la confection du rituel gâteau trimestriel. Julien déplie le sien et essaie :

– Ffff... aaaa. Fa Rrrrr... iiii Nnnnn... eee. FA.RI.NE. Maîtresse ! Tu veux de la farine !

La farine « lui a fait sens ». Parce qu'il connaît les lettres *f*, *a*, *r*, *i*, *n* et *e* et qu'il a appris à les assembler. Il est certain, que la profondeur métaphysique de la farine, dans une acception judéo-chrétienne entre autres, il ne l'a peut-être pas atteinte. Mais, bon, il rapportera assez de farine vendredi pour faire un gâteau.

« Maîtresse ! Tu veux de la farine ! » Il appelle sa maîtresse. Il s'épate lui-même. Il est fier –tous les petits, lorsqu'ils sont fiers, appellent la maman, la maîtresse pour qu'elles voient comme ils sont grands, comme ils sont beaux, comme ils savent faire... Il est heureux. Il est heureux parce que nous lui apprenons à lire. Vraiment. En n'ayant comme souci que l'efficacité, la simplicité, c'est-à-dire son intérêt profond et à long terme. Pas pour défendre une méthode ou l'autre, une idéologie ou une autre, fût-elle progressiste. Progressiste ? La méthode progressiste est la méthode qui apprend à lire. La tienne, cher collègue, est profondément, gravement réactionnaire parce qu'elle n'apprend pas à lire.

En parallèle les **observations fines de l'écrit** *le conduisent à* **découvrir le code** *en commençant par les plus accessibles et à s'interroger sur son fonctionnement. Le sens et le code sont en interaction permanente…*

Et ainsi de suite jusqu'à la découverte du code. Le « code », c'est le « *b* et *a*, *ba* ». On ne le leur apprend pas, on les laisse le découvrir. Et, dans mon cours moyen, Julian lève la tête au ciel à chaque *ch* qu'il doit écrire pour se rappeler comment, déjà, il avait conclu que *ch* s'écrit… comment déjà ? Et Victor confond pour toujours *c* et *s*, et *g* et *j*… Et Sébastien, et Antoine, et… combien d'autres ?

Pour résumer clairement le raisonnement général sur la lecture de notre école, je reprends les propos de la maîtresse de maternelle : « Tout passe par la lettre, il faut privilégier la lettre, il faut qu'elle soit dans leur œil, et pour y arriver, cela passe par le corps, par le bras, la main, les doigts. Il faut savoir écrire les lettres une à une, pour pouvoir les reconnaître au premier coup d'œil, avant d'entrer au CP. Ensuite, la classe du CP systématise et fait apprendre encore et encore, toujours en alternant écriture et lecture, toutes les associations de lettres. Si possible dans des mots et dans des phrases qui ont un sens, mais aussi en exerçant les élèves au système alphabétique par des exercices systématiques de syllabes artificielles, lues et écrites. »

Les stupides théories de l'Association française pour la lecture sont la cause principale du marasme scolaire et culturel grave dans lequel notre pays s'englue. Tant que la hiérarchie de l'Éducation nationale ne l'aura pas compris et accepté, nous continuerons de reculer. Il faudra bien que certains esprits bien payés et bien abrités, qui se croient rebelles mais ne sont que les béni-oui-oui d'une théorie idiote, avalent leur chapeau ou démissionnent. Ils peuvent le faire discrètement, mais qu'ils se dépêchent, le XXIe siècle attend nos résultats, et nous aurons besoin d'étudiants en bon état. Au travail !

Méthode

Puisque tout passe par la lettre, j'ai passé une bonne partie de la journée de février consacrée à la lettre *c* dans notre CP alphabétique.

Les petits ne cherchent pas à comprendre. Ils essaient de bien faire. Bien signifie « ce que la maîtresse a dit ». Et c'est dans le but de bien faire qu'ils sont obligés de comprendre ce que la maîtresse veut. Alors ils ne sont jamais plus heureux que dans la routine ritualisée d'une journée que nous trouverions peut-être monotone. Mais ne confondons pas les besoins de liberté d'adultes avec ceux d'enfants, ou encore ceux d'adolescents.

Ils n'essaient pas vraiment de comprendre la nature, ils veulent qu'on leur dise quoi faire, et quand ils ont fait, qu'on leur dise si c'est bien ou mal. Ils sont les élèves de leur maîtresse comme ils sont les enfants de leur maman. Ils la suivent, l'aiment, lui obéissent et lui désobéissent aussi – pas beaucoup –, mais ils veulent à tout prix lui faire plaisir, faire bien, avoir bon. La classe de CP, observée en réalité et non pas mythifiée ou rêvée, est centrée sur la maîtresse. Et sur la lecture, qui est la grande affaire des mamans, des papas, et de la maîtresse. Et qui est quasiment la première grande affaire consciente des enfants eux-mêmes.

Le matin, ils relisent la lecture de la veille, celle du son [in], qu'ils ont déjà relue à la maison hier soir avec les parents. Un par un, chacun à son tour, ils lisent à voix haute un paragraphe entier. La maîtresse semble choisir au hasard, mais en réalité elle fait lire en premier les moins avancés en lecture. Ceux qui déchiffrent encore moins bien. Puis elle passe d'un élève à l'autre dans un désordre apparent qui lui permet de maintenir tout le monde en éveil.

Mon petit voisin de devant agite ses chaussures sans cesse. Il se pose sur une fesse, colonne vertébrale tordue d'un côté, puis il se pose sur l'autre, saisit son pied de la main gauche et le coince sur l'assise de sa chaise, genou plié à trois cent cinquante degrés. Il relâche la jambe pliée, fait tomber son crayon qu'il ramasse, en profite pour défaire et refaire le scratch de l'autre chaussure. Évidemment, son tour de lecture arrive au beau milieu d'une de ses plongées sous la table. Il se redresse tout droit, les oreilles bien décollées, il cherche et trouve vite le paragraphe à lire, malgré une petite panique perceptible à sa main gauche qu'il agite sous la table. Sa main droite suit le texte, pointé par l'index. Il lit bien. Il chuinte un peu et ses « ch » et ses « s » doivent mouiller le livre de quelques postillons. À la fin du paragraphe, le nom du suivant est prononcé. Mon petit voisin relâche tout son corps et recommence presque involontairement à s'intéresser à son stylo, qui tombe à nouveau, et qui cette fois se casse… Ah ! Que ce monde est mal prévu pour les patachons…

La petite fille à sa droite lui jette un coup d'œil de temps en temps pour comprendre cette agitation qui la dérange un peu. Mais elle demeure bien assise et ne relève la tête que lorsque la maîtresse donne la parole au suivant. Elle est bien coiffée en arrière, avec des barrettes à petites fleurs pour retenir les cheveux sur les tempes, visage lisse, bien dégagé. Elle a une petite fossette à la joue gauche qui lui donne l'air de sourire en permanence. Je crois qu'en plus elle sourit vraiment en permanence. Quand son tour de lire arrive soudain, elle prend la parole sans hésiter une seconde, ravie de montrer à sa maîtresse combien elle suit, combien elle a déjà lu hier, combien elle aime la lecture. Effectivement, elle lit joliment la petite histoire du chien avec précision et sans erreur. Elle lit couramment.

La lecture à voix haute est finie. Les petits rangent leurs livres et sortent le cahier bleu, sans attendre, sans rien dire, dans un concert de bruits de casiers et de fermetures Éclair de trousses. La routine est la vertu des armées en temps de paix, et celle des CP en tout temps. Ils sont déjà tous prêts lorsque la maîtresse entreprend de dicter « les mots ». Les mots qu'ils ont copiés hier, réécrits avec les parents hier soir, en devoirs, et dont il faut connaître l'orthographe aujourd'hui. La petite fille aux barrettes a tout bon. Elle écrit joliment, proprement, s'applique à rester dans les lignes, elle se plaît à rester dans les lignes. Mon petit voisin empoté n'a fait qu'une faute. Son ballet de chaussures agitées, croisées et décroisées, a recommencé de plus belle dès le premier mot dicté. Il a surtout une écriture assez épouvantable, qui déborde des lignes, s'élargit démesurément. Il faut dire qu'il a commencé à paniquer au moment d'écrire, parce que son stylo était cassé… Maudits stylos toujours cassés. Je lui ai prêté le mien.

Après la correction de la dictée, il y aura récréation, puis calcul, puis quelques lignes d'écriture de la lettre *c*, pendant que la maîtresse travaille avec les CE1, qui eux aussi ont calcul, lecture, grammaire… La lettre nouvelle, dans cette classe, est abordée en début d'après-midi, avec la nouvelle page du manuel qui y correspond. Il s'agit aujourd'hui de la lettre *c*.

Dans la progression de cette collègue, ils abordent la deuxième lettre qui change de « bruit » en fonction de la situation : c'est une lettre à deux sons. Déjà, ils ont vu le *s* qui fait [z] entre deux voyelles. Aujourd'hui, ils voient le *c* qui fait [k] devant *a*, *o* et *u*, et [ssss] devant *i*, *e* et *y*. Parce que nous sommes au CP, tout est systématisé, mis au net, complété. En maternelle, on comprenait le principe des choses, ici, on l'applique à la lettre, et on le grave dans le marbre de la moelle épinière.

La maîtresse écrit cinq mots au tableau. « Canard, colle, culotte, cible, cerise », trois d'un côté, deux de l'autre ; et elle fait déchiffrer les élèves. Au CP, ils se battraient vraiment pour être celui qui lit. Même quand ils ne savent pas du tout lire le mot. « Canard », lit l'un, « colle », lit l'autre, « culotte », lit le troisième en souriant du petit rire collectif qu'il provoque. Ah oui, il y a des mots comme ça…

Le mot suivant est donné à lire à la petite fille aux barrettes. J'avais un peu peur que ce piège difficile à percevoir ne tombât sur mon agité qui lève le doigt encore plus haut que les autres, à genoux sur sa chaise. Sans doute la maîtresse le protège d'avoir à commettre une erreur devant les autres. Le piège tombe sur quelqu'un qui sera capable soit de le déjouer, soit de supporter très bien l'erreur pardonnable. Le petit blond vit trop d'erreurs impardonnables pour avoir à en subir en plus.

– Kkk… euh… Kible ?

Tous les bras se baissent. Petit silence dubitatif et interrogateur.

– Je sais, maîtresse, j'ai une idée… Cible.

– Ah oui ! Ah oui…

Ils approuvent toujours vite, ils approuvent toute proposition qui les sort de l'embarras.

– Viens dessiner une cible au tableau.

Il s'exécute tout de suite et la maîtresse complète son dessin par une flèche qui vient se ficher en plein centre de la cible, pour le plus grand plaisir de tout le monde.

– *Ci*, on avait déjà appris ça à la maternelle !!!

– Ah oui ! Ah oui…

La maîtresse reprend la parole et réinstalle clairement cette convention que *c* fait [k] avec *a*, *o* et *u*, et [ssss] avec *i*, *e* et *y* qu'elle rajoute. Pendant qu'elle parle, elle inscrit un gros C au milieu, puis les lettres autour, à gauche celles avec lesquelles *c* fait [k], à droite les autres ; toutes reliées au C central comme des pétales au cœur de la fleur. Et elle ajoute en montrant chaque association : « *Ka*, *ko*, *ku*… *ce*, *ci*, *cy*. »

Puis elle fait passer toute la classe à cette relecture, dans le désordre, au hasard des lettres et des élèves interrogés. Ensuite, ils écriront sous sa dictée *ca*, *co, cu*, *ce*, *ci*, *coco*… *culotte*, *curry*, *canon*… Ensuite, ils déchiffreront tout seuls la page de lecture pleine de *c* devant des *a*, ou des *u*, ou des *e*… pendant qu'elle fait travailler les CE1. Puis ils liront à voix haute, chacun à son tour, mais ici pour la première fois. Mes deux voisins s'en sortent bien. Après ils auront une liste de mots à copier. Décidément, on écrit au moins autant qu'on lit dans cette séquence de lecture. Je les laisse à leur jolie routine. Je sais que demain matin ils recommenceront tous ces exercices avec *ca*, *co*, *cu* et *ce*, *ci*, *cy*, qu'ils recommenceront encore le jour suivant, avec des petites dictées de syllabes artificielles et de mots contenant ces écritures.

Nous sommes en février. Les trois quarts des CP lisent en déchiffrant déjà bien vite, largement assez pour entendre le sens de la phrase lue, qui leur est adaptée. La maîtresse me précise que c'est très bien comme cela et que, de toute façon, ils vont continuer à lire soigneusement, précisément, rituellement, et de plus en plus rapidement, jusqu'à juin, pour que la lecture devienne un réflexe, pour que tous les « sons » leur soient gravés au cerveau, à la moelle épinière si possible. Et ils reverront tous les sons un peu complexes en début de CE1. Pour que lire leur soit aussi simple que de marcher.

Le bonheur posé de la petite fille aux barrettes est évident. Il est bien lent, bien plein, bien satisfaisant, déjà serein, porteur de bel avenir. Elle connaît déjà la satisfaction du travail bien fait, et elle l'aime.

Les malheurs du petit patachon sont assez fréquents. Il est parfois paniqué, surpris, maladroit, malheureux même. L'apitoiement sur les difficultés, sur les petits malheurs des enfants qui n'y arrivent pas si bien est la justification du changement des méthodes. Le changement de méthode qui veut éviter les difficultés de l'un provoquera le malheur de l'autre. La petite fille sage ne se plaira pas du tout dans les environnements de libre recherche montrés plus haut, qui ne sont pas des travaux d'enfants. Mais le petit garçon un peu patachon non plus. Pour lui supprimer les difficultés que lui causerait l'école, on lui supprimerait l'école et ses ambitions. Et la petite pleurerait autant que lui l'absence de jolie écriture sage, de lecture tranquille et assurée, le manque de feutres roses et de coloriages soignés, la perte de la jolie sécurité apportée par l'autorité de la maîtresse, et la sûreté gravée dans le marbre d'une lecture vraiment acquise. Mais encore, est-ce bien l'école qui cause son malheur ? Je l'observe en récréation : il marche sur le scratch défait de sa chaussure et il tombe ; il ne rattrape pas la petite balle, il court trop loin et renverse un grand, il se cogne au portail mal ouvert... Ce petit bonhomme est maladroit, ce qui lui occasionne de fréquents désagréments, à l'école et hors de l'école. Il faudrait sans doute lui supprimer aussi les récréations, il n'y est pas si heureux que cela.

Un jour d'avant les vacances de Pâques, mon petit blond est arrivé dans le bureau du directeur que je suis, accompagné de sa très sage voisine, regardant le sol, un stylo cassé à la main.

– Que se passe-t-il ?

– La maîtresse veut qu'il explique lui-même…

– J'ai cassé un stylo…

– Oui, mais, c'est le quinzième depuis le début de l'année, ajoute l'accompagnatrice officielle, qui elle en est à son premier stylo.

Ne condamnez pas la délatrice avec vos yeux d'adultes modernes. Au CP, ce n'est pas de la délation, c'est son fier devoir. Elle compatit, elle est gentille, mais elle dit la vérité, tête haute. Lui, ne l'a pas haute, la tête. Petit chat maladroit. Je sais bien comment il casse ses stylos. Il est tendu, il s'accroche à son stylo sous la table, mains serrées, et le stylo casse… voilà tout. Je lui demande comment il les casse :

– Jjjcche ssschais pas !

– Il ne les casse pas toujours, des fois, il les grignote au bout, et après la mine ne tient plus…

Aucun aspect de la question ne sera laissé dans l'ombre. Ne riez pas, braves gens, l'affaire est sérieuse. Il y a une larme coincée au creux d'une joue. Mais il va pourtant falloir que je fronce les sourcils ; nous devons tenter d'arrêter ce comportement, en le rassurant, certes, mais aussi en lui demandant de se contrôler. Je lui donne un stylo pris dans le stock, reconnaissable, pas tout à fait le même que les autres. Je lui explique qui paye ces stylos :

– Crois-tu que la mairie peut acheter quinze stylos par élève ?

Il serait au CE2, je fabriquerais *illico* un problème de ce type pour faire calculer le prix de quinze stylos par élève pour cent cinquante élèves, mais, au CP, il est trop petit pour une multiplication à deux chiffres. Il acquiesce, petit bonhomme, il est d'accord avec tout ce que je dis, mettez-vous à sa place.

– Ce stylo, c'est moi qui te le donne. Vendredi prochain, viens me le montrer, et on verra si tu l'as cassé ou mordu.

Il est parti soulagé. Il est revenu la semaine d'après, tout souriant, me montrer son stylo bleu, avec seulement deux ou trois petites marques de dents au bout.

– Quelquefois, j'ai oublié de faire attention et j'ai un peu mordu… mais je me suis vite rappelé…, explique-t-il.

Que ceux qui essaient d'arrêter de se ronger les ongles mesurent l'effort fourni. Je le félicite et prends rendez-vous pour la semaine suivante. Il ne casse plus ses stylos. Ne vous extasiez pas trop vite, il nous en a fait d'autres…

Que fallait-il faire ? Malgré ma propension à lui pardonner parce que je crois le comprendre, j'ai le devoir d'être sévère. Dans une école bien tenue, il n'y a pas besoin de beaucoup pour être sévère. Il suffit d'utiliser la hiérarchie réelle de l'école.

Les chagrins d'école existent bien, pas plus nombreux, somme toute, que les bonheurs d'école. Un peu comme dans la vie, des peines et des bonheurs… Prétexter d'inévitables chagrins d'amour pour abandonner toute cause de chagrin d'amour possible serait assez mauvais pour la reproduction de l'espèce. Prétexter d'inévitables chagrins scolaires pour abandonner toute cause de chagrin possible, y compris les fondatrices ambitions de l'école, n'est qu'une marque arriérée du plus sombre obscurantisme : la haine du savoir, de l'école et des Lumières. La haine de la vie, presque. La caste porte-parole de cette ignoble antiphilosophie est encore largement dominante dans l'administration pédagogique de l'Éducation nationale. Sauf, en général, le ministre et trois de ses conseillers. Ils ont fort à faire.

Caprices

Les « moyenne section » ont dessiné un père Noël. Capuche pointue, grosse ceinture, beaucoup trop de doigts au bout des bras horizontaux, grosses bottes. Il s'agit maintenant de le colorier. Ils sont tout fiers de me montrer chacun son dessin. La maîtresse leur adresse un compliment un peu à la cantonade, comme quoi ils ont bien travaillé, ils ont fait beaucoup de choses, écrit « PÈRE NOËL », dessiné des bottes… Mais elle s'arrête au-dessus de Leila qui est en train de colorier le visage du père Noël en rouge, de la même couleur que le manteau.

– Mais le visage du père Noël n'est pas de la même couleur que son manteau !

Les autres regardent la maîtresse, Leila ne bouge plus.

– De quelle couleur est le visage du père Noël ?

– Rose ! répond le chœur.

– Leila ne fait jamais ce qu'on lui dit ! Je crois qu'elle aime désobéir. Cela te plairait, à toi, qu'on te fasse un visage rouge comme le manteau du père Noël ?

L'incident est vite clos. Elle devra redessiner un autre père Noël si elle veut l'afficher avec les autres. La maîtresse n'a pas promu la « créativité » de Leila, seulement son obéissance. Leila s'applique sans doute à conserver sa liberté de faire ce qu'elle veut, et non pas ce qu'on lui demande.

Tino fait tout ce qui lui passe par la tête. Il fait beaucoup de bêtises. Il est gentil, bonne pâte, bon camarade, drôle, vif, adorable en réalité. Mais il fait beaucoup de bêtises. Les « moyenne section » s'installent autour des deux tables rondes qui les attendent, tout en ordre, avec exactement le nombre de chaises où chacun a sa place et, au milieu de chaque table, des lots de petits dessins de Noël qu'on pourra colorier. Les images sont groupées par séries de quatre, chaque série séparée de l'autre, bien en face de sa chaise. La maternelle est une classe qui donne beaucoup de travail. La maîtresse a passé je ne sais combien de temps à préparer une activité qui durera moins de dix minutes. Il est évident pour tous qu'ils vont devoir ranger les images dans l'ordre : papa installe le sapin – les enfants posent les guirlandes – puis les boules – et enfin on voit les cadeaux au pied du sapin. Pourtant, Tino, premier assis, s'est vautré sur la table et, en trois quatre moulinets des avant-bras, a mélangé les images.

La maîtresse n'est pas contente du tout. Elle doit quitter l'autre table pour passer une ou deux minutes à réinstaller les images comme il le faut, pour que chacun puisse se servir lui-même.

– Pourquoi tu as fait ça ?

– … Je ne sais pas…

– Tu as défait mon travail. Je suis obligée de le refaire, tu gaspilles mon temps, et mon temps est très précieux.

Oui, très précieux, de l'autre côté de la classe, il y a les « grande section » qui attendent leur maîtresse et ses consignes.

– Que dirais-tu si quelqu'un cassait le travail de ton papa ?

– …

– Pourquoi tu as fait ça ?

– …

La maîtresse ne s'est pas mise à genoux devant Tino pour « être à sa hauteur » ; elle est restée debout ; elle est une adulte, grande, maîtresse d'école, et fâchée qui plus est ; et Tino est un petit garçon qui vient de faire une bêtise, sans arrière-pensée certes, mais bêtise qu'il faut apprendre à ne pas reproduire. L'après-midi, elle lui a redemandé plus doucement pourquoi il avait fait ça. Elle sait très bien à quoi s'en tenir, elle ne lui demande pas pour qu'il le lui apprenne, mais seulement pour qu'il comprenne un peu ce qu'il fait. Il est inconséquent. Il fait tout de suite tout ce qui lui passe par la tête. Il n'y a pas de « méchanceté » ; d'ailleurs, qu'est-ce donc que la « méchanceté » ? Il ne sait pas retenir ses pulsions élémentaires, ses tout petits désirs enfantins : on ne lui dit jamais non. Tout le monde s'accroupit respectueusement devant lui chaque fois qu'il a fait quelque chose d'étonnant ou d'inconvenant, pour discuter, pour qu'il se responsabilise. Mais comme on ne lui a jamais dit « non », il ne sait pas se retenir. Au contraire, puisque chaque action inconvenante a pour conséquence l'agenouillement des adultes, il trouve d'autres actions encore plus inconvenantes. Ce n'est pas respecter un enfant que ne pas lui apprendre le mot « non ». Ce n'est pas respecter un enfant que se mettre à genoux devant lui sans arrêt. Ce n'est pas élever un enfant que s'abaisser sans cesse devant lui. Ce n'est pas élever un enfant que se contenter de le traiter en adulte déjà conséquent et logique. Contrairement aux apparences, le très légitime courroux de la maîtresse est utile au bonheur à venir de Tino. Et il le sait très bien.

Une autre fois, c'est Julien qui a été grondé, et qui a passé une partie de l'après-midi dans la classe des petits – terrible punition, véritable déclassement social, à n'utiliser que dans les cas graves. Dans cette classe, il est connu de tous qu'on ne mélange pas les couleurs de pâte à modeler. On remet le bleu avec le bleu, et le rouge avec le rouge. C'est une règle de cette classe. Dans le but principal que la pâte à modeler ne finisse pas dans ce gris terne de couleurs mélangées qui fait que plus aucun élève ne l'utilise. Mais peu importe la raison, c'est une règle de la classe. Julien, devant la maîtresse, a pris ostensiblement une boule de pâte à modeler bleue et une rouge. Il l'a regardée droit dans les yeux et les a mélangées. Ce n'est pas une « bêtise d'impulsion », mais bien une tentative d'affirmation de sa puissance d'enfant choyé : « Je peux faire ce que je veux, même ce que la maîtresse interdit. » Il défendait sa liberté d'agir. Il voulait savoir qui de lui ou de la maîtresse gagnerait. Il a perdu. Et c'est une bonne chose, un grand service qui lui a été rendu.

Il est fondamental, nécessaire, vital qu'un élève fasse ce que sa maîtresse lui demande.

Ce matin de mai, Kevin, « grande section », est debout devant la maîtresse. Il a croisé les mains derrière son dos et se tient debout, le ventre un peu en avant et le menton sur la poitrine, comme un poulbot pris en faute. Sa posture m'amuse. Kevin montre son dessin de muguet à la maîtresse : il a colorié en vert les feuilles, la tige et les clochettes ; il a beaucoup débordé, et les cinq clochettes sont coloriées en bloc, d'un seul ensemble d'allers-retours verts… Bâclé.

Et la maîtresse n'est pas très contente.

– De quelle couleur sont les clochettes ?

La moue de Kevin s'allonge.

– De quelle couleur sont les clochettes ?

– …

– Tu me regardes et tu me réponds !

Il la regarde par en dessous… mais ne répond pas. Pourtant, il a perdu. Il ne le sait pas, lui, mais s'il a cédé sur le regard, il cédera sur le reste, et il répondra. Ce petit a un retard éducatif. En fin d'année, il essaie encore d'exprimer sa toute-puissance de bébé devant la maîtresse. Il perd son temps, le temps de la maîtresse, donc celui des autres élèves. Mais c'est bien le devoir de la maîtresse de lever cet obstacle dangereux pour le reste de sa scolarité. Non, tu ne fais pas ce que tu veux. Tu fais ce que la maîtresse dit.

Elle approche un brin de muguet et me montre du doigt :

– Tu vois, le directeur est là ! Et que va-t-il penser d'un élève qui ne répond pas à sa maîtresse ? De quelle couleur sont les clochettes ?

– Jaune.

Je demande discrètement à la maîtresse :

– Il ne connaît pas ses couleurs ? Ou bien il trouve que le muguet est un peu fané, et pas tout à fait blanc ?

– Non, non, il sait ses couleurs, en particulier blanc et jaune, mais il ne veut pas répondre, et une fois qu'il se sent obligé de répondre, il refuse de céder et préfère me dire volontairement une chose fausse..., me murmure-t-elle sur le même ton.

Puis elle prend deux gros crayons de couleur dans un pot, un jaune et un blanc, et elle lui demande :

– La couleur de celui-ci ?

– Blanc.

– De celui-là ?

– Jaune...

Il sait ses couleurs. La maîtresse tend les deux crayons de façon à ce qu'ils encadrent le brin de muguet.

– De quelle couleur sont les clochettes ?

– Blanc !

Scène de la vie quotidienne d'une classe de maternelle.

L'autorité est un bonheur. Si, selon la tendance naturelle de sa petite volonté, le petit garçon gagne devant la maîtresse, il passe devant elle, il passe au premier rang de la bataille de la vie où plus personne ne le protège. Ceux qui ont perdu leur dernier parent me comprendront sans doute : cette fois-là on est grand, cette fois-là on est libre, certes, même si on l'était déjà, cette fois-là on est tout nu devant la prochaine échéance, qui est maintenant connue et bientôt palpable. Alors il faut, pour le confortable bonheur des petits, que les papas, les mamans et les maîtres d'école soient devant, au-dessus, c'est-à-dire qu'ils commandent sans justification, parce que cela protège. Des explications, quelquefois, sont utiles, mais il n'y a pas à justifier un ordre. Il l'est déjà.

« Mais arrête donc de faire grincer ta chaise ! » Inutile d'ajouter ensuite : « … d'accord ? » sur le ton doucereux des parents modernes qu'on a obligés à négocier les ordres. Un ordre ne se négocie pas, ou alors ce n'est plus un ordre.

Si, donc, le petit garçon gagne contre la maîtresse, il peut passer plusieurs années à refuser ainsi de lui répondre – je n'invente rien –, uniquement dans le but de conforter son petit pouvoir, sa toute-puissance de bébé à caprices. Il ne fera alors pas le travail de l'école et se retrouvera en échec grave, par absence de progrès, puisqu'il en reste à son *statu quo* de bébé à caprices. S'il est un peu limité, ce qui arrive très vite dans le cas de refus d'obéir, il peut advenir qu'il ne se rende pas compte assez tôt que ce comportement capricieux lui est très néfaste ; c'est le cercle vicieux de l'absence de progrès par carence éducative, qui peut être véritablement très grave. Quant aux enfants qui s'en rendent compte par eux-mêmes, ils continuent souvent sur leur lancée, quelquefois malgré eux, à essayer toujours de tester leur toute-puissance de bébé à caprices, ils sont préoccupés en permanence de cette bataille d'influence qu'ils devraient avoir perdue depuis bien longtemps, pour en être libérés vu son peu d'intérêt et enfin pouvoir s'occuper d'autre chose ; jusqu'à huit-neuf ans quelquefois, de tels enfants sont obsédés par la place qu'ils occupent, s'inquiétant sans arrêt des premières places sociales qu'ils ne savent pas atteindre autrement que par caprice, ruse, colère ou violence quelquefois.

Je vous en prie, chers parents, pour leur bonheur de fond, dites : « Non ! » à vos enfants lorsque c'est nécessaire. Ils vous en seront reconnaissants longtemps, même s'ils sont un peu fâchés sur le moment. Leur vie sera meilleure. Et ils pourront profiter de l'école la tête libre. Envoyez-les nous en état de marche, capables de fonctionnement scolaire, c'est-à-dire élevés. Merci pour nous. Merci pour eux, surtout, à qui vous éviterez d'être LE petit élève casse-pieds, celui qui coûte un tiers de son temps à la maîtresse par ses caprices, et pour rien, sinon son propre malheur.

Allons z'enfants…

Aujourd'hui, la grande Révolution va s'emparer de ma classe et de ses esprits : pourquoi donc une fastidieuse question de mode de scrutin, qui n'avait jamais encore posé de problème, a-t-elle dégénéré ainsi en une Révolution ?

Je dois expliquer cette finesse de l'histoire à ma bande de garnements pas toujours très sages ; aux états généraux de mai 1789, les trois ordres de la société sont représentés par des délégués : cinq cents pour la noblesse, cinq cents pour le clergé, et presque mille pour le tiers état qui avait obtenu le doublement du nombre de ses députés, arguant très fermement, à Rennes ou à Vizille, de sa multitude. Mes élèves connaissent depuis longtemps ces trois ordres ; ils savent qui paye les impôts ; ils ont lu les cahiers de doléances de notre paroisse et de la paroisse voisine. Et maintenant, les délégués sont à Versailles, dans la salle des Menus-Plaisirs, où ils doivent voter, par ordre ou bien par tête. Par ordre ou par tête ? Mais cela change tout pour celui qui a bien saisi l'affaire.

Alors, pour que tous mes élèves la saisissent à leur tour, et comme nous savons utiliser les fractions, nous découpons la classe en trois parties : une moitié, de ce côté de l'allée représentera les députés du tiers. Ce quart-ci, devant, représentera… ??? « La noblesse !!! » Et le dernier quart, au fond à droite… « Le clergé ! » Et moi, je ferai Necker…

Il ne me reste plus qu'à faire voter une augmentation de la taille et de la gabelle, tellement nous connaissons les causes du rassemblement des états généraux : le pays manque cruellement d'argent en 1789 – rien de nouveau sous le soleil ! Votons par ordre : que vote le tiers ? « Non ! » Que vote la noblesse ? « Oui ! » malgré l'opposition du représentant de la noblesse pauvre. Et « oui » aussi pour le clergé, bien que les trois petits curés de campagne aient fort renâclé. Trois voix, un seul « non », deux « oui »… La réforme passe, les impôts augmentent.

Et si nous votions par tête ? Brouhaha, discussion, ceux qui sont désignés comme clergé pauvre se rebiffant plus que les autres… On vote. Le tiers s'oppose en masse, bras levés, farouche, suivi par un délégué noble et tout le petit clergé. On décompte les voix au tableau. Je proclame les résultats : l'augmentation des impôts est rejetée ! Réaction imprévue, voici que la partie gauche de ma classe se dresse comme un seul ordre : ils lèvent les poings au ciel en signe de triomphe, crient leur joie tout en se congratulant les uns les autres de regards satisfaits et de tapes dans le dos, rapidement rejoints par les curés de campagne et le petit noble, qui hésite tout de même un peu à franchir l'allée de la trahison.

Je dois rappeler à l'ordre ; mais il me suffit de raconter la suite devant des élèves rapidement assis et passionnés par ce qui se passe : la séance du 20 juin annulée pour cause de menuiserie, le serment du Jeu de paume, qui leur arrache même quelque larme par-ci par-là, la séance de reprise du 23 – Bailly au marquis de Dreux-Brézé… « Qui êtes-vous, monsieur, pour vous adresser ainsi au peuple assemblé ? » Mirabeau… « Nous sommes ici par la volonté du peuple, et nous n'en sortirons que par la force des baïonnettes… » Tout cela sonne haut et clair, mais l'heure de la récréation coupe le fil de notre histoire avant de prendre la Bastille. Et je reste en classe pris par un appel téléphonique.

Ma collègue vient pourtant me chercher assez vite, et je plante là mon importun téléphone.

– Viens vite, tes élèves sont déchaînés et ils se battent dans la cour !

En effet, au milieu de la cour, le tiers état, fier de son nombre et de la justesse de sa cause, est en train de mettre une pile à la pauvre noblesse, réduite à se défendre en groupe serré, réfugiée au coin de la cour où la masse du peuple pourra moins l'atteindre. Le clergé, sur le côté, tente de s'interposer. Je fais cesser les cris et les hostilités car quelques vrais coups ont vraiment porté, et certains garçons sont déjà bien furieux et bien prêts à défendre chèrement leur ordre et leur honneur. Je ne peux m'empêcher un regard amusé : le capitaine du tiers état n'est autre que John, un des petits Anglais de notre école. Et il n'est pas des moins déchaînés : *God save the Queen !*

Ils sont ainsi. C'était une année de garçons.

Ils se sont réconciliés, la semaine suivante, après la prise de la Bastille. Necker est renvoyé, les régiments royaux campent autour de Paris, et Camille Desmoulins, qui craint une Saint-Barthélemy des patriotes, appelle « aux armes » ; mes élèves ont presque l'âge des révolutionnaires. Ils ont en tout cas l'âge de se précipiter et de hurler en chœur. Des armes ? Aux Invalides, chez les armuriers. De la poudre… À la Bastille, la poudre est à la Bastille. Je sens qu'ils s'y précipitent aussi. « À la Bastille, à la Bastille !! » Elle est prise ! Hourra ! Je leur raconte pourtant l'horreur, les têtes au bout des piques décrites par Michelet, cela les amuse presque. C'est à qui sera le plus farouche, le moins affaibli par la vue du sang… des autres, le sang d'il y a longtemps… La récréation qui a suivi a été l'occasion d'un nouveau défilé autour de la cour : « La Bastille, la Bastille, la Bastille ! » Une de ces manifestations de grands, en bande, qui impressionnent si délicieusement les petits de l'école, avec une baguette tenue verticalement, comme ça, au-dessus du groupe de tête. Vide pour celui qui ne sait pas. Chargée d'horreur fictive pour celui qui sait. Ils sont ainsi. Tous derrière les piques, et les petits, timides d'abord, puis marquant fièrement le pas en levant haut les genoux et en claquant le pied au sol, ont suivi le monôme qui a fini par dégénérer en d'autres jeux moins collectifs.

Je suis quand même intervenu sur cette question du mépris de la vie, de l'inconscience du sang des autres qui les fait rire, du manque de compassion face à des horreurs réelles. Après son procès, le roi est guillotiné. Et la guillotine les fascine. Je ne juge pas, je raconte. Ils voudraient bien voir en vrai une tête séparée du corps, le sang, la mort ; pour mieux comprendre la vie peut-être, leur vie ? Alors ils ont une curiosité morbide pour le « gore », comme ils nomment tout cela. C'est à qui se montrera le plus capable de supporter, en riant ostensiblement, la vue des pires horreurs, tout en poussant quand même le cri de dégoût qui permet de bien montrer aux autres le degré d'épouvante que l'on est capable de soutenir. À ce jeu, ils ont applaudi l'annonce de la mort du roi.

Ce qui, tout de même, me fâche. « On n'applaudit pas la mort d'un homme. » Si on applaudit, par jeu morbide, la mort d'un homme, la question de sa culpabilité devient secondaire. Et c'est ce que je ne veux pas, c'est un lynchage. Replacez l'innocent monôme de tout à l'heure, avec de grands adolescents un peu plus âgés, en Alabama d'avant-guerre, ou dans la Chine de Mao en 1968…

– On n'applaudit pas la mort d'un homme. À ce moment-là, Louis XVI a l'âge de ton père à toi, à toi, à toi… Cela vous fait-il encore rire ?

Silence gêné. Puis on passe à autre chose. John m'explique, une fois mes sourcils relâchés :

– Vous savez, monsieur, nous on applaudit parce qu'on aime applaudir ensemble ; on défile parce qu'on aime marcher en chantant…

C'était vraiment une année de garçons.

Plus tard, au procès de la reine, qui est une construction honteuse, mensongère, mes élèves ont été bien plus compatissants. Peut-être parce qu'elle est une mère. Ils n'ont pas aimé non plus le procès de Danton, ni la mort de Camille Desmoulins, ni surtout, surtout, l'infâme condamnation de Lucile. À la mort de Robespierre, ils n'ont pas ri, ils n'ont pas pleuré, l'un d'eux a dit, sèchement :

– C'est bien fait !

Et, comme je crois devoir le faire, je leur ai chaque fois donné les faits qui poussent vers l'autre côté du choix : la reine a peut-être trahi, envoyé des renseignements à l'Autriche, et donc fait tuer des soldats français… Sans Robespierre, la Révolution aurait-elle réussi ? Qu'aurait fait le roi après Varennes ? Et je vous assure que, dans ces moments-là, les enfants que sont mes élèves ont des opinions, des réflexions, qu'ils les soutiennent, quelquefois naïvement, d'autres fois mûrement. D'une part, ils peuvent asseoir leur réflexion sur des connaissances, sur des faits connus, c'est-à-dire appris, qui leur sont comme un cadre intellectuel, une rampe de lancement avec des parapets ; d'autre part, l'éducation, ici abordée, n'est qu'une conséquence de l'instruction. L'éducation ne consiste pas à leur faire aimer ou détester Robespierre ou Marie-Antoinette, selon la mode du moment ou l'opinion politique affichée – ou latente – de l'école. L'éducation apportée par l'école n'est qu'un corollaire, une conséquence naturelle du travail d'instruction de l'école : « On n'applaudit pas la mort d'un homme. »

Lorsque les volontaires de toute la France se rassemblent, se retrouvent en montant à Paris en 1792, lorsque les Bretons apprennent des Marseillais cette chanson qui leur arrive de l'armée du Rhin, qui sera le premier hymne national du monde, mes élèves l'apprennent comme un seul homme, comme une seule nation qui se forme sous leurs yeux, comme une seule nation qu'ils sont à ce moment-là. Ils parcourent à nouveau la cour de récréation en chantant en chœur, puisque, décidément, ils aiment ça, apprenant ainsi notre hymne national aux petits élèves des autres classes par osmose… Et je regarde tout cela, qui se fait sans moi ; et je me demande si ce n'est pas dangereux, si ce n'est pas trop éducatif.

Pour le dimanche de la fête de l'école, l'association de parents d'élèves a demandé à ma classe de chanter des chansons. Mes élèves ont choisi les chansons qu'ils voulaient chanter : toutes ! et surtout *La Marseillaise*, qu'ils adorent, parce qu'on peut marcher ensemble en chantant et en brandissant des oriflammes au vent. Lorsqu'ils l'ont ainsi chantée devant les parents et les grands-parents, intimidés et sérieux, serrés sur l'estrade mal sonorisée du terrain de sport, M. Y., connu comme écologiste de gauche, m'a reproché : « Et ils chantent ce chant barbare… c'est une honte ! » Les grands-parents, eux, étaient ravis d'entendre les élèves chanter *La Marseillaise*.

Je ne sais pas si c'est une honte de chanter l'hymne de la nation qui finance entièrement l'enseignement. Mais je vois bien que M. Y. contre-éduquerait sans scrupule s'il en avait le pouvoir, dans une antiéducation qui ne serait que la sienne. Cette neutralité que je cherche en classe est bien plus délicate, bien plus précieuse que l'opinion de tel ou tel. Cette neutralité s'appelle la laïcité. Et les sabots du gentil M. Y. me semblent aussi lourds que ceux d'un méchant militariste qui me forcerait, pour ses raisons, à apprendre *La Marseillaise* à mes élèves.

Neutralité bien plus délicate et bien plus fragile. Si mes élèves, finalement, n'aiment pas trop Robespierre, mais adorent Camille et Lucile, n'est-ce pas un peu le reflet de mon opinion malgré toutes les précautions que j'ai prises ? Ou bien alors est-ce tout simplement qu'ils aiment les belles histoires d'amour qui finissent mal.

John a chanté farouchement *La Marseillaise*, il a applaudi la mort du roi, il a fièrement brandi la sinistre pique… Ah ! Il s'est intégré chez les Français, lui ! *God save his gracious Queen !*

Smarties

Souvent, l'après-midi, le jeune professeur des écoles, profitait de la sieste de sa « petite section », pour prendre en charge le groupe des « moyenne section » dans le cadre d'activités dites « scientifiques », son domaine de prédilection. [1]

Dans la moyenne section de cette année-là régnait la gouaille du jeune Yanis, espiègle blondinet de cinq ans, doté d'un esprit vif, d'un regard franc et d'un petit défaut de prononciation : un zézaiement très prononcé bien gentiment coordonné avec un prénom en « is ». « Yanishhh », répond-il en rougissant à toutes les gentilles mamies qui veulent connaître le prénom de ce joli petit blondinet. Son application à prononcer la finale de son prénom a pour seuls résultats d'allonger le chuintement fâcheux et de faire rosir ses pommettes. Faiblesse dont les camarades de classe ne profitent pas

1. Nous appelons cet échange momentané d'élèves un « décloisonnement », terme très à la mode.

trop : Yanishhh zozote ainsi depuis toujours, mais il connaît aussi l'art de se tirer d'affaire par un sourire, une plaisanterie, ou, au pire, un coup de pied dans les chevilles.

Ces après-midi là, vers 14 heures, le jeune professeur des écoles venait chercher les « moyenne section », en les appelant de la porte de la classe pour la séance de sciences. Le premier jour, ravis de quitter un temps la routine et la maîtresse pour une activité nouvelle et un jeune maître inconnu, avides de changement, de nouveautés et de sciences promises, ils se précipitaient et se bousculaient, marmaille agitée de canetons en route vers la mare. Au deuxième jour, l'empressement était moindre. Au troisième jour, l'enthousiasme s'essoufflait carrément. Il en va fréquemment ainsi, les jeunes enfants sont volages et s'empressent trop souvent de quitter une nouveauté pour une autre. Nous devons aussi leur apprendre la satisfaction que donne la persévérance, celle du travail fini. Alors, souvent, le quatrième après-midi, la maîtresse devait gronder un peu, pour pousser les traîne-savates à rejoindre leur scientifique devoir. « Il faut finir ce qu'on a commencé ! »

Le moderne enseignement des sciences, à l'école primaire, est placé sous la tutelle de l'opération « La main à la pâte », elle-même fondée par un physicien de renom et inspirée par sa visite à quelques écoles des quartiers noirs de New York. Il s'agit de promouvoir les activités scientifiques, actuellement en déclin et en manque d'étudiants, en organisant avec les élèves des expériences de physique ou d'hydraulique dont ils déduiront eux-mêmes des lois et des compétences individuelles, comme l'aptitude à chercher, à émettre des hypothèses, à tirer des conclusions et bien d'autres compétences transversales. Pour qui ne connaît rien à l'enseignement aux petits élèves, il y a là un merveilleux et charitable objectif, plaisant aux enfants, aux maîtres, aux spectateurs et aux journalistes de télévision, toujours très friands de cette photogénique agitation enfantine parmi des boîtes de plastique colorées, des entonnoirs et des tuyaux transparents. Pour qui a regardé d'un peu plus près les principes de l'enseignement moderne, obligatoires depuis trente ans, que je rassemble sous le nom de « constructivisme », il est bien aisé de reconnaître la recherche autonome *a priori* par l'élève, portant sur un objet naturel qui générera la construction de son savoir, d'autant mieux affermi et prouvé qu'il l'aura élaboré en compagnie d'une bande de copains, y compris s'ils se sont chicanés sur la conduite de l'expérience en question. « Situation-problème » et « conflit sociocognitif ».

Ainsi, pour leur deuxième semaine de « La Main à La Pâte », nos « moyenne section » ont été lancés vers l'autoconstruction de leurs savoirs, grâce à l'étude scientifique des Smarties. Les Smarties, petits bonbons ronds aux multiples couleurs vives, jouent ici le rôle d'objet d'étude dont on tirera des lois. Là ou les lois physiques à tirer de l'observation de Smarties n'ont pas été explicitement établies. Il semble même que la conclusion attendue de cette expérience portait seulement sur la manière de décolorer les jolis bonbons. Ici, sans doute, ce n'était pas tant la loi physique à trouver qui comptait, mais plutôt la démarche scientifique à faire parcourir aux jeunes élèves : émission d'hypothèses, élaboration d'expériences probatoires, énonciation de la conclusion ainsi établie.

Le jeune maître présente aux élèves des Smarties sans couleurs.

C'est une situation qui pose un problème. Ah ! Des Smarties – la situation. Oh ! Ils sont tout gris – le problème. C'est une « situation-problème ». À partir de ce moment, le déroulement préparé de la séance suit un ordre évident : le maître aide les élèves à formuler la question – on dit « à produire un questionnement ». « Pourquoi les Smarties sont-ils gris ? » ou mieux : « Comment les Smarties sont-ils devenus gris ? » Viennent alors les hypothèses. Les petits élèves interrogés « émettent des hypothèses ». En gros, ils énoncent tout ce qui leur passe par la tête. Qui n'a jamais assisté à ce merveilleux spectacle d'explications débridées, issues de l'imagination enfantine, libres de toute contrainte rationnelle ? Puis, une fois toutes les hypothèses dûment énoncées, le maître pousse les élèves à élaborer les protocoles expérimentaux qui confirmeront ou infirmeront les hypothèses. Il organise alors des ateliers d'expériences où les différentes hypothèses sont vérifiées dans les faits, par l'action. Il ne restera plus qu'à conclure sur la fondamentale manière de décolorer les Smarties.

On pourrait penser que je me trompe un peu de cible, que je dénonce d'amusantes niaiseries qui ne sont qu'erreurs d'enseignant débutant. Malheureusement, non, ce ne sont pas des erreurs de débutant : cette expérimentation sur les Smarties décolorés est un exemple typique des séances de « La main à la pâte », dûment référencé, et qui a servi de support de cours dans maints IUFM. Cette histoire de Smarties gris est à « La main à la pâte » ce que la dictée est au certificat d'étude : un exercice type, un exemple de base, un fondamental largement repris et proposé en formations initiale et continue d'enseignants. Mon jeune collègue ne fait que réutiliser une leçon type de sa formation récente.

Il a donc beaucoup travaillé. Tous les débutants dans un métier, lorsqu'ils ont travaillé, racontent tout fiers aux plus âgés ce qu'ils ont fait. C'est bien normal, je crois qu'il en va de même dans tous les métiers. Les vieux ouvriers se doivent d'avoir la patience d'écouter les jeunes réinventer fièrement la roue de brouette que tout le monde utilise depuis des lustres. Il suffit de savoir les laisser raconter, et de corriger discrètement le petit détail qui leur permettra d'aller plus facilement, plus loin. Logiquement, dans une profession en bon état, c'est ce qui devrait se passer. Mais les jeunes ouvriers de l'Éducation nationale d'aujourd'hui nous apportent fièrement des roues carrées. Et ils insistent savamment sur l'importance de la solidité des angles, gentiment méprisants pour nos pauvres roues passéistes. Et puis ils poussent, ils poussent leur brouette, pour nous montrer l'importance du progrès qu'ils font accomplir à l'humanité. Alors nous ne pouvons même pas commencer à les aider. Convaincus de leur génie créatif particulier, ils apportent tous les mêmes Smarties gris à leurs « moyenne section » qui découvriront la même « démarche scientifique », étonnant objectif.

Celui-là, sympa et conforme, avait préparé soigneusement ses ateliers de probation d'hypothèses. Il avait, original, prévu tout ce qui gratte : des limes à ongles, des ciseaux à papier, de la toile émeri, du papier de verre, du tampon Jex et des couteaux de cantine à lame crénelée. Les ateliers avaient été discrètement répartis dans la classe, à l'avance, les couteaux sur une table ronde, les limes à ongles sur une autre, et les divers papiers à gratter sur une autre. Tout était prêt. Il ne manquait plus que les élèves.

Il s'avance à la porte de la classe et appelle les « moyenne section ». Quelques « moyenne section », déjà rafraîchis par une étude un peu longue sur la capillarité de diverses éponges, ne se précipitent pas vraiment à son appel. Leur maîtresse les pousse. Allez ! Les moyens, il faut y aller. Pour les appâter, le jeune collègue ajoute à la cantonade :

– Allez, venez, aujourd'hui, on va essayer de savoir comment enlever les couleurs des Smarties.

– Yaka les ssçussçoter un peu, et ssça enlève la couleur ! zozote Yanis sans décoller de son coloriage.

Vlan. Finie. Terminée, la semaine de « main à la pâte » si bien préparée. Yanis est allé droit au but. Il a déjà observé la nature profonde des Smarties. Il est bien plus calé en Smarties que tous les didacticiens de « La main à la pâte » réunis. En une seule seconde, il a observé, émis l'hypothèse, conclu et mémorisé la conclusion. Il a parcouru tout seul, et très rapidement, tout le supposé « chemin didactique » des Smarties.

Pour sauver sa semaine de préparation, le jeune collègue rougissant a proposé que l'on garde cette hypothèse pour plus tard, sinon, on commencerait vraiment trop par la fin. Il a donc fait taire Yanis et entrer les petits dans sa classe. Il leur a fait émettre l'hypothèse qu'on aurait pu gratter les Smarties ; puis il leur a fait énoncer avec quoi on peut gratter des Smarties ; le groupe a retenu plusieurs méthodes : le tampon Jex, la toile émeri, le papier de verre, le couteau ou la lame de ciseaux. Ni plus ni moins. Ensuite, ils ont dû essayer de les gratter dans l'atelier qui les attendait. Chacun a dû saisir dans ses petits doigts maladroits et boudinés de bébé un tout petit bonbon à la vive couleur, tellement petit qu'une fois saisi il disparaît quasiment à la vue. Mais il a fallu tenter de le gratter, l'un avec un de ces affreux couteaux de cantine crénelés, l'autre avec un tampon de cuisine vert, qui ne gratte rien. Tenter de le gratter, en sachant très bien que cela est impossible et inutile, puisqu'il suffit de les « ssçussçoter un peu ». Pour, finalement, le jeudi, établir ensemble la sainte conclusion de cette scientifique semaine, que tout le monde connaît depuis au moins le lundi : « Lorsqu'on les trempe dans de l'eau, les Smarties perdent leur couleur » ; et, le vendredi, gribouiller la petite série de dessins qui raconte le déroulement des expériences, et qui sera affichée dans le couloir comme la « trace écrite » du travail de recherche scientifique mené, que les parents, ou un inspecteur qui passerait par là, pourront admirer.

Le verbe « dissoudre » n'a jamais été employé. Je ne sais pas si le nom « sucre » l'a été. Seule compte la démarche.

En plus, ils n'ont même pas mangé les Smarties.

C'est une pitié !

Une sobre expérience aurait suffi, avec une pierre de sucre, ou plutôt quelques grains de sel pour éviter le caramel, dans une casserole transparente remplie d'eau que l'on fait chauffer et un dessin d'observation. On retrouve le sel. Il n'a pas disparu. « Le sel est dissous dans l'eau. Connaissez-vous d'autres objets qui se dissolvent dans l'eau ? » Et le tour est joué.

Mais il vaut mieux avoir déjà observé l'évaporation de l'eau, dans un précédent cortège d'expériences et de dessins schématiques, pour que la découverte ne porte pas sur deux phénomènes à la fois, mais sur un seul. Ce qui montre l'intérêt d'une progression, complètement négligée ici… Et il faut faire dire, écrire et apprendre les mots nouveaux qui sont le support de la connaissance nouvelle. Avec ces malheureux Smarties, aucune connaissance n'était visée. La démarche de la leçon était l'objectif de la leçon. C'est une leçon qui s'étudie elle-même. Quintessence du vide pseudo-pédagogique.

Déjà, l'impudente définition de la « démarche scientifique » par les didacticiens est une caricature épistémologique. « Hypothèse, expérimentation, conclusion », affirment-ils fièrement. Il s'agit de philosophie en bande dessinée. La didactique actuelle est à l'enseignement réel ce que les petits résumés illustrés des témoins de Jéhovah sont à la Bible. Un schéma ridicule et impudent, assez simplifié pour qu'on puisse en tirer de jolis dessins de propagande. Pas plus.

Si je résume, il faut absolument que le maître qui lance un travail sur la dissolution d'un produit dans l'eau ait prévu une progression régulière qui aborde les difficultés une à une, et qui peut donc se permettre d'en faire découvrir certaines. Pas toutes, quelques-unes. Cette progression prévue et ordonnée par le maître qui dispose déjà d'une description ordonnée de la nature est le strict contraire de cette démarche folle de recherche indépendante. Cette fausse recherche n'existe pas, cette caricature de démarche scientifique tirée au cordeau dans la brume de l'inconnu n'existe pas. Je ne fais découvrir à mes élèves que des chemins déjà empruntés, ils ont seulement à choisir la bonne direction entre deux chemins marqués par leurs ancêtres. Ils sont petits, ils ne s'enfoncent pas dans la jungle. On ne les pose pas ainsi, nus, devant la forêt vierge.

Ce sont les chercheurs qui s'avancent dans les brumes de l'informulé, les véritables chercheurs, pas les pseudo-chercheurs en pseudo-science de l'éducation. La citation qui suit est tirée d'un courrier de Laurent Lafforgue, lauréat de la médaille Fields, c'est-à-dire l'équivalent du prix Nobel pour les mathématiques. Lui, il est allé trouver et établir des chemins nouveaux ; lui, il sait de quoi il parle :

Un problème facile à résoudre est un problème qui a déjà reçu une ou plusieurs solutions satisfaisantes, étant entendu que, comme disait Henri Poincaré, aucun problème n'est jamais entièrement résolu, mais seulement plus ou moins résolu. Au contraire, un problème difficile à résoudre est un problème qui n'a encore jamais connu de solution. Dans le premier cas, un chemin au moins a déjà été tracé et il suffit de l'emprunter, quitte à l'améliorer, à l'élargir, à le rendre plus confortable, à explorer ses abords, à consolider la chaussée, à trouver des raccourcis, à le situer par rapport à d'autres chemins et à exploiter leurs combinaisons, etc. Dans le second cas, on est dans l'inconnu, on ne peut être sûr de la bonne direction dans laquelle commencer à frayer une voie à la machette, on ne sait même pas exactement ce qu'on veut. Les principes et les idées qui apparaîtront comme les plus simples et les plus évidents une fois qu'une première route aura été tracée sont encore enfouis dans les brumes de l'informulé.

Finalement, les modernes pseudo-pédagogues ont plongé droit sur cet écueil, peut-être même en tentant de l'éviter. La véritable difficulté de l'enseignant est de se mettre à la place de l'enfant qui ne connaît pas encore l'objet étudié, qui ne l'a jamais considéré. L'adulte enseignant a oublié sa première perception enfantine de la question. Le papa se fâche très vite devant les devoirs de la petite fille : « Mais tu vois bien qu'il faut faire une addition ! » sans se rappeler qu'il y a forcément un moment de la petite vie où personne ne sait qu'il y a là une addition. Ni ce qu'est une addition. Le papa lui-même a vécu cette petite vie sans additions. Certains instituteurs quelquefois… « Mais enfin, tu vois bien que… » Non, il ne voit pas, il ne connaît pas le chemin, il n'y a pas de chemin tracé devant lui, il ne sait que faire.

Là est pour moi la plus large faute des modernes pédagogues : ils attendent patiemment que l'enfant « voie bien que » ! Ils ont simplement fixé comme but éducatif de supprimer le « Mais enfin ! » rageur. Seulement, ils ne savent pas apprendre à des enfants à « voir que », ils supposent que les enfants savent tout seul « voir que ». Or, pour « voir que… », il faut avoir appris à regarder, à observer, à choisir le bon chemin. Il faut ne proposer que des chemins tracés, très nets pour que les enfants les voient, et seulement deux, pour qu'ils empruntent celui-ci ou celui-là… « Ici, feras-tu une addition ou une soustraction ? » Avant l'étude réelle, ils ne savent absolument pas de quoi il s'agit, non seulement ils ne savent pas ce qu'ils veulent, mais ils ne savent pas ce que nous voulons d'eux. Ils ne sauront un peu de quoi il retourne qu'après avoir parcouru le chemin eux-mêmes, à pied, doucement. Ils ne sauront qu'il fallait là une addition plutôt qu'une soustraction qu'après l'avoir faite, et plus encore après avoir été amenés par le maître à confronter leur réponse avec le réalisme qu'elle suppose : « Quand tonton te donne trois euros, après, tu as plus d'euros ou moins d'euros dans ta tirelire ? Qu'as-tu écrit là ? Est-ce possible ? » Ils découvrent même complètement cette nécessité de réalisme, cette vérification logique par le « possible ». Ils découvrent tout. Vraiment tout, l'objet étudié et la structure même de l'étude. Les placer là en situation de chercheur autonome est une aberration, une profonde erreur.

Alors, les élèves modernes commencent à extirper des brumes de l'informulé la distinction entre addition et soustraction vers seulement huit ans. Mes élèves sont placés devant la différenciation élémentaire entre « plus » et « moins » vers l'âge de cinq ans. De façon très, très élémentaire, avec de très petits nombres, « 5 + 2 ou 5 – 2 ? », en levant ou en repliant leurs petits doigts patauds. Nous leur faisons différencier des choses qu'ils ne connaissent pas du tout précisément. Nous leur faisons choisir un chemin bien tracé, à la patte-d'oie, à la croisée de deux sentiers. De plus, tout cela ne reste pas « informulé ». Chez nous, la maîtresse de maternelle associe l'action de baisser deux des cinq doigts au mot « moins » et au verbe « enlever ». Clairement, sciemment, volontairement. Il faut nommer. L'homme seul nomme, alors l'école nomme pour sortir les enfants d'homme de l'informulé animal. Chaque chemin porte un nom. Et nous y sommes leurs guides.

Observation

J'aime les classes de petits. Quand je peux, je vais les voir.

Ce matin, les « grande section » ont dessiné un brin de muguet. Ils ont des brins de muguet sur les tables, dans des verres, et la maîtresse a dessiné un brin de muguet au tableau où les mots « tige » et « clochette » sont calligraphiés. Les petits élèves les ont écrits sur leur feuille, entre deux lignes qu'il ne faut pas dépasser, en grosses lettres cursives, bien jolies pour certains, un peu maladroites pour d'autres. En dessous, ils ont dessiné et colorié un brin de muguet qui ressemble beaucoup au modèle simple du tableau. Tout en bas, encore une grosse ligne double commençant par une marge. Ils vont y écrire leur prénom, en cursive aussi, en commençant par la gauche que la petite marge met en évidence.

Permettez–moi, cher lecteur d'attirer votre attention sur la description d'une scène de vie de classe comme celle que je viens vous proposer. Méfiez-vous de ce genre de récit dont je fais aussi mes choux gras. La vraie vie de la classe, surtout de petits, est tellement jolie qu'il suffit de la montrer pour ébaubir tout un chacun de tendre admiration envers la maîtresse, et les élèves… La jolie radio des poumons suspendue devant le tableau lumineux vous plaisait bien jusqu'à ce que le médecin inquiet pose son doigt sur cette petite tache floue que vous n'aviez même pas vue… Cela fait trente ans que la presse, sinon le cinéma documentaire et même de fiction, nous montre ainsi de jolis petits élèves attendrissants, des maîtres et des maîtresses charismatiques, des ados gouailleurs… Mais cela fait aussi trente ans que cette façon de montrer cache quelquefois la vacuité des méthodes utilisées, ou les erreurs et même les fautes éducatives, quelquefois graves, commises envers nos élèves.

Alors, je vais tenter de vous apprendre à lire les radios scolaires. Je vais tenter de mettre en évidence dans cette scène bucolique les éléments qui dérogent aux principes actuels de l'enseignement, qu'un inspecteur militant reprocherait vertement à cette collègue, mais qui sont de fondamentaux principes éducatifs soigneusement appliqués dans cette séance d'observation.

Le blasphème pédagogique de cette jolie séance sur le muguet est au tableau : la maîtresse a dessiné elle-même le brin de muguet devant les enfants, en guidant ainsi leur observation, et ils vont donc copier le dessin… au lieu d'analyser eux-mêmes le muguet en le dessinant tout seul.

Juste après le regroupement, son langage et ses chansons, la maîtresse a distribué les brins de muguet dans des pots à yaourt contenant un fond d'eau. Un brin pour deux, de façon à diviser le risque de renversement sur les tables trop encombrées. Première agitation silencieuse, excitation passagère devant l'objet offert, curiosité naturelle. Ils ont les bras croisés sur la table et penchent la tête d'un côté ou de l'autre. L'un a rapproché discrètement le pot de ses yeux, contesté par son voisin qui proteste à voix basse qu'il faut le remettre au milieu, que ce n'est pas juste, que le muguet doit être au milieu entre eux et que la maîtresse l'a dit. L'autre a couché sa joue sur son avant-bras et observe de très, très près les effets d'optique de l'eau ronde sur le pied du muguet. Un autre fait savoir par signes au groupe de ses deux voisins que, eux, ils ont eu un brin plus grand ; le groupe au petit brin ne tarde pas à réagir en soufflant à voix basse :

– Oui, mais nous on a plus de petites fleurs.

– Non, c'est pas vrai, c'est nous qui avons le plus de petites fleurs. Vous êtes des nuls en muguet !

– Maîtresse ! Y a Bastien qui se moque de notre muguet et qui dit qu'on est des nuls..., proteste le garçon au petit brin, à haute voix, quittant le ton feutré des attaques-défenses précédentes.

La maîtresse se retourne, échange les deux pots de muguet, coupant court à la dispute génératrice de bruit.

– Le petit vaut bien le grand !

Bastien simule une moue de dépit exagérée mais souriante, l'autre petit, redressé de toute sa colonne vertébrale, sourit haut et clair. La maîtresse leur dit souvent qu'elle a des yeux dans le dos et qu'elle voit tout. Je le croirais presque, tellement elle sait régler sans un mot, de la façon la plus simple possible, un incident qui se passait dans son dos. Elle se redresse, son dernier brin de muguet à la main, et lance un clair :

– Alors…

Recentrage des attentions, redressements, dandinements de fesses sur les chaises pour mieux se rasseoir.

– Qui connaît le nom de cette fleur ?

Doigts levés. Ces petits enfants de six ans sont déjà des élèves accomplis, mieux que mes grands…

– Bastien ?

– Du muguet, maîtresse, c'est du muguet…

– Vous avez tous *un brin* de muguet. On ne dit pas un brin de rose pour une seule rose, mais on dit *un brin de muguet*. Que voyez-vous sur ce brin de muguet…

– Des petites fleurs…

– Blanches…

– Beaucoup de petites fleurs blanches…

– Ma maman, elle dit que ce sont des clochettes…

Cette année, le mot clochette est apparu assez vite, il est connu de quelques-uns, mais pas de tous.

– Les petites fleurs de muguet s'appellent des clochettes… Des clochettes. Mais qu'est-ce qui porte les clochettes ? Où sont-elles attachées ?

– À une queue…

– Maîtresse, il y a une grande queue, là…

– Cette grande queue s'appelle une tige. Quelle est la forme de la tige ?

– Longue !

– Fais une phrase.

– La tige est longue…

– Oui, maîtresse, elle est longue, mais courbée au bout…

– Comme une canne, ajoute un autre, comme la canne du M !

Et elle leur fait dessiner la forme générale de la tige, d'un geste dans l'air, devant eux ; elle ne demande pas à un petit de proposer son dessin aux autres, elle montre tout de suite son modèle, elle-même, d'un grand geste du bras dans le vide que les petits suivent du leur :

– On monte, on monte presque tout droit, et à la fin on retombe un peu, largement ouvert, comme cela… On ne monte pas tout droit verticalement pour faire une petite boucle de canne en haut à la fin… on ne pourrait pas attacher les clochettes…

Ils hochent la tête ; oui, oui ; ils approuvent, ils sont d'accord. Mais si elle ne les avait pas prévenus, ils l'auraient dessinée ainsi.

C'est joli, tout de même, cet ensemble orchestral de gestes presque identiques. La maîtresse est bien un chef d'orchestre qui montre, et les petits regardent et font, imitent… ou essaient. Alors elle saisit une craie verte et reproduit son ample geste oblique en un dessin au tableau. La tige exemplaire verte est tracée. La maîtresse donne la structure en symbolisant l'élément principal.

– Maintenant, nous allons attacher les clochettes à la tige (elle réemploie soigneusement les mots nouveaux). Comment les clochettes sont-elles attachées à la tige ?

Les enfants se penchent, s'approchent et observent, beaucoup découvrent :

– Oh ! maîtresse, il y a une toute petite queue à chaque clochette !

– On l'appelle pédoncule, mais nous pouvons bien dire « petite queue ». Et comment pourriez-vous dessiner une clochette ?

– …

Ils se regardent les uns les autres. Ils trouvent cela difficile, un peu insurmontable.

– Alors, on trace une petite cloche, comme un « pont » de graphisme (elle trace ce qu'elle dit au tableau à la craie blanche), puis on ferme la petite cloche par un petit zigzag à deux ou trois pointes… ».

Les ponts, les zigzags sont des figures connues de graphisme de moyenne section, ce qui les rassure. Ils « savent faire ».

– Oh ! ben, c'est facile alors… hein, maîtresse ?

Pas une seule fois elle ne les a laissés deviner des choses qu'ils ne connaissaient pas ; quand elle a vu que l'un d'eux savait, elle le lui a fait dire, puis a reprécisé si nécessaire ; mais tout du long de l'analyse, elle a donné, dit, expliqué, avec une clarté professionnelle adaptée à la langue enfantine et soigneusement ponctuée des mots nouveaux auxquels elle tient, et qui petit à petit entrent dans les réponses des petits. Elle a conduit, dirigé une observation collective qui est une analyse des éléments qui composent le brin de muguet. Elle a fait décomposer par observation toutes les parties de l'ensemble, en allant jusqu'à donner les symboles graphiques simples qui les représentent habituellement.

La représentation schématique d'une clochette qu'elle a donnée est le résultat d'une analyse traditionnelle de sa forme, une représentation arbitraire, symboliquement proche de la réalité de la clochette. Les petits élèves sont incapables par eux-mêmes d'arriver à cette symbolisation déjà très poussée, qui n'est pas du tout un dessin conforme à la réalité. Trouver eux-mêmes comment dessiner cette clochette est d'autant plus difficile pour des petits qu'ils ne savent ni dessiner ni observer.

La maîtresse a tout ramené à des éléments déjà connus : le zigzag que l'on sait faire, le pont que l'on sait faire. Lorsqu'elle a rencontré une forme jamais encore dessinée, celle de la tige, elle leur a appris à la tracer en leur donnant un modèle, en leur montrant et en leur faisant faire comme elle.

Nos didacticiens nous diront que ces petits n'ont rien eu à chercher, que la maîtresse leur a tout donné, qu'ils n'ont pas émis d'hypothèses qu'ils auraient pu confirmer ou infirmer ensuite. Que la démarche scientifique « hypothèses, expérimentation, conclusion » n'a été ni proposée, ni suivie, ni même effleurée. Ce qui rendrait ce travail sur le muguet inefficace d'un point de vue didactique, du point de vue de la construction du savoir. Les pauvres didacticiens devraient abandonner leurs chaires et leurs prébendes pour retourner en classe confronter leurs théories à la réalité enfantine. Avant, bien avant que de proposer une hypothèse, les petits de six ans, de sept ans, voire de dix ans, doivent apprendre à observer et à analyser. Pour pouvoir observer, il faut savoir observer. Donc les premières observations sont dirigées : on montre aux petits, on ne leur fait pas échafauder eux-mêmes des théories, des hypothèses qui ne peuvent être, à cet âge, que des répétitions de choses entendues ailleurs, ou de jolies fantaisies. Je souffle à la maîtresse qu'elle leur a tout dit, qu'ils n'ont pas émis leurs hypothèses.

– Ah, tu veux entendre des hypothèses, c'est facile ! (Plus haut :) Les enfants, à quoi servent les clochettes ?

– C'est des maisons pour les coccinelles !?!? propose Bastien

– Oui… c'est des maisons pour les coccinelles.

Voilà, j'en ai une d'hypothèse enfantine, adorable hypothèse enfantine, poétique, et déjà confirmée par le copain, et déjà acceptée par toute l'équipe ; oui, oui, des maisons pour les coccinelles… Comme l'idée est jolie, plaisante ! Elle leur plaît, elle est vraie. Surtout, surtout, le petit garçon qui a proposé cette réponse est dominant. La maîtresse me souffle.

– Et ils acceptent tous, tout et n'importe quoi. Surtout si c'est proposé par un leader.

La méthode enfantine de confirmation de la vérité est sociale, relationnelle, donnée par le rang social de l'émetteur. Le petit qui répond « jaune » pour la couleur des clochettes tente un compromis relationnel pour ne pas céder. Sa proposition fait fi de la réalité, elle est la couleur un peu concédée à la maîtresse qui attend « blanc » et un peu refusée par lui qui veut ne rien dire. La confirmation par le père ou la maîtresse, personnages absolument supérieurs, tient lieu de preuve aux enfants. Dans dix ans seulement, leur désir adolescent d'autonomie les amènera à tenter des justifications par eux-mêmes. À six ans, ils ne peuvent pas, matériellement, physiquement même, imaginer, concevoir la simple idée de la preuve matérielle. Mais les didacticiens, les « mains à la pâte » s'occupent uniquement de cela : leur faire prouver, leur faire émettre des hypothèses qu'ils prouveront... Et, pendant ce temps, le véritable travail de la preuve qui devrait être mené dans l'apprentissage des démonstrations mathématiques simples, à partir de douze ans, a été abandonné.

La maîtresse m'a montré, à deux minutes d'intervalle, ce qu'elle pense qu'il faut faire et ce qu'elle pense qu'il ne faut pas faire. « Comment les clochettes sont-elles attachées à la tige ? », avec un brin de muguet sous les yeux, est une question qui force à l'observation. Observation émerveillée pour les deux tiers des élèves qui ont pourtant, depuis dix minutes, beaucoup regardé leur muguet. Observation élémentaire qui n'est pas innée et dont l'apprentissage, lorsqu'il est laissé aux bons soins du hasard, peut prendre des années et n'être même jamais intégré. Cette classe apprend à observer, primordiale nécessité éducative et culturelle.

« À quoi servent les clochettes ? » est une question ouverte, sans réponse « scientifique » véritable – on pourrait dire, pour des petits de cet âge, sans réponse « réaliste » accessible. Elle permet d'adorables réponses, poétiques, lyriques, enfantines, qu'un cinéaste de talent saurait happer au vol, et qui pourraient faire pleurer de bonheur tous les spectateurs d'une telle scène. Pourtant, dans le cadre de l'éveil scientifique, dans le cadre de l'« observation » – je préfère cette modeste mais précise dénomination, ou bien « leçon de choses » –, cette question est pour l'instant prématurée, inutile, non constructrice. Bien sûr que les abeilles, et non les coccinelles, viennent récolter dans les clochettes et non s'y loger… Mais cette question est pour bien plus tard… Pour l'instant, on apprend à regarder. Avant d'aller plus loin, il faut apprendre à regarder. Pour apprendre à regarder, il faut quelqu'un qui montre, quelqu'un qui pousse à pointer le doigt.

Lorsqu'un petit bonhomme pointe du doigt, s'émerveille, se retourne vers la grande personne la plus proche et lui demande : « Qu'est-ce que c'est ? », la grande personne lui répond, lui dit le mot et, s'il peut, l'explication complémentaire. Sauf le didacticien, qui répond : « Qu'en penses-tu ? » Comme si le petit savait déjà. Comme le psychanalyste qui retourne sa question au patient. Préservez vos enfants des didacticiens. Répondez à leurs questions.

Carré

Il s'agit, ce matin, au CE1-CE2, de dessiner un carré sur une feuille sans quadrillage. Ils savent ce qu'est un carré, ils en ont déjà tracé sur des feuilles quadrillées. Ils savent ce qu'est un angle droit, ils en ont déjà tracé à l'équerre voici quelques jours, lors de la leçon sur les droites perpendiculaires. Aujourd'hui, ils vont tracer un carré à l'équerre sur une feuille sans quadrillage. Ils ont huit et neuf ans. C'est leur premier vrai carré.

Avant-hier, c'était leur premier angle droit ; hier, leur première division par trois ; après-demain, ce sera leur première division avec reste. Tous les jours une nouveauté, une nouvelle façon de regarder, de comprendre, de faire, de penser ; et à chaque nouveauté, un petit rappel des éléments précédents déjà connus. Je me demande souvent si nous, adultes, saurions à ce rythme remettre en cause tous les jours nos confortables savoir-faire acquis. C'est seulement par là que leur « travail » d'élève est plus difficile que le nôtre.

Avec les petits, les questions matérielles peuvent se transformer en obstacles du progrès. Le crayon perdu ou pas taillé, la mine cassée, la règle de bois convexe, la règle de plastique ébréchée, l'équerre fendue, la feuille de papier froissée par la gomme rageuse… Je distribue à tous le même matériel : une feuille de papier blanc perforée à gauche pour le classeur, une équerre neuve. Je demande de sortir crayons à papier bien taillés, gommes et règles déjà distribués à la rentrée. Naturellement, il manque quelques règles.

– Monsieur, ma règle n'est plus là !

– Elle est certainement partie se promener toute seule ; elle en avait assez d'un casier si mal rangé !

Les crayons à tailler sont un prétexte pour venir en rond se pencher au-dessus de la corbeille, jouer à faire tomber en pluie les plus longs copeaux de bois possibles. Rires étouffés, chicanes, coups d'épaules, exclamations à voix basse :

– Pousse-toi, tu prends toute la place.

– Mais j'étais là avant !

– Passe ton taille-crayon !

– Non, il a dit qu'il me le passait en premier…

Il faut presser un peu les tire-au-flanc qui prolongeraient volontiers la durée de ce nécessaire laisser-aller.

– Tout le monde est-il assis, table en ordre, équerre, règle, crayon, feuille blanche, les perforations à gauche ?

Ici, l'école moderne dirait : « Tracez un carré de 5 cm de côté. » Elle voit là une situation-problème dans laquelle l'élève se débattra, et, constatant l'erreur de la fin, frustré par le quatrième côté du carré qui ne peut rejoindre le troisième, il en déduira qu'il lui faut apprendre à mieux tracer des angles droits. Il construira lui-même son savoir, il construira lui-même son carré.

Mais je propose à mes élèves, et toute la différence est là : « Nous allons tracer ensemble un carré de 5 cm de côté, à la règle et à l'équerre. » J'insiste même sur la rigueur nécessaire, le soin tout particulier, la précision du maniement de l'équerre, outil difficile, pour que, si possible, aucun de mes élèves n'échoue à son premier carré. Je vais leur montrer, trait par trait, instrument par instrument, détail nécessaire par détail nécessaire, étape par étape, d'abord au tableau tracé par moi, puis à leur tour sur leur feuille, tout le dessin d'un carré. Ensuite, ils en traceront un d'un seul jet, suivant toutes les étapes. Puis encore un autre d'une autre dimension ; puis encore un autre à la maison.

D'abord la base, horizontale en bas de la feuille. Puis le premier angle droit, avec un soin tout particulier au glissement du côté utile de l'équerre le long de cette base… Puis la mesure de la longueur de ces deux côtés, l'un après l'autre… Je montre, je pose l'instrument, je fais venir un petit qui n'y arrive pas, qui m'aide à bien vérifier que l'équerre longe exactement la droite, et il trace lui-même à la craie les deux petites marques de la perpendiculaire, et m'aide à nouveau à tenir la règle qui permettra de la tracer.

– À vous, sur les feuilles. Montrez-moi la position de votre équerre avant de tracer (et je cours vérifier si elle est bien posée). Tu peux tracer…

Puis on reprend les instruments de tableau pour montrer l'étape suivante.

Thibaud a fini avant moi. Il attend, les yeux dans le vague, que j'aie terminé ce discours longuet.

Presque tous les autres, surtout les CE2, plus âgés, me suivent avec un évident intérêt, sourcils froncés, silencieux, regardant tour à tour le tableau, leur feuille blanche ou les gros instruments jaunes de tableau que je fais tournoyer devant eux. Certains imitent même la volontaire componction théâtrale de mes gestes ; ils retournent cérémonieusement leur équerre haut devant leurs yeux, ou la passent de main droite à main gauche avant de la reposer soigneusement sur l'autre face. Ils m'évoquent les pilotes de voltige aérienne qui simulent des deux mains leur future course avant de monter dans l'avion. On n'entend que les claquements et les glissements d'instruments de plastique transparent sur les pupitres.

J'aime ces moments de travail individuel que je reconnais au bruissement scolaire qu'ils produisent.

Thibaud ne bruisse pas du tout. Il a posé son menton sur sa main gauche, son coude sur la table et ses yeux sur le carré tracé au tableau, dans la bonne direction, mais vagues. Il attend. Il a fini bien avant les autres et il attend.

– Thibaud, tu as fini ?

– Oui, c'est facile !

Je vais voir son carré ; il est un peu de guingois, aucun angle n'est vraiment droit, les côtés ne sont pas tout à fait de la même longueur.

– Tu veux bien en tracer un autre de l'autre côté de la feuille ?

Ce genre de demande de ma part n'est qu'un ordre donné gentiment. Thibaud s'exécute immédiatement, et il termine avant que j'aie pu voir vraiment sa méthode. Il sait faire un carré depuis longtemps, sans mesure, sans équerre, et surtout sans que les côtés dépassent des angles comme sur le carré du tableau. Il repose son menton dans sa main, son coude sur la table et reprend sa rêverie. Mais cette fois-ci son carré est vraiment tout de travers, rien n'y est droit. Je pose son équerre sur un de ses angles pas droits du tout. Il regarde et me demande, sans insolence

– Et alors ?

On pourrait se fâcher si l'on ne comprenait pas ce qui se passe : il n'a pas remis en cause son confortable savoir-faire acquis par intuition. Il n'a donc pas du tout vu l'intérêt de ce ballet aérien de gros instruments jaunes ; il n'a pas du tout saisi que nous grandissons aujourd'hui d'un grand pas, que notre idée de carré, celle qui suffisait pour faire passer le cube dans le trou de ce joli jeu d'encastrement de bébé, serait à ce point précisée et améliorée. L'enseignement des hommes à leurs petits s'appuie sur l'intuition, issue de la perception naturelle, mais la précise et la corrige sans cesse.

Thibaud a eu du mal avec ce maudit carré, et j'ai dû le contraindre à en tracer un sous mes yeux, à mes ordres. Désolé, chers amis démocrates de progrès, j'ai mis mon autorité au service de l'angle droit.

Dans le fond de la classe, Yanis, qui zozote toujours autant, mais est toujours aussi vif, est, lui, en retard sur tout le monde. Et c'est inhabituel. C'est que, comme beaucoup d'enfants qui comprennent vite, en particulier les garçons, il est assez « patachon ». Il me demande à chaque exercice de grammaire si on a droit aux abréviations ; à chaque problème si on doit vraiment écrire toute la phrase française de la réponse, qu'il rédige en général sous la formulation la plus courte possible. Il n'aime pas écrire parce qu'il écrit mal. Ou bien il écrit mal parce qu'il n'aime pas écrire. C'est comme si la vivacité de son esprit était encombrée par la lenteur de l'écriture manuscrite.

Et aujourd'hui, il est bien pris. Malgré tous mes avertissements, ses mauvaises habitudes, son manque de soin traditionnel lui jouent un mauvais tour : il a fait repartir le deuxième côté et le troisième côté très approximativement, à plus d'un millimètre de la marque tracée. Alors son dernier côté est trop long et il n'est pas perpendiculaire au premier. Yanis le voit, il peste et pouffe. Max, son voisin, bien plus soigneux, rit derrière sa main, les yeux en coin…

Je n'ai pas besoin de vérifier, mais je vérifie quand même ; il est bon que les choses soient dites.

– Ce côté passe à plus d'un millimètre de la marque !

– Oui, je sçais… je ne sçavais pas que çce çserait grave…

– Alors, quelle est la cause de ce dernier côté tout de travers ?

– J'ai traçcé trop vite. Je vais tout recommencer, coupe-t-il pour ne pas entendre les reproches que je lui dois.

Thibaud comme Yanis ont négligé des éléments qui sont fondamentaux, caractéristiques, nécessaires au carré. Les angles sont droits et les côtés sont égaux. Que l'une ou l'autre de ces propriétés vienne à manquer, et le carré n'en est pas un. Thibaud a une idée de carré dont les côtés ne dépassent pas à l'angle, ce qui n'est pas déterminant. Et c'est pourtant ce qu'il a tenté de respecter. Yanis a appliqué son habituel comportement rapide et léger. Le carré lui a donné une leçon. Une leçon de géométrie, mais une leçon de vie aussi. Ce n'est pas moi qui éduque Yanis. Je l'instruis du carré ; et le dessin du carré, exercice typiquement scolaire, l'éduque.

Les modernes didacticiens auraient préféré que, par une mise scène quelconque, ou même sans aucun artifice, je laisse Thibaud et Yanis découvrir eux-mêmes les propriétés qui font le carré. Mais la réalité enfantine, l'intuition partielle, le manque de soin, de rigueur, de précision, la maladresse, la petite paresse quelquefois, font que cet exercice, tracer un carré, est impossible à des enfants de huit ans livrés à eux-mêmes : après avoir essayé dans tous les sens, gribouillé, gommé, recommencé trois fois, ils abandonnent. Légitimement. Alors les didacticiens, pour que leur méthode de découverte autonome puisse fonctionner, ont repoussé de deux ans le tracé du carré dans les programmes scolaires. Quelques-uns l'ont même abandonné pour le collège. Et les élèves modernes en restent à l'intuition du carré à encastrer des jeux de nouveau-nés. Voilà une des explications à la faillite de l'école moderne.

Presque tous mes élèves ont réussi à tracer un carré, ils ont appris à vérifier en contrôlant la longueur des côtés non mesurés et l'orthogonalité des angles non tracés. Leur plaisir était évident. La réussite est un bonheur. Et puis, nous avons rangé les feuilles blanches dans les classeurs. Deux feuilles avaient les perforations du mauvais côté, parce que, bien sûr, deux élèves ont pris leur feuille à l'envers. Ils réussissent toujours à me rappeler la capricieuse réalité enfantine, afin que mon bonheur d'instituteur ne soit pas trop confortable. Capricieuse réalité que les didacticiens, éloignés des élèves, oublient vite. Ne peuvent bien parler de mon métier que ceux qui le font tous les jours.

Squelette

La jeune collègue est dodue à souhait ; elle doit pourtant aborder la question du squelette avec les CM1. Elle leur distribue une feuille blanche et leur demande de dessiner un bonhomme et son squelette. À la question : « Qu'est-ce que c'est un squelette, maîtresse ? » un copain a répondu « C'est tous tes os… » Alors ils dessinent tous une maudite silhouette de bonhomme avec des os dedans. Ils se les montrent et ils rient.

Le premier a rempli sa silhouette de petits symboles d'os, des dizaines de petits os pour chiens de dessin animé, mis bout à bout, qui remplissent tout le long de chaque jambe, de chaque bras, qui rejoignent une colonne centrale de petits os longs, toujours les mêmes, terminée au cou. Rien dans la tête, dans chaque main un os long, dans chaque pied un os long. Le deuxième a tracé une tête de mort de drapeau de pirate dans la tête de la silhouette. Puis il a essayé de reproduire l'idée qu'il s'est faite du squelette sur la fugace apparition d'un costume de Halloween dans une émission de télévision : une large ligne verticale de la tête au cul, avec tout du long, poitrine et ventre, des branches rectilignes horizontales en lieu de côtes. Arrivé aux jambes, il a continué une sorte de système bâtard de côtes horizontales accrochées au bord de la silhouette, qu'il a arrêté, mécontent de l'allure inusitée que cela conférait à son croquis. Les autres dessins de squelettes vont du sac de pointillés au vide, en passant par tous les compromis entre cinq os et des centaines d'os, mais toujours installés n'importe comment.

Une autre fois, la maîtresse a demandé aux petits de dessiner le système digestif.

– L'appareil qui permet la digestion de la nourriture…

– Ben oui, a ajouté le même bavard, ce qui transforme la nourriture en caca dans ton corps !

Rire de toute la classe.

– Et la boisson en pipi ! Hi ! hi ! hi ! a glissé un autre amateur de blagues de CP.

Dans la même silhouette vide, les enfants ont presque tous tracé un vague tuyau qui va de la bouche à l'entrejambe, avec souvent une flèche qui désigne le trou pratiqué à la gomme dans la silhouette : « fesse ». Beaucoup, finalement intrigués par la mauvaise blague sur le pipi, ont manifestement réfléchi : ils ont rajouté un second tuyau, plus timide, plus fin, qui part de la bouche aussi, mais qui débouche à côté de l'autre. Logique, une entrée, deux sorties ? Deux tuyaux ! La seconde sortie n'est jamais dessinée précisément. Souvent, le second tuyau s'arrête comme ça, à l'intérieur du corps, sans sortir vraiment, hésitant. Pourtant, si, le groupe des trois garçons chahuteurs, au fond, a commencé une escalade de bruit et d'excitation parce que le premier d'entre eux a osé dessiner une petite quéquette au crayon à la sortie du second tuyau. Impertinence assez courageuse à ses yeux pour qu'il la montre fièrement à ses deux compagnons de chahut habituels. Aussitôt imité, aussitôt dépassé… « Cul », écrit le deuxième en face de la sortie du premier tuyau, qu'après tout il nomme crûment parce qu'il ne peut pas la dessiner mieux. Le troisième larron, au moment où la maîtresse est intervenue, en était à dessiner des petites boules qui descendent de l'entrejambe et un trait pointillé issu de la quéquette vite rajoutée. Il les avait déjà légendées « crottes, caca, pipi, berk, crade… » Son dessin ressemblait assez aux dessins d'insultes que j'ai confisqués quelquefois dans ma carrière, montrant un épouvantable portrait prénommé, avec les légendes qui expliquent méchamment à tout le monde à quel point le prénommé est sale, à quel point, finalement, il ne domine pas les fonctions essentielles qui séparent le bébé de l'enfant : pipi, caca, crottes diverses, mais aussi yeux qui louchent, bosse, dents pourries, poux dans la tête… Merveilleux combles de toutes les ignominies enfantines.

La jeune collègue a vite cessé de nous montrer ces dessins naïfs demandés aux élèves avant l'étude de chaque nouveauté. Et finalement elle a arrêté de pratiquer cette méthode de lancement de sujets nouveaux, parce que l'accueil des autres institutrices plus âgées était assez froid, malgré la jolie naïveté et quelquefois la drôlerie innocente de ces croquis primitifs. Les innocences en faisaient rire une. Rire de l'innocence enfantine fâchait un peu les autres.

Cette méthode d'introduction d'un nouveau sujet d'étude aurait pu être une idée saugrenue de la jeune professeur des écoles ; pas du tout, il s'agit d'une méthode officielle, didactique, portant un nom et supportée par une théorie. Line a fini par abandonner sa méthode didactique de petits dessins naïfs, parce que cela ne sert à rien, parce que cela déplaît aux vieux collègues, parce que cela provoque bien souvent un énervement inutile en classe, parce que nous manquons de temps pour les choses inutiles… tout mis bout à bout, parce que ce n'est pas une méthode, ce n'est rien, ou presque. Il en sera de même pour les quelques rares méthodes utilisables que l'IUFM lui a transmises. Elles seront toutes abandonnées assez rapidement. On reconnaît le futur bon instituteur à sa rapidité à se débarrasser des méthodes inutiles ou néfastes de l'IUFM.

Le « relevé de connaissances initiales » est la méthode didactique actuellement destinée à introduire un sujet. Son but est tout simplement de reconnaître les connaissances que les élèves ont déjà sur le sujet à traiter, de façon à ne pas perdre de temps à les réenseigner. Les didacticiens qui nous gouvernent ont inventé ce système remarquable au prétexte que les enfants modernes sont différents des enfants anciens. Ils sont environnés de sources d'information diverses, Internet, télévision, qu'ils ont déjà consultées ou subies, et ils connaissent donc tout un tas de choses qu'il est inutile de leur réapprendre. C'est ce que les didacticiens veulent dire lorsqu'ils prétendent que les enfants modernes sont différents des enfants passés. Les enfants étant différents, hop, les méthodes d'enseignement seront différentes. Et nos géniaux Pygmalions, grands maîtres des méthodes nouvelles, se sont distribué des chaires nouvelles – c'est toujours ça de pris – qui leur permettent de refonder le monde sur les enfants nouveaux qu'ils ont inventés. Parmi ces méthodes nouvelles, voici le « relevé de connaissances initiales », destiné à économiser des heures d'école, argument de poids vite accepté par les mauvais gestionnaires qui nous gouvernent au-dessus des didacticiens.

Ces squelettes fantaisistes et ces tuyaux digestifs nous montrent ce que sont réellement les connaissances éparses de jeunes enfants actuels de onze ans, effectivement gavés de télévision et d'autres écrans. Une jolie naïveté, très semblable à celle des enfants de tous les temps, seulement illustrée différemment, par les symboles les plus communs du monde actuel. Un os est devenu un objet long, blanc, garni d'une paire de bosses à chaque extrémité, et après lequel courent tous les Milou, Droopy, Pluto, Idéfix et Cubitus de papier ou d'écran. Un squelette est ce dessin blanc sur noir qui fait peur dans les films d'horreur... Quant aux naïves préoccupations scatologiques qui ont toujours énervé les enfants, elles sont bien les mêmes... Il n'y a rien de nouveau sous le soleil. La télévision et les autres écrans sont bien plutôt des handicaps modernes à la construction du savoir par le temps qu'ils enlèvent à la lecture et à l'étude, par l'illusion réaliste qu'ils proposent, par l'attitude passive et consommatrice qu'ils induisent si savamment. Quelle erreur que de les croire remplaçants de l'école, sauf pour des idéologues qui auraient la haine de l'école et du savoir !

Les actuelles connaissances autodidactes des enfants modernes sont parcellaires, superficielles, souvent fausses ou de peu d'intérêt. Certains élèves, issus de milieux culturels défavorisés, sont même dépourvus de connaissances structurées. Pour structurer des connaissances, il faut les installer, proprement, bien droites, bien vraies, bien démontrées, bien discutées, bien écrites, bien dessinées, bien observées.

Alors, plutôt que forcer les enfants à l'humiliant aveu dessiné de leur niaise ignorance, montrons-leur une leçon de choses, un os de boucherie, apprenons-leur à l'observer et apprenons-leur aussi le schéma d'observation, unique manière non écrite connue d'aborder des connaissances. Si « étude de l'image » il doit y avoir, elle commence ici, et non devant un écran de télévision. Pour comprendre les lettres il faut les écrire et les lire. Pour comprendre les images, il faut les observer et les dessiner. Rien de tout cela n'est inné : cela s'apprend, à l'école. Pas devant la télé ni l'ordinateur.

Pour ma classe, un os de boucherie long, éventuellement scié, et si possible un squelette seront les supports de la leçon de choses sur le squelette – encore appelée « observation ». Et après il y aura des mots précis à apprendre, avec un résumé, un dessin schématique adapté à leur âge, et un contrôle de connaissances suivra, qu'ils travailleront avec un bonheur que les didacticiens en peine d'école n'imaginent même pas.

Ma collègue de maternelle travaille aussi sur le squelette. Elle appelle ce travail « schéma corporel », vocable démodé, qui date des années 1970, mais qui dit bien ce qu'il dit. Elle me raconte que cela consiste principalement en l'observation des articulations. Observation encore, mais cette fois du corps humain, de leur corps à eux, vu de l'extérieur, qu'ils représenteront ensuite par un de ces « bonshommes » qui sont la gloire de nos maternelles.

Les petits de moins de deux ans dessinent un gribouillis arrondi, relèvent la tête et disent « bonhomme ». Puis le gribouillis devient un rond à peu près fermé. Bientôt un ensemble de rayons maladroits se forme. Quelquefois un seul qui descend jusqu'en bas de la peinture – le bonhomme-têtard. Un jour, avant trois ans, les rayons nombreux deviennent deux paires, une verticale vers le haut, l'autre verticale vers le bas, les bras et les jambes. À ce stade-là peuvent apparaître des yeux, une bouche dans la « patate ». Les bras deviennent horizontaux. La question de la séparation de la tête et du corps survient alors. Souvent, les premières têtes séparées du corps reçoivent les bras dans les oreilles – une persistance du système précédent. Ensuite, après quatre ans, mais c'est très variable, on parlera de cou, de cheveux, d'oreilles, d'yeux, et même d'iris, de pupilles, de cils et de sourcils…

Dès que le mot « stade » intervient dans le domaine scolaire, je me méfie. Les « stades » du développement cognitif sont décrits par le célèbre psychologue Piaget. Un stade cognitif inférieur est nécessaire à l'apparition du stade cognitif suivant. Apparition ! Apparition naturelle ? Innée ? Qu'il suffirait d'attendre ? Piaget, en psychologie, mais Dolto aussi, ou ailleurs Marx, penseurs et réformateurs du XXe siècle, ont ce point commun que leurs épigones, leurs disciples ont provoqué quelques catastrophes. Qui en est responsable, la théorie initiale ou ses officiants ? Je chercherai plus tard.

Un stade ne peut être atteint sans que le stade précédent ait été vécu et franchi. Donc une progression est nécessaire. Or les progressions ont été abandonnées par l'étude moderne qui donne un objet complexe directement à étudier aux enfants. Un stade après l'autre… cela est assez évident. Mais allons-nous nous contenter d'attendre, de regarder les enfants passer d'un stade à l'autre sans rien faire ? Oui, proposent les modernes.

À son arrivée en grande section dans notre école, Julien dessinait des bonshommes-têtards : une boule, deux jambes verticales, deux bras horizontaux. Alors que les « grande section » de son âge nous traçaient avec soin des personnages habillés, corps et tête de face, cou, yeux, oreilles, épaules… Est-ce parce que Julien est en retard naturel – je vous le résume par une formule moins politiquement correcte ? –, ou bien parce qu'on ne le lui a pas appris ? Dans ce monde où il ne faut rien « forcer », personne n'a poussé Julien à observer son corps… ni à abandonner son doudou, sa tototte, sa couche, son biberon… Ni les parents ni l'école… tout le monde attend l'éclosion du stade suivant. Maintenant, Julien est en retard de développement cognitif : cela vient de lui, ou bien de tous ces adultes, y compris les enseignants, qui se sont contentés d'attendre l'éclosion naturelle du stade suivant ?

Donc, dans notre maternelle, on ne se contente pas d'attendre les stades de Piaget, on pousse dessus. On pousse à observer et on instruit, avec finalement une assez bonne connaissance de l'enfant réel.

Cela se passe souvent dans notre claire salle de jeux, en petite section, en moyenne section, en grande section encore, quelquefois même à nouveau au CP. Les petits se mettent face à face, en miroir, pour se voir. La maîtresse fait nommer et toucher les articulations une à une. Ils les nomment, puis tout le monde les plie, les utilise. Elle veille à ce qu'on n'en oublie pas.

– Qu'est-ce qui rattache la tête au corps ?

– Le cou !

– Et si nous n'avions pas de cou, comment ferions-nous pour regarder derrière nous ?

Et la voilà qui enfonce sa tête dans les épaules, aussitôt imitée par les trente bambins, puis elle se retourne en sautillant comme un pingouin, ce qui les fait tous rire, et provoque leurs sautillements et leurs rires.

– Et alors, Benjamin (qui est de ceux qui dessinent toujours la tête du bonhomme directement sur le corps), comment la tête est-elle rattachée au corps ?

– Par le cou…

– Tournez la tête, penchez la tête, pliez le cou…

Et le jeu recommence avec le coude que Benjamin (décidément, toujours les mêmes) ne dessine jamais non plus.

– Comment s'appelle cette articulation ? Benjamin ?

– Euh… le coude ! (Ses voisins lui soufflent un peu.)

– Gratte-toi le nez !

Benjamin s'exécute.

– Et si nous n'avions pas de coude, comment gratterions-nous notre nez ?

Et voilà toute la classe qui essaie, bras raide comme montre la maîtresse, de se gratter le nez ; ridicule et impossible geste. Mais crise de rire à se rouler par terre. Quel bonheur qu'on puisse faire, à l'école, de telles clowneries ! Bonheur ? Oui… bonheur.

Cou, poignets, coudes, épaules, hanches, genoux, chevilles, tout y passe – les doigts aussi, selon les années ; le hoola-hop aux hanches bloquées puis débloquées ou la marche aux genoux raides sont aussi de grands moments.

Plusieurs fois par an, après ces séances, les après-midi, presque seul avec la maîtresse, grâce à un système d'atelier prévu spécialement pour cela, chaque petit élève vient se peindre sur une grande feuille. Et à chaque élément de la peinture de son corps qu'il oublie, ou qu'il accroche au mauvais endroit, la maîtresse intervient, en montrant en exemple le voisin de peinture du moment.

– Tes bras partent de tes oreilles ? Montre-moi tes bras ? Tes oreilles ? Montre les bras de Richard, ses oreilles… Où ses bras s'accrochent-ils ?

– À ses épaules…

– Où sont les épaules sur ton « bonhomme » ?

Et ainsi de suite pour chacun d'eux…

Ce qu'on ne leur a pas appris, ils ne savent pas le faire. Ce qu'ils savent faire, ils le comprennent.

Ce qu'on leur a seulement dit n'est rien tant qu'ils n'ont rien fait avec.

Un midi, devant moi, une institutrice qui débutait en petite section (trois ans et moins) s'adresse à une institutrice de maternelle confirmée :

– C'est assez lamentable, ils ne savent même pas faire une croix !!! Est-ce normal ?

– Tu leur as appris ?

– Euh... non !!?

– Alors, c'est normal.

Ensuite, elle a donné l'explication en détail de la progression nécessaire au tracé d'une croix.

– Avant tout, abandonne l'idée d'une croix en X en petite section, aux deux traits inclinés, obliques.

– Ah bon ?

– Le trait oblique est pour bien plus tard. Ils n'en sont pas encore capables (les stades cognitifs existent bel et bien). La croix sera un signe plus (+) et non un signe multiplié (x). Il faut commencer par des traits verticaux, à la peinture, sur le chevalet, sur des feuilles verticales, à grands gestes du bras, avec un modèle. Du haut en bas de la feuille. Ensuite, il faut apprendre à s'arrêter en cours de geste. La pluie verticale est une bonne illustration : un pointillé qui descend. Puis il faut ne tracer qu'un seul trait vertical court, puis plusieurs côte à côte ; puis sur une feuille horizontale, au crayon sur la table ; puis, selon l'âge, tracer des bâtons verticaux entre deux limites (une ligne double, au crayon léger). Voilà pour les verticales. Ensuite, on passe aux horizontales, sur grande peinture, puis la ligne discontinue horizontale, comme les lignes discontinues de milieu de route qu'ils connaissent bien, puis, sur une feuille horizontale, plusieurs tirets alignés… À ce moment-là seulement, tu peux leur montrer la croix. Un tiret et un bâton qui se croisent au milieu. Le tiret horizontal en premier.

– Pourquoi, ils pourraient faire comme ils veulent et commencer par le bâton vertical ?

– S'ils commencent par le bâton vertical, ils le commencent à gauche, près de la croix précédente ou du bord de la feuille, alors il ne leur reste plus assez de place pour tracer le tiret horizontal et la croix est très dissymétrique. Il faut recommencer sur grande peinture verticale au chevalet, ensuite en plus petit, puis sur une feuille horizontale sur la table, puis au crayon, puis plusieurs croix qui se suivent… Après cela, tu pourras utiliser des croix dans des questions simples : « Trace une croix devant les escargots. » Sans cela, tu demandes l'impossible à la plupart d'entre eux.

Deux semaines de travail pour une croix. Une véritable progression. Voilà notre métier.

Je crois, ce jour-là, avoir reçu une des meilleures leçons de pédagogie de ma vie : « Tu leur as appris ? – Non… – Alors, apprends-leur ! »

Lecture

La fête des Mères approche et je n'ai toujours pas trouvé de texte intéressant sur la question maternelle.

Sauf celui de Pierre Loti, dans *Le Roman d'un enfant*, mais il est bien difficile, truffé de vocabulaire nouveau, exigeant et finalement assez nostalgique. De plus, j'ai déjà donné une dictée et un court texte de Loti. Et mon ami Robert me dit toujours que Loti est un peu nunuche.

Chaque semaine, cette année, je rédige mon cours de français pour qu'il forme une sorte de manuel, imprimé tous les matins page à page et rangé en ordre dans les classeurs. J'ai plus de trente élèves et ne dispose que de manuels par séries de vingt-cinq, qui ne sont plus édités, ou que je ne veux pas compléter parce que je sais que les programmes vont changer. Et comme je sais à peu près ce que donneront les nouveaux programmes, j'écris mon manuel tout seul. Ce qui représente un certain travail, d'autant plus que je fais à peu près la même chose en maths, pour à peu près les mêmes raisons.

Le lundi, il me faut une lecture puis la grammaire, tirée des phrases de la lecture. Le mardi, conjugaison, étude d'un temps ou d'une forme reprise de la lecture. Jeudi, vocabulaire et rédaction à partir d'un texte court sur le thème de la lecture. Et le vendredi, dictée, souvent extraite, elle aussi, d'un de ces textes, avec ses difficultés étudiées les trois matins précédents. Sans mon texte de lecture, je ne peux rien faire. Il m'en faut absolument un. Tant pis, je n'ai pas le temps, ce sera Loti.

1. – Ma mère !... Déjà deux ou trois fois, dans le cours de ces notes, j'ai prononcé son nom, mais sans m'y arrêter, comme en passant. Il semble qu'au début elle n'ait été pour moi que le refuge naturel, l'asile contre toutes les frayeurs de l'inconnu, contre tous les chagrins noirs qui n'avaient pas de cause définie. Mais je crois que la plus lointaine fois où son image m'apparaît bien réelle et vivante, dans un rayonnement de vraie et ineffable tendresse, c'est un matin du mois de mai, où elle entra dans ma chambre suivie d'un rayon de soleil et m'apportant un bouquet de jacinthes roses. Je relevais d'une de ces petites maladies d'enfant, – rougeole ou bien coqueluche, je ne sais quoi de ce genre, – on m'avait condamné à rester couché pour avoir bien chaud, et, comme je devinais, à des rayons qui filtraient par mes fenêtres fermées, la splendeur nouvelle du soleil et de l'air, je me trouvais triste entre les rideaux de mon lit blanc ; je voulais me lever, sortir ; je voulais surtout voir ma mère, ma mère à tout prix...

Jusque-là, ça va.

Je fais lire à voix haute. Mes élèves se battent pour être celui qui lit. Je suis presque contraint à une comptabilité mesquine pour ne pas risquer de redonner la lecture à l'un avant d'avoir fait lire l'autre.

– Monsieur, c'est toujours lui qui lit. Moi, je n'ai pas lu depuis longtemps.

– Vous interrogez toujours les CM1, jamais les CM2...

J'interromps le lecteur régulièrement, à chaque mot inconnu ou difficile, à chaque phrase qui mérite une précision. Une fois le paragraphe lu, on discute un peu, on explique ; les élèves demandent souvent des précisions :

– Mais, monsieur, pourquoi il dit qu'il est condamné ? Il va mourir ?

Et c'est généralement un autre qui répond ce qu'il a compris, qui est souvent juste. Cette fois, il a fallu expliquer *asile*, puis chercher *ineffable* dans le dictionnaire. Comment peut-il prendre sa mère pour un asile ? Que veut-il dire ? Quant à la splendeur nouvelle du soleil et de l'air qui filtrait par les fenêtres, elle est facile à évoquer un matin d'école de mai.

2. – La porte s'ouvrit, et ma mère entra, souriante. Oh ! je la revois si bien encore, telle qu'elle m'apparut là, dans l'embrasure de cette porte, arrivant accompagnée d'un peu du soleil et du grand air du dehors. Je retrouve tout, l'expression de son regard rencontrant le mien, le son de sa voix, même les détails de sa chère toilette, qui paraîtrait si drôle et si **surannée** *aujourd'hui. Elle revenait de faire quelque course matinale en ville. Elle avait un chapeau de paille avec des roses jaunes et un châle en* **barège** *lilas (c'était l'époque du châle) semé de petits bouquets d'un violet plus foncé. Ses* **papillotes** *noires – ses pauvres bien-aimées papillotes qui n'ont pas changé de forme, mais qui sont, hélas ! éclaircies et toutes blanches aujourd'hui – n'étaient alors mêlées d'aucun fil d'argent. Elle sentait une odeur de soleil et d'été qu'elle avait prise dehors. Sa figure de ce matin-là, encadrée dans son chapeau à grand bavolet, est encore absolument présente à mes yeux.*

J'avais prévu *surannée*, *barège* et *papillote* qui sont expliqués à la fin du texte. Ils ont demandé *embrasure* et *bavolet*. « Embrasure » a été expliqué par Antoine qui connaissait.

– Un bavolet, cela doit être un bord de chapeau…, a supposé Émile.

On explique les fils d'argent dans les papillotes ; ils évoquent immédiatement, un peu effrontés, les quelques fils d'argent qui me restent. Je leur demande surtout si la mère de Pierre Loti – *aux papillotes éclaircies et toutes blanches aujourd'hui* – est vivante lorsqu'il écrit ces lignes.

3. – Avec ce bouquet de jacinthes roses, elle m'apportait aussi un petit pot à eau et une petite cuvette de

poupée, imités en extrême miniature de ces faïences à fleurs qu'ont les bonnes gens dans les villages.
Elle se pencha sur mon lit pour m'embrasser, et alors je n'eus plus envie de rien, ni de pleurer, ni de me lever, ni de sortir ; elle était là, et cela me suffisait ; je me sentais entièrement consolé, tranquillisé, changé, par sa bienfaisante présence...
Je devais avoir un peu plus de trois ans lorsque ceci se passait, et ma mère, environ quarante-deux. Mais j'étais sans la moindre notion sur l'âge de ma mère ; l'idée ne me venait seulement jamais de me demander si elle était jeune ou vieille ; ce n'est même qu'un peu plus tard que je me suis aperçu qu'elle était bien jolie. Non, en ce temps-là, c'était elle, voilà tout ; autant dire une figure tout à fait unique, que je ne songeais à comparer à aucune autre, d'où rayonnaient pour moi la joie, la sécurité, la tendresse, d'où émanait tout ce qui était bon, y compris la foi naissante et la prière...

Je vérifie s'ils comprennent par de petites questions.

– Que dit-il dans ce passage ?

Ils semblent bien comprendre ce qu'ils lisent. Un peu nunuche ? Non, ils aiment.

– Qu'est-ce qui était bon, qu'est-ce qui émanait de sa mère ?

– La foi naissante et la prière !!??

– Qu'est-ce que la prière ?... la foi ?... la foi naissante ?

Je donne la parole à l'un puis à l'autre parmi ceux qui lèvent le doigt, impatients...

– Il commence à croire à une religion parce qu'il est jeune !

– Non, moi, c'est pour lire la suite…

Je n'insiste pas.

– … Alors à toi, Antoine.

4. – *Et je voudrais, pour la première apparition de cette figure bénie dans ce livre de souvenir, la saluer avec des mots à part, si c'était possible, avec des mots faits pour elle et comme il n'en existe pas ; des mots qui à eux seuls feraient couler les larmes bienfaisantes, auraient je ne sais quelle douceur de consolation et de pardon ; puis renfermeraient aussi l'espérance obstinée, toujours et malgré tout, d'une réunion céleste sans fin… Car, puisque je touche à ce mystère et à cette inconséquence de mon esprit, je vais dire ici en passant que ma mère est la seule au monde de qui je n'aie pas le sentiment que la mort me séparera pour jamais. Avec d'autres créatures humaines, que j'ai adorées de tout mon cœur, de toute mon âme, j'ai essayé ardemment d'imaginer un après quelconque, un lendemain quelque part ailleurs, je ne sais quoi d'immatériel ne devant pas finir ; mais non, rien, je n'ai pas pu – et toujours j'ai eu horriblement conscience du néant des néants, de la poussière des poussières. Tandis que, pour ma mère, j'ai presque gardé intactes mes croyances d'autrefois. Il me semble encore que, quand j'aurai fini de jouer en ce monde mon bout de rôle misérable ; fini de courir, par tous les chemins non battus, après l'impossible ; fini d'amuser les gens avec mes fatigues et mes angoisses, j'irai me*

reposer quelque part où ma mère, qui m'aura devancé, me recevra ; et ce sourire de sereine confiance, qu'elle a maintenant, sera devenu alors un sourire de triomphante certitude.

Cette fois, nous y sommes : *espérance*, *céleste*, *mystère*, *inconséquence*, *un après quelconque*, *un lendemain quelque part ailleurs*, *je ne sais quoi d'immatériel ne devant pas finir*, *du néant des néants*, *la poussière des poussières*... J'arrête Antoine à chaque instant. Trop souvent.

– Céleste est l'adjectif qualificatif formé à partir de ciel, comme terrestre pour la terre.

Je demande :

– Quelconque ?

– N'importe lequel...

– Immatériel ?

– Qui n'est pas matériel, c'est le préfixe *in-* qui veut dire non. Immatériel, c'est qu'on ne peut pas le toucher, ce n'est pas du matériel, c'est abstrait...

Je retrouve très souvent les connaissances issues des leçons de vocabulaire passées, leurs mots – abstrait –, leurs préfixes – in- ; les leçons de vocabulaire systématique sont d'une utilité énorme. Et dire que j'ai enseigné quinze ans sans leçons de vocabulaire systématique !

– Néant, c'est rien ; le néant des néants, c'est rien de rien du tout. Il dit qu'il n'y a rien de rien après !

– Après quoi ?

– Ben après...

– Après la mort, monsieur, il ne croit pas à après la mort. Parce qu'il dit « poussière des poussières ». Quand on dit « poussière des poussières », c'est qu'on parle de la mort.

– C'est parce que les morts se transforment en poussière…

Ma défiance envers les textes trop difficiles est là : ils sont tellement hachés par les explications qu'ils en perdent toute unité, et donc tout sens. Alors je demande à Antoine, une fois chaque mot et chaque expression difficile d'une phrase expliqués, de la relire et de dire ce qu'il en a compris.

Avec d'autres créatures humaines, que j'ai adorées de tout mon cœur…

Je leur raconte très vite Istanbul et Aziyadé…

Tandis que, pour ma mère, j'ai presque gardé intactes mes croyances d'autrefois.

– Quand il pense à sa mère, il garde sa religion de quand il était petit. Il a dû changer de religion à un moment…

– C'était quoi, sa religion, quand il était petit ?

– Je crois qu'il n'est pas trop catholique, celui-là ! lâche Laetitia à brûle-pourpoint.

Le petit échange autour de ce texte continue un instant, avec ses avancées et ses reculs. Puis Antoine conclut, soutenu par les approbations d'Émile :

– Quand il pense aux morts qu'il aimait, il ne croit pas à après la mort… Mais quand il pense à sa mère, il croit à après la mort.

– Va falloir qu'il se décide !

Je corrige un peu et précise la formule :

– Il croit ou ne croit pas à « *la vie* après la mort »…

Uniquement pour leur glisser dans l'oreille l'expression rituelle, plus précise. Mais plus restrictive aussi… Et c'est tout. Je ne leur demande pas ce qu'ils en pensent, quelle est leur philosophie sur la vie après la mort : chacun d'eux ne me répéterait que le lieu commun de ce qu'il a cru comprendre de la position familiale. Je ne les fais pas réfléchir sur « la vie après la mort », ils n'en sont pas là ; je me contente de leur apprendre à comprendre précisément, le plus précisément possible, ce qu'un auteur en a écrit. Je leur apprends à lire ; je leur apprends à comprendre la pensée d'un autre ; je leur transmets une expression aboutie sur un sujet profond. Dans cinq ans, dans dix ans, s'ils ont continué à étudier un peu de littérature, ils pourront dire ce qu'ils pensent. Pour penser profond, il faut savoir dire clairement.

Et je jette un coup d'œil vers le premier rang, où ma grande Annaïck ne dit plus un mot depuis un moment, songeuse. Elle a perdu sa mère l'année dernière, et ses pensées lui appartiennent. Je remarque que mon souci a dû effleurer Émile, qui jette aussi un coup d'œil discret, inquiet, mais protecteur sur sa droite. L'humanité a encore de l'avenir…

– Et maintenant, grammaire : les adverbes…

La semaine suivante, j'ai proposé un texte drôle, traduction d'un extrait de *Trois hommes dans un bateau* de Jerome K. Jerome : le passage où l'oncle Podger plante un clou pour accrocher un tableau, épouvantable carnage domestique qui se termine vers minuit, dans la coquette maison anglaise ravagée, autour de l'oncle debout, bras à la ceinture, fier de son œuvre. Pour moi, un délicieux exemple de l'humour anglais, et j'ai deux Anglais dans ma classe. Je voulais quelque chose de léger, d'amusant, pour les sortir du texte de la semaine précédente, trop difficile, trop haché par les explications, trop dur même, ou plutôt trop triste ; et je n'étais pas très fier de ne pas avoir pensé à tous et à chacun avant de le donner un peu légèrement à lire à ma classe…

– Monsieur, il n'est pas très drôle, le texte du maladroit… Chaque fois que l'oncle commence quelque chose, on est sûr qu'il va faire une catastrophe ! Ce n'est pas très drôle…

– J'ai trouvé ce texte amusant, et je voulais changer du texte un peu difficile que je vous ai proposé la semaine dernière…

– C'est vrai, le texte de la semaine dernière, de Pierre Loti, il était triste, il était un peu difficile, mais il était bien. Et puis, ce n'est difficile que tant qu'on ne l'a pas compris. Il était très bien. Moi, je l'ai préféré !

Approbation générale. Annaïck approuve aussi. Discrète, mais d'accord. Gladys, la petite Anglaise, défend la drôlerie de Jérôme K. Jérôme. Peut-être y est-elle plus sensible. Je la soutiens, je ne veux pas qu'un genre, un auteur ne soit pas défendu. Nous rions alors des mésaventures du marteau anglais, des clous et du piano renversés…

La leçon est pour moi. Mes élèves – mais je devrais écrire *les* élèves –, toute peine bue, aiment la difficulté, et ses nouvelles profondeurs. Ils apprécient hautement que l'on pousse leur intelligence et leur sensibilité. Ils sont capables de comprendre des textes difficiles, pourvu qu'on les y guide.

Jeux de cour

Dernier matin froid de ce printemps, il a gelé et même neigé un peu en fin de nuit. Mais la cour de récréation est déjà sèche sous le petit soleil de mai et les élèves aux vêtements prévus pour la météo ensoleillée de l'après-midi battent la semelle devant le portail.

Au signe de la maîtresse, à l'heure exacte, ils ouvrent le petit portail rouge qu'ils franchissent en courant, posent ou jettent leurs cartables au bon endroit du préau, puis cherchent du regard parmi les premiers arrivés celui ou celle qu'ils vont rejoindre. Tout cela va très vite.

Le premier lâcher d'élèves dans une cour vide ressemble vraiment à un vol d'étourneaux. À l'endroit où la cour s'élargit, le vol s'étale et chacun prend possession d'un secteur vierge de la surface bitumée. Quel que soit le nombre d'élèves, tout l'espace est occupé. Les nouveaux arrivent tout seuls ou par grappes familiales qui se séparent, puis ils rejoignent un par un les groupes constitués qu'ils visent depuis l'entrée. Au tout début, cela forme, comme autour de plots aimantés, des petites bandes qui se regardent et parlent vite, tournant le dos au reste de la cour, qui est leur reste du monde. Puis, petit à petit, les groupes s'agitent en un jeu décidé lors de la palabre initiale, qui les disperse quelquefois sans du tout rompre le lien qui les a unis ce matin. Comme dans les réseaux neuronaux, ils sont liés en un groupe soudé mais diffus qui ne contacte les autres éléments de l'ensemble que par accident, par frottement annexe, et qui n'apparaîtrait pas à un observateur externe. Quelquefois, le jeu choisi les concentre autour d'un élastique à sauter, d'une marelle ou d'un terrain tracé ; mais, souvent, un jeu de poursuite ou de lancer les étale sur toute la surface de la cour sans nuire ou presque aux autres réseaux qui l'occupent toute aussi, se croisant en général sans heurts. En général !

Ceux qui arrivent maintenant de l'extérieur marchent posément ; la course de tout à l'heure était une prise de possession du terrain. Ils marchent posément vers le groupe qu'ils ont repéré, qui les accueille à la seconde pour certains, après une demande polie pour d'autres. Ces groupes ont une existence dans le temps, le groupe de ce matin est à peu près le même que celui d'hier. Ils sont rassemblés par âge et par sexe, par voisinage, mais aussi par goût commun pour un jeu particulier, ou bien tout purement par amitié. Le goût commun pour un jeu particulier se transforme très souvent en amitié. Soit, par amitié, ils décident de jouer au même jeu. Soit, jouant au même jeu, ils finissent par s'aimer. L'analyse du monde à travers une cour d'école rend optimiste.

Les groupes de jeux s'étoffent doucement, se remplissent et s'épaississent de nouveaux arrivants. Cela complexifie le jeu et les croisements avec les autres réseaux. La structure de la cour est la même maintenant qu'au tout début quand il n'y avait encore que quelques élèves. Elle s'est simplement étoffée par l'intérieur, épaissie, compliquée, autour des quelques points aimantés du début. Il n'y a rien de nouveau dans cette cour d'école, tout était déjà là au début. Mais chaque élément, chaque groupe s'est alourdi, précisé, renforcé, compliqué par lui-même. C'est ainsi que toute la cour, elle aussi, s'est remplie, emmêlée, compliquée, étoffée, mais structurée.

Il en est de même pour l'apprentissage des objets du monde par les petits cerveaux de nos élèves. Les enfants jeunes ont au début une petite idée de tout. Depuis leur naissance, ils savent beaucoup de choses, ils ont tout regardé, senti, et tout classé. Mais chaque chose ainsi vue n'est connue que de façon simple, élémentaire et quelquefois grossière : des connaissances enfantines. La progression de la connaissance générale des enfants jeunes se fait par l'épaississement concomitant de chaque élément de connaissance, par la précision et la complexification de chaque objet simple connu au départ. Alimenté des nouveautés qui viennent s'accrocher chacune à sa place, comme une précision, un complément à la connaissance initiale. C'est à cette réalité du fonctionnement intellectuel que s'adaptaient remarquablement les programmes scolaires français jusqu'à 1970, dont la meilleure mouture est celle de 1923 : en gros, on étudie chaque année la même chose, depuis le début de la scolarité, mais en précisant, en agrandissant, en épaississant, en complexifiant à chaque fois l'objet étudié. La maîtresse de maternelle de mon école l'explique ainsi : ils sont des disques de cire où la maternelle creuse un premier sillon, légère rayure sur la surface. L'année suivante y repasse, le rayant vraiment… puis l'année suivante creuse un peu plus le sillon, plus profond, plus précis, plus exact, plus complet. Et ainsi de suite jusqu'à l'adolescence où l'enfant tentera, pataud, de se mettre à chanter tout son microsillon qu'il passera ensuite sa vie à peaufiner lui-même… La connaissance générale, le sens profond et large n'est que la somme tardive, obtenue par tous les frottements latéraux des réseaux qui se recouvrent finalement. La connaissance savante, construite linéairement, n'est tout simplement pas accessible aux enfants jeunes, qui ont des connaissances enfantines éparses.

Donc il faut étudier les quatre opérations en parallèle, le plus simplement possible, mais le plus tôt possible, comme le proposaient les programmes de 1923, comme le proposent les programmes de 2008, puis les faire progresser en complexité, en épaisseur, dans leur utilisation, en grandeur des nombres opérés, en précision des nombres opérés… jusqu'à ce que ces connaissances, soutenues les unes par les autres, mais concurrentes aussi les unes des autres, se recouvrent, se complètent les unes par rapport aux autres, occupant toute la place, mais capables encore de précisions nouvelles.

L'enseignement aux enfants jeunes ne peut que considérer la réalité intellectuelle des enfants jeunes ; c'est sur ce point que les néopédagogues faillis de la fin du XXe siècle se sont le plus profondément fourvoyés : étudier la seule addition pendant un an pour que les petits de sept ans en tirent le sens profond, avant d'aborder la multiplication, est une gageure stupide, coupée de la réalité intellectuelle enfantine, et donc impossible. Un lourd échec.

D'un signe, la maîtresse fait fermer le petit portail rouge afin que les retardataires, désormais, le referment derrière eux, puis elle frappe dans les mains l'heure de la rentrée, ce qui provoque un rapide vidage de la cour, semblable au délitement soudain d'un sablier. Les élèves se rangent et nous nous apprêtons à nous enfermer dans nos bruyants havres de paix. Mais je vous ai déjà raconté ça.

Moins de deux heures après, le petit soleil du matin est monté plus haut dans le ciel et s'est affranchi des humides zones d'ombre de la cour qu'il a parfaitement asséchées. Les maîtresses de maternelle, vêtues de couleurs claires éclatant au soleil, ont déjà sorti leurs bambins qui trottinent dans leur petite cour. Les CE sortent en criant, les CP s'avancent en silence dans le couloir de la sortie. Il faut finir vite le travail, les grands n'y tiennent plus tellement le soleil les invite à sa première récré de printemps.

Les groupes du matin se reforment approximativement, quelquefois fusionnent, ou se séparent en une dispute sonore. Aujourd'hui, la matinée se prête remarquablement au projet des filles du CE2 : « jouer aux petites maisons ». Elles ont dans leurs poches des craies, prévues de la veille, et par groupes de deux ou trois elles entreprennent de dessiner au sol les plans des maisons de poupées où elles vont pouvoir vivre la dînette de leurs rêves. Il s'agit d'un de ces jeux qui en restent toujours au projet, et auxquels on ne joue jamais vraiment. Le jeu vrai n'est que dans la préparation du jeu : dessiner la maison, le petit chemin qui la relie à la maison des copines… effacer la cuisine prévue trop petite pour pouvoir y tracer la table et les chaises, sur lesquelles on fera semblant de s'asseoir des deux pieds, avant de les retracer encore, quelquefois vues de haut, quelquefois symbolisées de profil : « Ici, notre lit, et là, la chambre des enfants ! » « Tu feras le jardin, chéri ? » Chéri ! Si elle remarquait que je les écoute attentivement, elle ne se laisserait pas aller à dire de tels mots, elle en rougirait de confusion. Mais elles sont lancées dans leur mime : « Toi, tu seras le papa… » et elle se rêve en mère de famille qui, comme la sienne, utilise ce troublant mot intime, symbole de maturité adulte, « chéri ! » Que les féministes et les politiquement corrects ne m'en veuillent pas, mais si l'on accepte de dire ce qui est, on doit bien avouer que les petites filles s'entraînent au ménage et à ses soins. Et elles envoient le mari travailler dehors ! Comme de juste…, dis-je un peu provocateur à mes jeunes collègues qui réagissent immédiatement par des répliques incisives et drôles. Le soleil, la bonne humeur du printemps et les rires de femmes embellissent tous les métiers.

Les grandes filles n'ont pas tardé à me demander l'autorisation de prendre des craies en classe. Elles aussi ont commencé à dessiner, mais plutôt une marelle qu'une maison, d'où quelques éclats dus à cette divergence d'envies. Toutes les bonnes choses ont une fin, je fais rentrer les CM, les CE rentrent aussi, et les CP ne tardent pas.

La leçon sur les pourcentages qui a suivi a été troublée par un incident bruyant, une chicane soudaine qui a explosé au milieu du problème, avec larmes et rage froide… Un petit mot circulait entre les tables, et l'une des filles de CM1 l'a détourné de sa destinataire pour le donner à la victime, qui l'a lu et qui maintenant pleure, inconsolable.

Est-ce qu'Amélie a une tête ovale ?
Elle est chiante, conne et très bête ?
Si oui → bien
Si non → je ne t'aime plus.

Pauvre Amélie ! Victime d'une méchante campagne d'ostracisme organisée. Mon optimisme et ma foi en l'humanité de ce matin de soleil sont bien mis à mal. Et ma belle progression pour trouver « le tant pour cent à partir des quantités » et « la quantité à partir du tant pour cent » tombe à l'eau. Je ne peux pas laisser Amélie dans cet état. Une bise de consolation sur le front, un déplacement au lavabo pour se rincer le visage ; elle est dûment accompagnée de la copine compatissante, toute fière de prendre Amélie par l'épaule, protectrice, presque maternelle. Un mot à la cantonade, puisque le billet doux n'est pas signé, pour dire l'indignité et la lâcheté d'un tel affront. Et je remets la classe penaude à ses pourcentages.

Car je dois gérer, comme on dit de nos jours, ma matière première telle qu'elle est, pour pouvoir en faire ce que je dois. Cette dispute n'est qu'une suite des éclats que j'ai perçus à la récréation entre les grandes filles. Une inimitié existe entre Amélie, récemment arrivée, et Julie, *cheerleader* des grandes, à l'hégémonie menacée. Cette concurrence est réapparue lors du choix entre le dessin au sol d'une maisonnette, jeu de bébé, et une marelle, jeu d'adresse. Leur vie est là ; leur vie s'exprime, s'écoule, se voit pendant la récréation. Et c'est une vraie vie, d'enfant, mais une vraie vie, avec des vrais sentiments, de vraies amours, de vraies haines. Et dans la classe, le ruisseau d'eau dégelée continue à couler sous le manteau du glacier, surgissant quelquefois à l'improviste, par un petit mot secret intercepté, un pincement, un cri, un croche-pied vengeur…

Mais le glacier de l'école doit avancer, et c'est en avançant que les ruisseaux couleront au mieux. Les pédagogues modernes, indécents démiurges, ont proposé de nous préoccuper avant tout de cette vie d'enfant, de la connaître, de l'accompagner à seule fin d'éducation. Ils veulent que l'on s'occupe du ruisseau de leurs vies. Ici, ils auraient interrompu la leçon sur les pourcentages – si aucun d'eux les étudie encore – pour provoquer un débat éducatif et citoyen sur le respect mutuel, l'insulte et la méchanceté, s'insérant dans leurs vies pour mieux les diriger. Un débat pour éduquer, croient-ils. Ils veulent canaliser l'eau vive.

J'ai seulement remis mes pourcentages en selle le plus vite possible. Mais si j'avais reconnu sûrement la coupable, je lui aurai rappelé moi-même, de manière à ce qu'elle s'en souvienne, le respect et la gentillesse que l'on doit aux autres.

Je n'ai pas assisté à la récréation de l'après-midi pour cause administrative, et j'ai remarqué, en quittant l'école le soir, que toute la cour des maternelles était barbouillée de gros dessins à la craie, quelquefois d'écritures maladroites de prénoms et même de deux phrases de lecture de grande section. Je ne sais pas si ce sont mes collègues qui ont impulsé le jeu, ou si les petits s'y sont mis par contagion naturelle. Mais j'aime ces jeux de construction libre qui sont à mon avis très éducatifs. Cette semaine-là, les cours de récréation se sont couvertes tous les jours de dessins de craie de couleur jusqu'à ce que leur trop grande quantité les rende illisibles. La première grosse pluie de printemps a tout effacé. Les enfants ont profité d'une nouvelle semaine de soleil pour recommencer. Et puis, cette mode a passé, remplacée par une autre : les maîtresses ont sorti les vélos, les grands ont inventé une balle au prisonnier avec une ou deux de ces petites balles de son qu'ils trouvent dans les paquets de corn-flakes. Ainsi vit notre école au printemps.

Il y a deux ou trois ans, une jeune collègue nommée en septembre regarde la cour des maternelles et d'une moue un peu méprisante demande pourquoi il n'y a pas dans notre cour, comme dans toutes les autres, un de ces équipements grimpatoires pour petits, avec filets, reliefs artificiels couverts de caoutchouc absorbeur de chocs, toboggan et autres bonheurs construits à l'avance. Cette carence serait « inadmissible ». Je lui réponds que je n'en veux pas, que si mes petits élèves veulent s'éclater – au sens propre et au sens figuré – dans ce genre de plaisir manufacturé, il leur suffit d'aller au McDo. Ce qui serait « inadmissible », dans une école, serait bien plutôt qu'un de nos élèves ne sache pas lire à la fin du CP. Ils peuvent bien passer une demi-heure de récréation à jouer ensemble à ce qu'ils veulent, sans que nous leur préparions tout à ce point. Laissez-les vivre leur récré, et occupez-vous de la lecture et du calcul, qui sont de notre ressort. Une étude avait déjà été faite pour l'installation d'un tel machin : un prix fou, casser la cour à l'époque toute récente. Non. Rafraîchie par ma réponse, la jeune collègue me propose alors de faire peindre des marelles par les employés de la commune. Non. Laissez-les tracer leurs marelles tout seuls, la moitié du plaisir est là. Laissez-les jouer. Laissez-les vivre. Laissez-les organiser leurs jeux, même si quelquefois ils s'ennuient. Ce qui est une très bonne chose. L'école n'est pas un parc récréatif. Le bonheur de l'école est aussi dans cette liberté-là. Plutôt que de leur baliser un parcours grimpatoire à 15 000 euros, donnez-leur un bâton de craie.

Partage

Je suis comme tous les grands-pères, j'ai toujours envie de leur faire plaisir. Or il ne faut pas. Nous avons un peu tous ce défaut, dans notre époque de profusion de matières plastiques aux couleurs pures. Les Noëls de nos enfants sont devenus une foire impressionnante de ces couleurs et de ces plastiques, une course à la satiété jamais atteinte de jouets et de cadeaux.

Je cherchais des objets colorés, nombreux et pas chers pour pouvoir les partager en classe. Les partager en de savantes divisions de cours élémentaire. Il faut que chaque élève « manipule » répète-t-on à l'envi dans notre métier. Qu'à cela ne tienne, pour une fois que j'ai une classe de petits, ils vont « manipuler ». Les billes chinoises ne sont pas sphériques, mais ont une face plate et lisse qui leur permet de glisser sans rouler. On en trouve en quantité dans les bazars, où elles sont vendues pour lester les vases transparents de jolies couleurs. J'en ai acheté plusieurs centaines, en pâte de verre de plusieurs couleurs.

Rien qu'en les étalant moi-même sur une surface lisse et en les faisant glisser du doigt d'un côté ou de l'autre, je ressens le souvenir de mes bonheurs enfantins. Les billes chinoises ainsi étalées sont vraiment jolies et attirantes. J'ai photographié pour illustrer la page de leur leçon de calcul des paquets de six billes multicolores que l'on rassemble ou des gros tas de billes bleues que l'on doit partager en parts égales...

Le matin de la division par six, après le calcul mental sur la table de six, je défile entre les pupitres de mes CE1-CE2 sur lesquels je dépose les sacs de billes chinoises que je leur demande d'étaler devant eux. Et ma jolie leçon de calcul a failli s'arrêter là. La classe s'est mise à bourdonner comme une ruche qui a trouvé du sucre :

– Les miennes sont rouges !

– Moi j'en ai plus que toi !

– Regarde comme elles glissent bien...

– Tu me changes huit bleues contre huit vertes ?

– Non, les vertes sont plus jolies, je les garde...

Pour tout dire, je dois ajouter que deux petits, en déchirant les sacs trop bien fermés, ont renversé leurs dizaines de billes au sol, provoquant une course sur les genoux pour le ramassage effréné, avec l'espoir d'en garder quelques-unes...

– Monsieur... Sébastien a ramassé une bille rouge de mon sac et il ne veut pas me la rendre.

Ah ! ma classe est active, mais si je ne reprends pas immédiatement le pouvoir, elle va jouer, jouer et jouer. Ils ne sont pas vraiment des chercheurs scientifiques ; seulement des enfants de leur âge et ils aiment jouer.

Bien sûr, j'ai réussi à reprendre la main sans trop d'effort. Mais le plaisir, le bonheur presque, de ces billes colorées a monté leur niveau d'excitation à tel point que la leçon a pris deux jours au lieu d'un. Et il a fallu être bien plus militaire qu'à l'accoutumée, ce qui n'est pas le système où je suis le plus à l'aise. J'ai essayé de voir si mes billes chinoises colorées ont aidé à l'illustration de la division. Je ne sais pas. Peut-être quelques images mentales de multiplications et de divisions auront été éclairées de ces jolies couleurs ?

Je cherche des jetons de poker bicolores pas chers pour l'année prochaine. Cela devrait bien leur plaire… non ? Et rajouter encore une heure d'excitation dans la classe. Je suis incorrigible ! Je suis encore un petit garçon de neuf ans.

Quelques jours après, une fois que toute la classe, CE1 compris, a su très bien partager en trois, en cinq ou en six tous les tas de billes que je leur donnais, une fois qu'ils ont su tous écrire en ligne et en colonne les divisions qui racontent ces partages, voici que je leur propose de partager dix-huit billes en cinq parts égales. La nouveauté visée est que cela ne tombe pas juste : c'est la première leçon sur la division avec reste.

– Comptez dix-huit billes sur la table. Rangez le sac de billes. Avec ces dix-huit billes, combien pouvez-vous faire de paquets de cinq billes ?

(Division-nombre de parts avec reste : en dix-huit combien de fois cinq ?)

Bourdonnement de ruche. Petits élèves debout pour mieux pousser les jolies billes par-ci et par-là. Discussion avec le voisin. Cahier de brouillon. Écriture de la sacro-sainte « opération » qui correspond. J'attends des protestations contre les trois billes qui dépassent, qui gênent, des regards de travers au sourcil interrogateur, des exclamations : « Cela ne colle pas… », ou bien : « Ce n'est pas possible… », des grognements même. Ils arrivent. Les uns après les autres, les groupes se retrouvent gênés par ces trois billes qui restent là, bêtes, au milieu du champ de partage. Seuls deux élèves voisins de pupitre regardent les autres en souriant, poings aux hanches, un peu triomphants : eux, ils ont « su faire ! »

Cela provoque un nouveau frémissement autour d'eux… Psst, Sébastien et Marie ont trouvé. Ils se détournent, regardent, chuchotent, s'approchent des héros du moment… Puis, de proche en proche, comme par magie, les sourires de satisfaction et les poings aux hanches s'étalent à partir des deux voisins victorieux. À ma grande surprise, tout le monde a trouvé la « bonne réponse » et plastronne en souriant fièrement du devoir accompli.

Plus personne ne s'inquiète des maudites trois billes qui restent et qui auraient dû faire le sujet de ma leçon. D'ailleurs, plus aucun pupitre n'arbore de paquet de trois billes : tout le monde a fièrement obtenu un nombre rond de paquets de cinq billes, bien rangées, bien jolies.

– Combien de paquets de cinq billes as-tu obtenus, Marie ?

– Trois !

– Et toi Sébastien ?

– Quatre !

Un mot pour les lecteurs non enseignants : que l'un d'eux réponde trois et l'autre quatre à la même question ne les dérange absolument pas. Lorsque vous leur demandez combien de tours de square à vélo ils ont faits, Marie répond trois, et Sébastien quatre. La réponse à ma question de partage peut donc très bien être diverse, comme pour les tours de square. Ce n'est qu'après une assez longue pratique de ce genre de question qu'ils se rendront compte qu'il n'y a qu'une seule réponse, la même pour tous ceux qui répondent, à une question de partage. Et que, donc, une question de partage n'est pas du même type qu'une question sur le nombre de tours de vélo.

– Qui trouve la même réponse que Marie ?

Une bonne moitié de la classe lève la main. Deux hésitent, embarrassés par la formulation de ma question, qui est un de ces indices qui leur servent de repères.

– Qui trouve comme Sébastien ?

Les autres, qui étaient tout prêts à lever fièrement la main il y a quelques secondes, ne lèvent que des bras cassés, signe d'hésitation, et jettent des regards scrutateurs autour d'eux, pour chercher parmi leurs camarades un indice de la conduite à adopter devant ma bizarre question. Elle est pourtant une de ces interrogations qui fait avancer l'idée un peu nouvelle qu'il n'y a qu'une réponse, et la même pour tous, à ce problème de partage.

– Comment as-tu fait, Marie, pour trouver seulement trois paquets de cinq billes ?

– Ben, j'ai fait des tas de cinq billes…

– Combien de tas de cinq billes ?

– Ben, trois ! Regarde !

– Mais tu n'as rien fait d'autre ?

– Euh… non. Ah si, il y avait trois billes qui m'embêtaient, et je les ai remises dans le sac.

Elle lit sur mon visage que ce petit rangement ménager qui lui semble anodin ne semble pas l'être pour moi. Et elle regarde les autres. Sébastien intervient fièrement :

– Ce n'est pas ce qu'il fallait faire !!! Il fallait en prendre deux dans le sac, et comme ça, ça faisait un paquet de plus. Moi j'aime mieux quatre paquets de cinq billes que seulement trois ! Ah ! Ah ! C'est mieux !

Ils ont changé l'énoncé du problème pour le ramener à l'énoncé d'hier, qu'ils savaient résoudre, celui où nos jolies divisions tombaient juste. Mais, pour en revenir au problème précédent, on ne change pas un énoncé en cours de route, on ne change pas la question pour une plus jolie réponse ; on ne doit pas changer le nombre de billes à partager. C'est quasiment un crime scolaire, en tout cas un délit grave. Pourtant, à la maison, avec maman, s'il reste un peu trop de sucre dans le saladier pour le gâteau… eh bien, on le remet dans le pot de sucre… ou on le jette… ou, mieux, on le lèche au fond du plat avec un doigt mouillé. Ils ont traité les billes comme le sucre de la recette. Ils ont plus souvent traité de l'excès de sucre que de l'excès d'objets à partager dans un problème, et ils reproduisent intuitivement une solution qui était adaptée là-bas, mais qui ne l'est plus ici. À nous de le comprendre. Seulement, chers adultes, allez donc faire une leçon de philosophie orale sur ce qui est fixe et ce qui est variable dans un énoncé à des enfants de huit ans, et vous aurez une idée de la véritable difficulté de notre métier.

– Marie, combien de billes as-tu partagées, là, sur ta table ?

– Un, deux… cinq… et cinq… et encore cinq… euh, quinze ! Il y en a quinze !

– Combien de billes devions-nous partager ?

– Dix-huit ! répondent les deux ou trois qui commencent à sentir l'affaire.

– Partagez donc dix-huit billes. On recommence tout. Rangez les billes. Ressortez-en dix-huit. Rendez-moi les sacs. Avec dix-huit billes, combien de paquets de cinq billes peut-on faire ? En dix-huit billes, combien de fois cinq billes… En dix-huit combien de fois cinq ?

– Monsieur, on ne peut pas parce qu'il en reste trois !

– Alors, on est obligé de le dire et de l'écrire !

Suivent les indications qui sont autant d'ordres fermes pour indiquer où et comment on écrit le reste, qui s'appelle « le reste » dans une opération en ligne, dans une opération en colonne, dans une phrase en français.

Voyez comment je ne les laisse pas construire leur savoir : j'installe le mien dans leur tête, soigneusement, en m'appuyant sur leur intuition qu'il faut parfois corriger, mais aussi en m'appuyant sur l'autorité que j'ai. « On ne change pas l'énoncé d'un problème ! » est bien une phrase autoritaire qui apportera petit à petit une métaconnaissance nécessaire aux mathématiques. Et le savoir que j'ai moi, dans ma tête, il me vient de mes parents, de mes professeurs, il est la culture que mes ancêtres m'ont soigneusement transmise et que je dois leur transmettre à eux, petits enfants d'hommes. Transmission fondatrice de la civilisation. Pas moins.

Quelle erreur ai-je donc commise au début de cette leçon sur le reste ? J'aurais dû ramasser les sacs de billes au lieu de leur demander de simplement les ranger. Mais cela n'aurait pas permis l'évocation de la fixité de l'énoncé, qui est aussi très fondatrice. Suivent alors un grand nombre d'exercices simples où l'on apprend à dire et à écrire la phrase magique : « En quatorze combien de fois quatre ?… trois… et il reste deux ! » et à poser ces nombres dans la petite division en ligne et dans celle à potence. Un vrai bonheur que ces leçons-là !

Dictée

– Cahier du jour, la date, dictée !

Ils sont encore dans l'allée centrale, cartable à la main, les pommettes roses de la fraîcheur du matin, se frayant un passage entre les chaises, mais je prononce déjà la formule rituelle et fatidique du vendredi : « Cahier du jour, la date, dictée ! » Je ne la répéterai pas. Tout le monde ici en connaît le sens : « Prenez votre cahier du jour, inscrivez-y la date et le titre "dictée". » Tout le monde accélère son mouvement vers les tables, défait le rabat de son cartable dans un concert de claquements métalliques qui couvre bientôt les dernières conversations chuchotées, sort le cahier à couverture bleue, un stylo à encre de la trousse, une règle. Le silence se fait lorsque les épaules se penchent vers les cahiers ouverts, règle et stylo en main pour tracer, écrire, présenter. Je donne le titre : « La pelote basque ».

Tout le monde sait qu'il va y avoir des zéros. Tout le monde espère ne pas en avoir un. Laetitia me fait déjà ses yeux de cocker.

– Elle est longue, la dictée, monsieur ? demande Coralie, porte-parole de l'inquiétude générale.

Question gratuite, question pour se rassurer seulement, puisque, rituellement, je leur lis toujours la dictée d'un seul jet avant de commencer. « Elle est belle, monsieur ! » me disent-ils souvent à ce moment-là. Et je me demande s'ils essaient de m'amadouer ou bien s'ils le pensent. Je crois qu'ils le pensent, ils sont très sensibles à la littérature soutenue. Aussi, je leur écris au bas du tableau le nom de l'auteur et de l'œuvre : « Pierre Loti, *Ramuntcho* ». « Elle est longue ! » rajoute un des inquiets. « Oui, mais elle est facile ! » espère l'autre. Je ne sais jamais à quoi ils jugent la facilité d'une dictée, parce qu'au bout de trente ans d'enseignement je suis toujours incapable d'en prédire la difficulté. C'est seulement lorsque, lorgnant de côté sur leurs cahiers, je les vois écrire des horreurs que je comprends pourquoi ils se trompent là et pas ici, où je craignais plutôt la faute. Sans la vraie classe, la pédagogie n'est qu'un galimatias. Sans l'expérience, pas de science. Sans l'objet d'art, pas d'artiste.

– *Et la partie commence au mélancolique soir*… (point)… *Et la partie… commence… au mélancolique soir…*

Comme je préfère prévenir que guérir je leur ai donné, lundi matin, la règle des noms féminins qui s'écrivent *-ie*, avec de petits exercices pour mieux s'en rappeler. Et, mardi matin, ils ont eu une courte dictée contenant un verbe au participe passé en *-é* et un infinitif en *-er*, avec le rappel de la règle. Et je lorgne, je lorgne tout en dictant :

– *La balle*… (virgule)… *lancée à tour de bras*… (virgule)… *se met à voler*… (virgule)… *frappe le mur à grands coups secs*…

Jeudi matin, nous avons accordé des adjectifs qualificatifs au nom.

Pour l'instant, ça va, presque tous ont écrit « voler » et « grands coups secs ». Sauf trois, et une autre aussi, qui me rendent malade parce que je ne sais plus qu'y faire : « grans cou seques ». Sinon me demander, impuissant, pourquoi, comment… et chercher encore ce que je ferai la semaine prochaine, le mois prochain, et même… l'année prochaine pour tenter de récupérer cette écriture anarchique.

Pourquoi Julian écrit-il ainsi, à peine phonétiquement, sans pouvoir se rappeler aucune de nos traditions d'écriture – le *-d* à la fin de « grand/grande », quand même ! –, tellement pris par la fabrication phonétique approximative du mot qu'il écrit, qu'il ne lui reste plus assez d'initiative pour se préoccuper seulement du pluriel d'un simple nom ? Comment voulez-vous qu'il mobilise un peu son attention sur l'accent du *a*, si lourdement chargé de sens pourtant. Il ne sait pas, lorsqu'il écrit, quel mot de la phrase est le verbe. Il ne peut pas se préoccuper d'une affaire aussi abstraite quand il est submergé de soucis comme : « Comment on écrit *ch* déjà ? » Je le regarde écrire ; il lève la tête au ciel à toutes les secondes, au début, au milieu et à la fin de chaque mot. Il ne se demande pas comment on écrit ce mot… mais seulement comment on écrit ce son ; il n'écrit pas des mots, il écrit des sons qui se succèdent.

C'est que Julian n'est arrivé dans notre école qu'après le CP. Il n'a pas suivi notre grande section où l'on apprend à écrire d'abord, puis à dire les lettres une à une avant de les apparier soigneusement. Où l'on mémorise une fois pour toutes et pour toujours que le son [ch] s'écrit *c* et *h*, et le son [ou] *o* et *u*. Il n'a pas eu notre CP alphabétique, systématique, routinier presque, qui a fait composer un à un tous les mots élémentaires de la langue.

Il a subi une méthode de lecture par hypothèse, ou à base d'albums, ou intégrative… pour employer les mots pseudo-savants de l'aréopage pédagogique moderne ; il a subi une méthode qui ne prête pas attention aux lettres, que les parents meurtris appellent « globale » parce que les élèves y devinent eux-mêmes, à longueur de page, le bruit que forme chaque couple de lettres. Une méthode que les parents appellent « globale » parce qu'elle n'apprend pas à lire. Il a composé lui-même, par déduction, sa mémoire à lecture, fouillis dans lequel il lui faut rechercher chaque fois « quelles sont les lettres qui font *ch* déjà ? » et même, bien souvent, refaire le raisonnement qui, en son temps, lui avait permis d'arriver à cette conclusion que, bien sûr, c'étaient *c* et *h* qui faisaient [ch].

Et, pendant ce temps, Marguerite, qui ne sait même plus comment elle a appris le son [ch] tellement elle le connaît, se préoccupe sans effort de voir si « lancée » est un véritable adjectif qualificatif ou plutôt un participe passé utilisé comme un adjectif. Il est vrai qu'elle a une très bonne mémoire, sur laquelle est installée une jolie jeune intelligence.

– *La balle, lancée à tour de bras, se met à voler, frappe le mur à grands coups secs... puis rebondit... et traverse l'air... avec la rapidité d'un boulet.* (Point.)

Rapidité, les noms féminins en *-té* ont été appris la semaine dernière, il en reste quelque chose pour les deux tiers de la classe. L'autre tiers s'inquiète du frémissement collectif émis par ceux qui viennent ainsi de reconnaître, caché dans le texte de la dictée, un cas déjà étudié et tiennent à faire savoir qu'ils l'ont reconnu. Quelques autres remarquent le frémissement, reviennent en arrière, repèrent le *-té* de rapidité, corrigent et poussent alors un soupir plus fort encore. L'un d'eux, fébrile, rajoute un *e* à « rapidité » qu'il avait bien écrit. Je tousse, mais il ne m'entend pas.

– *Ce mur du fond... s'est peu à peu couronné... de têtes d'enfants, petits Basques, petits bérets...*

Je surveille les *-s* du pluriel. Ils sont là. Pas pour Julian, qui ne s'occupe plus de tous ces pluriels depuis un bon moment, concentré qu'il est sur le son [ss] de « traverse » qu'il écrit avec deux *-s* et le son [ai] de « boulet » qu'il m'écrit « boulait ». Ce qui me fait fondre sur pied. Je lui propose de s'arrêter là, de relire et de vérifier tranquillement tout ce qu'il a écrit. Et je jette des coups d'œil par-dessus d'autres épaules, pour survivre.

Nolwenn aussi a écrit « boulait ». Pourtant elle a suivi notre grande section et notre CP systématique, et elle me semble bien pourvue, elle aussi, d'une mémoire efficace et d'une jolie jeune intelligence. Cela ne l'empêche pas de faire partie de ces « trois, et une autre aussi, qui me rendent malade ».

C'est que la méthode de lecture alphabétique est nécessaire à la bonne orthographe, mais elle n'y est pas suffisante. Nolwenn fait partie de ces enfants modernes qui ne travaillent pas les objets d'étude fastidieux, parce que la créativité et l'originalité sont des valeurs promues par la famille, une bonne chose certes, sauf si c'est au détriment de la rigueur et de la précision. La si nécessaire et si jolie légèreté de l'âme contre la lourde contrainte de la précision et de la rigueur intellectuelle. Nolwenn « n'apprenait jamais ses mots » quand elle était au CP, et toute la famille jugeait de petite importance les très mauvaises dictées de mots qu'elle rapportait à l'époque. Mais maintenant, lorsqu'elle tente d'écrire une petite pièce de théâtre, domaine pour lequel elle déborde d'idées enfantines originales, elle se trouve bridée par son orthographe ahurissante, qui est une gêne à sa libre expression. Sa maman est venue me dire qu'elle pensait s'être trompée sur cette question de créativité et de rigueur. La rigueur serait peut-être le substrat de la créativité comme la mémoire est celui de l'intelligence.

– *... petits bérets... joueurs de paume de l'avenir qui... tout à l'heure... vont se précipiter... comme un vol d'oiseaux... pour ramasser la balle...*

– Monsieur, dans un vol d'oiseaux, il y a toujours plusieurs oiseaux, non ? demande Coralie à brûle-pourpoint, autant pour signaler la question à tous que pour confirmer ses propres conjectures.

Elle a le chic pour ce genre d'intervention sonore, un peu perturbatrice, non autorisée, mais si utile à tous que je l'empêche rarement de parler, comme je devrais faire. Et elle en prend un peu à son aise dans cette classe trop nombreuse pour permettre l'expression orale libre. Mais elle le fait tellement à point nommé… Seulement, tout à l'heure, Julian va se croire autorisé, lui aussi, à une interruption incongrue, qui ne sera pas forcément intéressante, et je devrai le faire taire… alors que j'ai laissé flotter celle de Coralie :

– Combien d'oiseaux dans un vol d'oiseaux ? Qu'en penses-tu !

Je reprends sans laisser le temps de répondre :

– *… pour ramasser la balle, chaque fois que… trop haut lancée…*

– Monsieur, y a Laetitia qui pleure…

En effet, Laetitia n'écrit plus, elle a posé son stylo ; elle renifle en silence et s'essuie alternativement les deux joues à l'aide de ses manches, et, maintenant que sa tristesse est publique, elle sort un mouchoir en papier dans lequel elle se mouche bruyamment, signe d'arrêt de la crise de larmes. Elle me fait ce coup-là une fois par trimestre : bloquée par un mot qui l'a fait réfléchir, sur lequel elle a passé un peu de temps, elle n'a pas repris le fil de la dictée et s'est trouvée ainsi coincée au milieu du texte. Elle pleure alors en silence jusqu'à ce que sa voisine attire mon attention. Ce ne sont pas des pleurs de détresse, seulement une méthode d'appel qu'elle pratique depuis qu'elle est toute petite.

Je me poste devant son cahier et reprends en accéléré la dictée du texte à partir de son point d'arrêt : « *… petits basques, petits bérets* (allez, écris vite)*, joueurs de paume de l'avenir qui,* (virgule, j'ai dit virgule) *tout à l'heure, vont se précipiter, comme un vol* *d'oiseaux* (combien d'oiseaux dans un vol ?), *pour ramasser la balle, chaque fois que, trop haut lancée…* », lui permettant d'écrire à marche forcée, sans s'arrêter à toute occasion, ce qui est son habituel défaut : elle « baube », comme on dit dans le patois d'ici, elle est souvent dans la lune. « Dépêche-toi donc, baubiat ! » lui dit couramment sa mère.

Il me suffit de continuer à voix plus claironnée au moment du texte pas encore dicté pour que toute la classe qui attendait se remette à son écriture :

– … *elle dépassera la place… et filera là-bas dans les champs.*

Derniers silences grinçants…

– Point final.

Soupirs, bruit de chaises, de capuchons de stylos, relâchement général. Souvent le moment où Julian, qui vient de se tenir coi sans écrire, oublié vif, profère à voix haute une fine plaisanterie de CM1, ou une sonore dénonciation de son voisin qui a commis ceci ou cela, et qui proteste alors, indigné…

Puis on corrige. Enfin, ils corrigent. Soit en échangeant les cahiers, soit en gardant le leur sans y écrire à la plume bleue malgré la terrible tentation de la tricherie, ils suivent de leurs yeux inquiets leur orthographe pendant que j'écris la dictée au tableau. Il m'a fallu, déjà, calmer le concert d'enfants aux doigts levés qui veulent, à toute force, avoir l'honneur d'être celui qui me redictera le texte ; mais, en plus, j'ai dû rappeler à tous que les exclamations de désespoir, les soupirs, les petits cris de satisfaction ne sont pas permis : ils vont vivre maintenant comme des proclamations des résultats qui, dans notre monde moderne, sont une occasion d'expression sonore, d'applaudissements et de lamentations, comme à la télévision. Si jamais je laisse ma classe exprimer ses sentiments comme sur un plateau de télévision, le brouhaha des sentiments couvrira malheureusement la belle rigueur silencieuse de l'orthographe française, qui est l'objet de notre travail commun.

Pendant toute cette re-dictée à l'envers, c'est-à-dire de l'élève au maître, où je m'applique avec plaisir à retrouver la belle écriture régulière de tableau de ma mère, qui la tenait de l'école normale de Vannes, mes élèves s'agitent dans mon dos malgré mes consignes, à chaque occasion orthographique, à chaque « *à*-accent », à chaque *« é-er »*, à chaque « deux *p* » ou à chaque pluriel de nom, de verbe ou de participe passé. Certains se retournent presque en silence vers leur copain de derrière pour lui signifier, d'un silencieux regard triomphateur : « Celle-là, je l'avais vue, moi ! » D'autres donnent comme un coup de coude sous la table, avant-bras vertical, poing fermé, en disant : « Yesse ! » à voix basse comme on fait maintenant. D'autres encore, moins heureux, poussent des soupirs bruyants de dépit ou jettent en signe d'abandon leur stylo vert de correction en travers de leur table. De toute façon, cela provoque régulièrement un bruit dont je ne veux pas, méchant mais nécessaire censeur obligé à des arrêts ostensibles d'écriture, craie en l'air, qui ramènent assez rapidement cette tension au silence. Je veux que chaque cas d'orthographe – chaque faute, chaque finesse – soit posément vu, dit, expliqué, perçu.

Et je peux vous dire que, dans l'état où ils sont, là, ils perçoivent bien. C'est dur ! C'est du dur, mais c'est du vrai, comme ils le disent eux-mêmes.

Ce silence tendu est nécessaire à la correction immédiate, qui laisse une dure empreinte dans les mémoires orthographiques parce qu'elle atteint jusqu'à l'amour-propre. Cette correction immédiate, explication logique, précise, grammaticale, est un baume à l'écorchure de leur faute. C'est dur ! Mais c'est bon ! C'est utile, efficace, diaboliquement efficace.

La dictée a été supprimée de l'école par le plan Rouchette, il y a quarante ans, quelquefois interdite, parce qu'elle est un exercice dur à l'amour-propre. Ne confrontons pas la réalité de leur langue écrite avec leur amour-propre pour ne pas les faire souffrir. Alors, laissons-les dans l'incapacité de s'exprimer par écrit. Handicapons-les pour ne pas qu'ils risquent ces toutes petites écorchures du « moi ». Il n'y a rien de bon qui ne soit un peu difficile, un peu coûteux. Je ne sais pas où les niaiseux pédagogues modernes sont allés chercher leur philosophie de la vie, leur description de l'enfant.

Et puis, je corrige les cahiers. Le plus vite possible, parce qu'ils attendent. Et parce que les enfants jeunes vivent en unités de temps, un temps pour chaque chose, et il faut boucler une chose dans son entier avant de passer à une autre. Mais j'ai trente-deux dictées à corriger… vite ; souvent, je donne un exercice de grammaire tiré de la dictée pour commencer à corriger quelques cahiers avec eux pendant ce temps. Ils se disputent leur tour pour venir à mon bureau obtenir

LA note. Même ceux qui ne sont pas très contents d'eux, même ceux qui savent que je vais froncer très fort les sourcils devant un pluriel sans *-s* : ils veulent savoir ce qu'ils valent. J'essaie de corriger les autres cahiers à la pause de midi. La plupart du temps, j'y arrive, et ils ont leurs résultats dès la reprise. « Monsieur, vous avez corrigé les dictées ? » demandent-ils, impatients, lorsque je reviens à 13 h 20, la pile de cahier sous le bras. Mais si je n'ai pas fini à midi, je corrige le soir, en appliquant soigneusement le précieux conseil de correction que je donne à tous les jeunes collègues : « Toujours placer les moins bons cahiers en haut de la pile sous peine d'insomnie… »

Tous les ans, mes parents d'élèves me demandent mon tarif, mon barème. À la première annonce, comme ça, il est cher. Cinq fautes grammaticales, cinq noms sans *-s* au pluriel ou cinq verbes sans *-ent* : zéro ; quatre points par faute ! Je suis beaucoup moins sévère pour les doubles *-p* en début de mot : appartenir, approcher, mais apercevoir aussi. Je sais pourquoi ; c'est parce que je n'aimais pas ces doubles *-p* quand j'étais élève à leur place. Et j'ai dû copier cent fois à mon tour : « Je commence à m'apercevoir qu'apercevoir ne prend qu'un *p*. » Seulement, j'ai observé une chose désolante, mais véridique : mes élèves progressent moins bien pour les erreurs à tarif complaisant. Éternel conflit entre nécessaire sévérité et lâche douceur. Sparte et Athènes. De la sévérité des dictées dépend la grandeur des nations. Mais j'ai du mal à être sévère, et, comme je corrige toujours les cahiers difficiles au début, pour éviter de massacrer encore celui qui l'a déjà été, je diminue un peu mon tarif, même sur les grosses fautes d'accord… et puis, par justice, je dois l'extension du tarif indulgent à tout le monde. Ainsi, il est bien rare que les « quatre points de moins » fatidiques soient appliqués. Trois points suffisent la plupart du temps. Tout le monde le sait vaguement, élèves et parents, mais personne ne demande jamais véritablement de préciser cette question, de peur de raviver ma farouche volonté de « quatre points par faute »…

Laetitia n'a pas eu zéro, mais neuf. Elle a bien profité de ma dictée de proximité, qui permet, tous le savent, de lire la qualité de son orthographe à l'expression de mon visage. Elle est la seule à avoir pleuré ; une analyse grossière pourrait en déduire les méfaits de la dictée. Mais non, Laetitia n'a pas pleuré à cause de la dictée, elle a seulement utilisé son habituel appel au secours fait de larmes silencieuses. Elle a besoin de secours quand elle a trop « baubé », et il est important qu'elle apprenne à ne pas « bauber ». Tout est donc pour le mieux dans le meilleur des mondes. La dictée est un remarquable exercice de domination de la langue écrite. Les notes sont plus qu'utiles, elles sont nécessaires à l'éducation.

Aujourd'hui, trois dictées ont eu zéro, sept moins de dix. Le reste a plus de dix, avec huit élèves au-dessus de quinze. Deux vingt. Je vais dormir un peu.

Futurs

La jeune professeur des écoles du vendredi retourne le vantail droit du grand tableau pour y écrire un exercice qui ne trouve plus de place sur le triptyque ouvert. Elle n'avait jamais encore utilisé cette face blanche brillante sur laquelle on peut écrire avec les jolies couleurs des feutres effaçables.

– Qu'est-ce que c'est que ça ? demande-t-elle un peu déçue de voir toute la place occupée.

– La conjugaison ! répondent en cœur les deux grandes filles du fond, un peu frondeuses.

– Cela, je le vois bien… Mais peut-on l'effacer ?

– Non ! C'est le maître qui écrit tous nos temps de conjugaison au fur et à mesure, sur ce tableau.

Petits sourires de malice. Quel bonheur de dire « non » à la maîtresse, de pouvoir s'appuyer sur l'autorité incontestée de l'un contre l'autorité de l'autre ! Les jeunes professeurs des écoles héritent souvent de ces postes de bouche-trou. Le directeur d'une école de six classes dispose d'une journée par semaine consacrée à la direction administrative de l'établissement. Il est remplacé, ce jour-là, par un collègue d'une journée, qui assure la « décharge de direction », avec qui il partage les matières scolaires. Le déchargeant n'a donc pas sa propre classe, il peut ainsi assurer jusqu'à quatre « décharges de direction » par semaine, de quatre niveaux scolaires, dans quatre écoles différentes. Les remplaçants de directeurs n'ont pas la belle part du métier, et les élèves, souvent les grands de l'école, fiers de leur statut de grands, formant corps avec leur classe, donc avec leur maître, sont assez facilement frondeurs avec le jeune collègue, considéré par eux comme de rang inférieur. Il nous faut systématiquement y prendre garde et toujours le soutenir.

La jeune professeur des écoles, un peu froissée, légitimement froissée par cette insolence larvée, se retourne vers le tableau de conjugaison. Il contient, ordonnés, centrés et bien écrits, les noms des modes, en rouge, soigneusement encadrés : indicatif, subjonctif, conditionnel, impératif… Sous chaque mode, les temps ; à droite de chaque temps, le verbe « manger » à la première personne, conjugué là pour l'exemple, pour le rappel à la mémoire – présent : je mange ; imparfait : je mangeais… Les temps simples sont à gauche : présent, futur, imparfait, passé simple. Les temps composés sont à droite, bien alignés chacun en face de son temps simple.

Temps simples	*Temps composés*
	INDICATIF
Présent : je mange	Passé composé : j'ai mangé
Futur : je mangerai	Futur antérieur : j'aurai mangé
Imparfait : je mangeais	Plus-que-parfait : j'avais mangé

Passé simple : je mangeai	Passé antérieur : j'eus mangé

SUBJONCTIF

Présent : que je mange	Passé : que j'aie mangé
Imparfait : que je mangeasse	Plus que parfait : que j'eusse mangé

CONDITIONNEL

Présent : je mangerais	Passé : j'aurais mangé

...

La jeune collègue montre du doigt le deuxième temps composé de l'indicatif...

– Futur antérieur ? Qu'est-ce que c'est que le futur antérieur ? C'est un temps qui n'existe pas !!

Blanche colère au dernier rang, lèvres pincées, coups de coude et regards d'encouragement...

– Si, madame ! Cela existe !

Cette fois, c'est de l'insolence.

– Eh bien, conjuguez-le moi !

– J'aurai mangé, tu auras mangé, il aura mangé, elle aura mangé...

La petite blonde insolente s'est levée et, devant tout le monde, sur un ton dur, elle débite sa conjugaison comme si elle tirait une flèche à chaque personne. Sa voisine se joint à elle, puis l'autre voisine, et finalement toute la classe, en un chœur de contestation collective. Plaisir divin.

– ... nous aurons mangé, vous aurez mangé, ils auront mangé, elles auront mangé !

Silence froid.

– Mais ce temps ne sert à rien, on ne l'utilise jamais...

– « Quand tu auras mangé ton dessert, tu pourras aller jouer dehors ! » Ma mère me dit ça tous les jours.

– Moi aussi.

– Moi aussi…

Cette histoire m'a été racontée par la maman de la petite blonde qui a si farouchement conjugué sa rébellion. Les petites me l'ont racontée ensuite, souriantes et fières encore d'avoir surpassé l'autorité, qu'elles n'ont cessé de contester ensuite. Je n'ai pas voulu les croire. J'ai surtout tenté de rabaisser leur morgue déplacée envers la jeune collègue.

Puis j'ai discrètement posé quelques questions. La professeur des écoles ne connaissait pas le futur antérieur qui n'est plus au programme depuis longtemps. Elle ne l'a pas appris à l'école, elle ne connaît pas, et elle nous trouve manifestement un peu ringards de nous intéresser à des connaissances aussi dépassées, pour tout dire, assez réactionnaires. Car il y a un débat entre anciens et modernes sur la conjugaison. Pour éviter la tête trop pleine, qui serait donc mal faite, il ne faut pas trop apprendre. En particulier, il ne faut pas encombrer la mémoire de trop d'objets inutiles. On a donc décidé que la division, le plus-que-parfait, le futur antérieur, le complément d'agent et tant d'autres étaient des objets très peu utilisés, pour autant dire inutiles. Pour les supprimer des programmes primaires sans trop de cris des réactionnaires, on a laissé entendre que le collège les étudierait. Le collège ne les étudie pas, ou alors au détour des fractions ou d'une séquence sur la structure du récit, ce qui n'a rien à voir avec la stable profondeur de l'étude primaire… Et, comme personne ne vérifie, des pans entiers de connaissances diverses ont cessé d'être transmis.

Apparaît ici la froide logique de fond de ces réformes de trente ans : ce sont les connaissances elles-mêmes qui sont pourchassées, boutées hors des programmes. Au prétexte que la quantité de connaissances, c'est-à-dire l'érudition encyclopédique, peut être avantageusement remplacée par la compréhension du système, par l'intelligence. Contre la mémoire idiote et encombrée par un apprentissage exhaustif, l'intelligence élégante et l'apprentissage par compréhension, par système.

Seulement voilà : l'exhaustivité est nécessaire au système. Il est bien plus difficile de mémoriser cinq temps de l'indicatif sans lien entre eux que les huit temps construits logiquement, chaque temps composé face à son temps simple. Cela forme un système intelligible ; il y a dans ce tableau un ordre qui est un squelette de logique simple. Cette présentation exhaustive permet ainsi de comprendre et donc d'apprendre plus facilement la conjugaison française qui forme alors un système. Souvent, l'érudition est nécessaire à la compréhension. Et inversement. Les deux se soutiennent, et une des grandes tares naïves de la didactique est ce jeu de l'une contre l'autre, lorsqu'il faut l'une et l'autre. De plus, les approches des élèves sont différentes, et certains d'entre eux, en général ceux qui sont issus des milieux les moins favorisés, s'appuient plus sur leur mémoire et les systématisations scolaires que l'on tire des ensembles de connaissances étudiées. L'attaque pseudo-moderne contre la mémoire s'avère être une attaque contre les connaissances, et un croche-pied aux élèves intelligents de milieux difficiles. Les méthodes pédagogiques qui interdisent la transmission de connaissances sont socialement très néfastes et donc profondément réactionnaires.

Une observation des méthodes de lecture sous le même prisme amène à la même conclusion. L'étude exhaustive des lettres – qui s'apprennent une à une, que l'on impose même quelquefois – s'appuie sur le système alphabétique consonne-voyelle. La connaissance exhaustive, par mémoire, s'appuie sur la compréhension du système. Le principal destructeur de la lecture en France ne voulait ni l'alphabet ni le *b* et *a*, *ba*. Ni la mémoire des lettres ni l'intelligence du système. Et on a laissé les rênes de la pédagogie de la lecture en France à un tel insensé sans réagir pendant presque vingt ans. Cette histoire honteuse est encore à écrire. L'apprentissage de la lecture n'est pas une discussion de salon entre bambins pour tenter de reconnaître les lettres qui font le son [ou] dans « clown ». C'est un apprentissage sérieux, exigeant, progressif, de mémoire et de compréhension.

Le matin d'une classe primaire est un vrai matin. Sa clarté annonce la journée qui vient. C'est le moment de rafraîchir les papilles du cerveau par quelque vent de calcul mental, quelque vivifiant travail intellectuel rapide et bien organisé de grammaire, de calcul ou d'orthographe. C'est un instant béni et souriant de gravure directe. La cire, sur l'ardoise de la journée, est vierge, elle est dans le meilleur état possible pour que ce qui va y être tracé laisse une empreinte durable. Le petit matin d'une classe, qui ne dure pas si longtemps, est le moment le plus efficace pour ancrer définitivement dans les mémoires un nouvel objet d'étude.

Pour reconnaître les objectifs fondamentaux qu'avaient les grands constructeurs d'écoles, il suffit bien souvent de considérer à quelle activité scolaire ils réservaient cet horaire d'honneur. Pour Jules Ferry, c'était la morale ; pour Jean-Marie de La Mennais, le catéchisme. Pour moi, modeste instituteur, ce sera l'orthographe et le calcul.

La qualité d'attention obtenue le matin détermine l'ambiance de la journée. Le rayon de soleil qui quelquefois se montre à la fenêtre comme une promesse de récréations claires la détermine un peu aussi.

Le collègue débutant qui fait entrer les « cours moyen » ce matin-là n'est pas si jeune. Il a été professeur de technologie dans une autre vie. À son arrivée dans cette école, mécontent d'être nommé dans un cours moyen, il a répondu au directeur, sur un ton dégagé, que, « intellectuellement », il préférait la maternelle… Ce matin, les grands entrent dans le bâtiment sans se presser, suspendent en bavardant leurs vêtements d'automne aux patères du couloir et s'avancent tranquillement vers la porte de la classe.

– Ah ! m'sieur, vous n'avez pas ouvert les volets ? dit le premier en s'enfonçant dans le noir jusqu'à l'interrupteur qu'il actionne.

La lumière blanche des néons clignote un instant, les enfants lâchent leurs cartables au pied des tables individuelles, écartent bruyamment leur chaise sans la soulever et s'y laissent tomber, gardant les genoux sur le côté, vers l'allée. Les bavardages tranquilles couvrent presque les bruits d'installation. Le maître prend la parole par là-dessus :

– Par quoi commençons-nous ce matin ?

Les enseignants modernes ne s'adressent plus à leurs élèves qu'à la forme interrogative. Ils n'affirment jamais rien, toujours ils demandent. Bien plus qu'un simple tic de langage, il y a là toute une philosophie de la pédagogie. Pourquoi donc demander aux élèves de lui dire, à lui, ce qu'il a décidé, lui ? D'ailleurs, la réponse est inscrite au tableau. Tous les matins, les maîtres récemment formés inscrivent au tableau le programme de la journée. Une bonne chose, sans doute, et que je ne pratiquais pas à mes débuts. Notre emploi du temps, à l'époque, devait être libre et relâché, pour mieux permettre l'expression créative de la classe. Cette nouvelle mode d'écrire ce qu'on va faire est une réaction des IUFM contre leurs propres excès des années 1980. Les prescriptions nouvelles des IUFM ne sont plus, depuis longtemps, que des réactions à leurs propres excès précédents.

Le vantail gauche du tableau arbore, dans cette écriture cursive pas encore acquise, caractéristique des jeunes maîtres, la liste des activités prévues ce jour-là : « Lecture offerte – Chant – Récréation – Situation-problème – Repas de midi – Arts plastiques – Éducation physique. »

– On commence par lecture offerte, m'sieur.

– Ouaiaiais !!! soufflent ceux qui aiment la « lecture offerte » en levant ensemble leurs deux poings fermés vers le plafond.

Le maître emmène ses élèves au fond de la classe. Il leur demande de s'asseoir par terre, en groupe, dans le coin. Lui, apporte une petite chaise de maternelle, sur laquelle il s'assoit, et allume une lampe de poche qu'il pose. Il envoie un des élèves éteindre la grande lumière au néon et sort de sa poche le livre de lecture : *Charlie et la chocolaterie*. La classe est dans le noir, sauf le halo de la maigre ampoule qui éclaire le livre et le visage du maître. Et il se met à lire, lui. Il lit, ce matin, tout le livre à ses élèves, comme on raconte une histoire, le soir, aux petits qui s'endorment. Certains grands élèves aiment. D'autres s'ennuient. L'un d'eux semble un peu plus excité que les autres. C'est qu'il est dans la confidence. En effet, sur un signe du maître, vers la fin du récit, il sort deux tablettes de chocolat ramenées de la maison, qu'il casse et distribue à ses camarades. Alors, tous les élèves mangent du chocolat dans le noir, en écoutant la fin du récit de Charlie et la chocolaterie qui leur est lu, pour pouvoir « mieux vivre le livre, de tous leurs sens ». L'école moderne préfère faire « vivre les livres » plutôt que les faire « lire ». Si on y réfléchit un peu, il y a là une prétention infâme. Ce qui est offert dans la « lecture offerte », c'est que le maître lit en lieu et place des élèves. Le cadeau de l'école moderne à ses élèves est qu'on lit pour eux ? L'école du début du XXe siècle, elle, avait offert la lecture à tous. Vraiment.

La maman de la petite blonde insolente est revenue plus tard dans l'année, un peu pour défendre sa fille que je n'avais pas suffisamment soutenue sur le futur antérieur, un peu pour se plaindre ; elle m'a donné sans commentaire un résumé de biologie polycopié, rédigé et distribué par la maîtresse. Cette année-là, la remplaçante faisait la biologie. Je vous le livre tel quel. Désolé d'abandonner encore une fois la solidarité professionnelle…

La respiration.

*L'air inspir***er** *pénètre dans les poumons, mais chaque poumon***s** *n'est pas une simple cavité. Il contient des milliers de petits sacs (appelés alvéoles pulmonaires) en relation les uns avec les autres grâce à de fins canaux ramifiés comme les branches d'un arbre (appelés les bronches).*
À chaque inspiration normale, 0,5 litres d'air entre **dan** *les poumons. Cela peut aller jusqu'à trois litres si on force sa respiration.*
En fin d'expiration normale, on peut chasser encore un litre d'air si on se force. Même après cela, il reste encore 1,5 litres d'air dans nos poumons : ils ne sont donc jamais **vide**.
L'oxygène est transporté par le sang dans le cœur. De **la** *il est distribué dans tout le corps jusqu'aux cellules. Puis, la cellule rejette le CO2 qui retourne au cœur par l'intermédiaire du sang. Ensuite le sang va jusqu'***au** *poumons. Le CO2 sort alors par la bouche ou le nez.*
*Lors d'un effort physique la cellule agi***ssen***t beaucoup et fourni***sse** *un travail important. Leur besoin en oxygène augmente donc. Pour assurer un ravitaillement suffisant la respiration s'accélère et rythme cardiaque augmente* **CO_2**.

Passons sur l'apprentissage par l'unique mémorisation d'objets aussi incompris que le mystérieux CO_2, mais je ne passe pas sur l'orthographe ; je suis encore honteux d'avoir eu un tel papier dans le classeur de mes élèves. Cette année-là, le futur de l'école française me semblait bien sinistre.

L'année précédente, l'inventeur de la lecture au chocolat, qui abandonnait sa classe pour aller fumer des cigarettes hors de l'école, qui remplissait les journées scolaires de guitare et de récréations interminables, se permettait de répondre de haut aux institutrices qui ont construit elles-mêmes cette école : « Mais nous ne faisons pas le même métier ! » Ou bien : « Il va bien falloir que les parents de cette école se rendent compte que je suis un excellent professeur des écoles… », car il était déjà « très bien noté par les inspecteurs ! » Oui, les parents ont fait une pétition pour le virer… et il est parti avant l'explosion.

L'année d'avant encore, une toute jeune professeur des écoles à peine nommée, qui n'avait pas commencé de cahier du jour à la Toussaint et avait réussi à persuader les cinq moins bons élèves de son CE1 qu'ils étaient des imbéciles, a obtenu qu'une enquête administrative soit diligentée contre les mêmes institutrices, accusées de harcèlement… Plainte rédigée sur conseil de l'inspecteur, avec l'aide d'un gentil maître formateur de l'IUFM, mais qui a fait long feu…

Et je vous passe les jeunes pimbêches qui ne disent jamais bonjour, les sourires de mépris ici, les rires entendus là…

Pourtant, aujourd'hui, alors même que la question de l'orthographe des jeunes collègues s'est posée plusieurs fois à l'école, je suis quand même plein d'espoir pour le futur. Il va falloir travailler, mais je viens de voir que le métier est toujours le métier et que le travail ne fait pas peur aux âmes bien nées.

La jeune collègue qui a une mauvaise orthographe le sait [1]. Elle en souffre beaucoup, d'ailleurs, et y travaille. Elle est tout simplement venue demander aux anciens de lui relire tous les textes scolaires qu'elle a écrits. Elle en a profité pour tenter d'apprendre. Elle a donné de son temps aux parents, de son inquiétude à ses mauvais élèves – oui, ça existe, les mauvais élèves.

La plus jeune, qui s'est mariée dans l'année, voulait être maîtresse depuis qu'elle était petite fille. Et maintenant elle est maîtresse, et elle aime ça, et elle regarde si elle a bien travaillé, si les élèves ont réussi, retenu ce qu'elle voulait. Elle est furieuse lorsque ce n'est pas le cas et elle recommence alors en changeant sa façon de faire. Elle est une vraie maîtresse d'école, et elle n'a pas fini d'y travailler et de recommencer et d'essayer…

Ouf ! Elles m'ont rassuré, et leur jeunesse, leurs rires et leur bonne humeur ont été des rayons de soleil.

La principale différence entre la biologiste au CO_2 et ma collègue dysorthographique de cette année est le respect humain ; oui, tout simplement, le respect mutuel en lieu et place du mépris latent permet de corriger de très nombreuses petites et grandes fautes,

1. Elle a subi une méthode par hypothèse que je ne nommerai pas, et elle en a tous les symptômes dysorthographiques.

d'orthographe ou de leçon, dans un sens et dans l'autre. Ce qui n'était pas possible il y a dix ans l'est devenu tout à coup.

Avant tout, ce sont les personnalités de mes jeunes collègues à l'esprit indépendant qui en sont la cause, mais pas seulement. Elles n'ont subi l'IUFM qu'un an, entrées en fin de première année. Elles n'en sont que meilleures enseignantes. Moins on subit l'IUFM, mieux on enseigne. Mais l'air du temps, aussi, a changé de couleur… Tout le monde connaît aujourd'hui la dramatique inefficacité des IUFM et il est bien plus facile qu'avant de laisser de côté leur prêche inepte. Les jeunes enseignants sont justifiés à tenter d'enseigner par eux-mêmes.

Du coup, le barrage de mépris envers les vieux enseignants, que les IUFM installaient avec talent – c'était leur seul talent –, s'est fissuré. Ainsi, un jeune enseignant qui regarde ses résultats ouvre les yeux sans *a priori*, trouve et choisit lui-même ses modèles, ses méthodes, en prenant l'efficacité comme critère.

Les gourous et leurs associations peuvent chanter, ou jouer de la trompette. Le barrage est fissuré, et le flot naturel de l'efficacité va l'emporter. Je suis très heureux, petit instituteur rural mal noté, d'avoir, d'où je suis, porté un des premiers coups de pioche à ce barrage.

Calcul

– Et pour ces messieurs dames, qu'est-ce que ce sera ?

– Deux baguettes et ce gâteau aux pommes, s'il vous plaît…

Nous sommes les derniers clients d'un vendredi soir d'été dans cette boulangerie de bord de mer.

– Ce sera tout ?

La vendeuse est toute jeune et souriante. Sa journée est finie, sa semaine peut-être. Les routines commerciales sont très codifiées, et j'admire toujours la rapidité avec laquelle les jeunes commerçants en attrapent les formules rituelles, avec leur ton exact… Les « Ce sera tout ? » ou « Il vous fallait autre chose ? » permettent au vendeur de taper rapidement la note sur la caisse enregistreuse, et au client de réfléchir à ce qu'il a oublié. Justement, la petite Sarah arrive chez nous ce soir, avec ses parents. Une boîte de sardines en chocolat, évidemment posée à côté de la caisse, attire mon regard. Le temps de souffler l'idée à mon épouse, qu'elle saisisse la jolie boîte bleu ciel et la pose sur le comptoir, la jeune vendeuse a déjà tapé sur la touche « total »... Raac, raac, raac, raac... La machine à commercer crache sa languette de papier imprimé, que la jeune fille, d'un geste habituel, déchire sur la lame dentée.

La cliente, mon épouse, tend sa carte de paiement, la boîte de sardines en chocolat est posée sur le comptoir, la vendeuse figée tient la petite facture imprimée. Pendant son efficace activité de vente, elle a perçu les mouvements et la demande supplémentaire de la cliente. Elle comprend...

– Ah, vous vous rendez compte de ce que vous me faites faire en fin de journée ?! »

Elle espère presque que nous reposerons la boîte de chocolats sur son présentoir, mais elle sait à quel point ce désir est contraire à son activité. Rouge de confusion, elle regrette son cri du cœur. Les sardines sont là justement dans le but d'être ajoutées à la note, quelquefois au dernier moment, mais, s'il vous plaît, avant l'appui fatidique sur la touche « total ». Ce que nous lui « faisons faire » en fin de journée est d'ajouter deux euros vingt à onze euros quarante. Ce qui fait... onze quarante plus deux, treize quarante, plus vingt centimes, treize soixante. Rien, pas même de franchissement d'unité par la somme des centimes...

Mais elle n'a absolument pas considéré les deux nombres, elle s'est précipitée sur l'addition posée en colonne. Elle a rougi, mi-furieuse, mi-paniquée, elle a cherché un stylo-bille sur le comptoir, qu'elle a fini par trouver. Elle a installé la petite facturette sur une surface plate mais incommode de sa caisse, sur laquelle elle a griffonné l'addition en colonne. Elle l'a refaite, après avoir pourtant annoncé treize soixante à mi-voix. Elle n'est pas sûre d'elle du tout. Je lui confirme son treize soixante… Alors elle saisit la carte de paiement et reprend le fil de son activité de commerce, soulagée.

Elle a lu l'expression de notre surprise, elle sait déjà, elle commence à se rendre compte à quel point, pour les gens de l'âge de ses parents, ce n'est rien que de compter onze quarante plus deux vingt. Elle comprend, à chaque occasion semblable de sa journée, à chaque addition de son mois de vendeuse débutante, à quel point elle est handicapée intellectuelle. Elle en rougit de confusion. Nous devrions lui en vouloir de son agressivité inutile. Mais non, nous savons trop qui est responsable de ce manque, de ce vide partiel qui lui est une blessure pour la vie, une faiblesse qu'elle contournera, comblera ou subira. Dans de tels cas, je n'ose même plus donner le résultat pour leur éviter la confusion ; je ne veux pas leur faire sentir, comme on donnerait une leçon, le manque qui n'est pas leur faute.

Qui est la faute de l'Éducation nationale française, de ses programmes, de ses cadres pédagogiques et de leur stupide entêtement à ne jamais regarder hors de nos murs les conséquences de leurs théories obsédées de bonheur enfantin.

Une autre fois, dans la file d'attente de la caisse d'un supermarché, le jeune homme qui me précédait pose devant la caissière aussi jeune que lui : un sandwich et une boîte jaune de thé glacé, prise dans un pack plastifié de quatre boîtes à trois euros vingt. Le jeune homme travaille dans le coin, il n'est pas encore très riche et préfère le prix de sandwiches achetés à celui du restaurant. La jeune fille prend une calculette sous sa caisse et calcule, annonce son résultat au jeune homme, recommence et discute… Le jeune homme lui vient en aide, il sort son téléphone portable de sa poche, le bascule en mode « calculette » et commence lui aussi à traiter le problème en tapotant. La seconde tentative de la jeune fille donne un euro vingt. Le jeune homme est d'accord, il paye et s'en va en souriant.

Il a perdu quarante centimes, il n'a pas vérifié que quatre fois un euro vingt fait forcément bien plus que quatre euros. Il n'a pas les quantités dans sa tête, il n'est pas entraîné à comprendre, à fréquenter les nombres et les quantités, lui aussi il les fuit et s'accroche au premier résultat proposé. Il doit ce manque aux programmes scolaires de trente ans, qui ont évacué le calcul posé et le calcul mental ; la pratique du calcul était jugée abrutissante. Maintenant, le moindre calcul élémentaire abrutit le jeune homme handicapé, et la jeune caissière qui se trompe même avec la calculette. La calculette est une grande génératrice d'erreurs.

Il fallait apprendre à compter à l'école. Cela aurait pris du temps, cela aurait été un travail, cela aurait dû être le travail de l'école. Décidément, confiée à ses démiurges constructivistes, l'école, qui coûte pourtant très cher, ne calcule plus beaucoup. Elle se promène, pour le bonheur, sans doute de ses petits élèves… et le malheur de tous ces grands jeunes gens qui ne savent pas compter, et qui n'aiment pas qu'on le leur fasse remarquer, se croyant bêtes et donc responsables lorsqu'ils ne sont que les victimes d'un système scolaire dévoyé par une faction idéologique et stupide.

Presque tous les matins, souvent au retour de la récréation, je claironne un de ces ordres cruels volontairement trop rapides destinés à accélérer les gestes d'installation des élèves dans la classe : « Prenez l'ardoise et la craie, calcul mental, un point par faute, dix questions… » Si au début de l'année scolaire cela les faisait frémir, à la fin de l'année, bien peu tremblent encore. J'aperçois même les sourires de contentement de Max, de Yanis et de quelques autres, garçons autant que filles, satisfaits et heureux, de rejouer encore à ce jeu des nombres qu'ils aiment, et où ils peuvent si aisément briller. Ils espèrent même à haute voix des exercices bien difficiles dans le simple but de faire perdre des points aux autres, à ceux qui n'aiment pas ça, qui protestent alors à haute voix aussi. En effet, je ne serais pas juste si je ne vous décrivais pas la tête de Gladys dans ces moments-là. Ou celle de sa voisine et amie Gwenaëlle, qui me lance des œillades et arbore de magnifiques sourcils en cloche implorants : « Oh non, monsieur, pas de questions difficiles s'il vous plaît ; seulement cinq questions, pas dix… s'il vous plaît monsieur ! » Je ne serais pas honnête non plus si je ne vous avouais pas que lorsqu'elle a bon, lorsqu'elle a compris, lorsqu'elle sait faire, la tendre Gwenaëlle demande à son tour des questions plus difficiles… Le malheur des uns ferait le bonheur des autres ? Même chez ces purs esprits angéliques que sont les enfants ?

Pourtant, vraiment, Gwenaëlle n'aime pas le calcul mental. J'ai toujours un ou deux élèves par an qui n'aiment pas le calcul mental. Souvent des enfants qui ont mal mémorisé leurs tables d'addition au tout début. Or Gwenaëlle est une petite fille très sensible. Je sais toujours si elle a compris ou si elle n'a pas compris : large sourire et fossettes creusées, ou bien sourcils de cocker et larmes… car elle a la larme facile. Elle a le cœur trop près des yeux. Un jour, au CP, la maîtresse racontait, en histoire de la musique, la vie de Mozart, dont elle allait proposer quelques grands morceaux. Au bout d'un moment, elle s'est rendu compte que Gwenaëlle était effondrée sur son pupitre.

– Qu'y a-t-il, Gwenaëlle, tu es malade, cela ne va pas ?

– Non, je ne suis pas malade, mais je suis très triste…, répond la fillette en entrecoupant ses mots de reniflements incontrôlables.

– Mais qu'y a-t-il donc ?

– Je suis très triste parce que Mozart est mort !

Effectivement, Mozart est mort, depuis un moment d'ailleurs, et la maîtresse essaie de le faire comprendre à la petite qui demeure inconsolable.

– Oui, maîtresse, il est mort il y a longtemps, mais il est mort si jeune…

Et la voilà qui redouble de grands sanglots si tristes que déjà un ou deux de ses condisciples commencent à essuyer aussi quelques larmes. Il a fallu une expédition aux lavabos des filles pour que le deuil de Mozart se fasse et que les choses rentrent à peu près dans l'ordre, par la grâce du changement de lieu, d'ambiance et avec l'aide d'un peu d'eau fraîche. Tout de même, la maîtresse en parle encore quatre ans après.

Donc, pendant le calcul mental de son CM1, il arrive assez souvent que Gwenaëlle ait besoin d'un peu d'eau fraîche.

Que dois-je faire ? Arrêter de la faire souffrir si cruellement pour ne penser qu'à son bonheur immédiat ? Voilà sans doute ce que quelques inspecteurs constructivistes me diraient. Ils me diraient surtout de changer ma façon d'imposer un statut péjoratif à l'erreur. Car voici encore une importante invention des didacticiens que le statut de l'erreur. Ce serait en comprenant que leur erreur en est une que le savant et le chercheur progressent. L'école réactionnaire, qui enlève un point à chaque erreur, rendrait de ce fait l'erreur négative et empêcherait le jeune élève, tel un savant ou un chercheur, de progresser. Il faudrait plutôt le féliciter à chaque erreur, de façon à la dédramatiser, et ainsi provoquer un très sain retour en arrière sur le travail parcouru et, à partir de l'erreur trouvée, permettre l'autonome construction des connaissances.

Allons donc, les erreurs sont des erreurs, il faut qu'elles gênent, et il faut les corriger. Il suffit d'amener l'élève, pour quelques erreurs qui s'y prêtent bien, à en rechercher la cause.

Gwenaëlle, surtout lorsqu'elle doit amorcer des calculs longs, panique en plein milieu parce qu'elle a oublié un résultat intermédiaire. Elle pense alors à son erreur, qui l'attriste inévitablement et embue malgré elle ses yeux tristes et son cerveau concentré, si bien que ni les uns ni l'autre ne discernent plus rien et s'abîment assez rapidement dans une dissolution de tristesse. Tout cela, bien que m'attristant moi aussi, a tout de même l'insigne avantage de me permettre de voir assez facilement si Gwenaëlle « a su » ou « n'a pas su » et donc de m'attaquer à son statut de l'erreur. Si, comme je peux le voir très facilement, elle s'est trompée, je lui demande évidemment de refaire pour moi, gratuitement, sans point au compteur, le raisonnement qu'elle a entamé. Auquel cas, systématiquement, le simple fait que je me sois rendu compte de son erreur, qu'elle ne se pardonne décidément pas, provoque une montée incontrôlable des sanglots qui la défigurent. Cela est arrivé assez souvent pour que les autres aient eu le temps au début de compatir, puis de blinder leur indifférence, puis finalement de sourire et de lui trouver, c'est plus méchant, un surnom terrible : « fontaine Wallace », du nom de ces fontaines parisiennes qui coulent sans arrêt pour distribuer aux passants l'eau potable qui les désaltérera. Donc, je ne peux interroger Gwenaëlle que lorsqu'elle « a bon », c'est-à-dire lorsque j'ai le plaisir de voir son large sourire et les deux fossettes qu'il creuse. Tout cela est très nuisible pour sa vision personnelle de l'erreur et de son statut. Et il m'en a coûté des ruses et des compromissions de tendre diplomatie pour tenter de la détourner de la peine que lui cause la moindre de ses erreurs qui ont si triste statut dans son cœur.

Elle a finalement affronté tous les calculs mentaux de l'année avec une résolution et une sorte de courage assez admirables, et elle en a tiré, elle aussi, des satisfactions de premier ordre. Pas toujours ; multiplier par douze, par exemple, ne lui plaît décidément pas. C'est qu'il faut multiplier d'abord par dix, garder le résultat en mémoire, multiplier par deux, ajouter le produit par deux au produit par dix, en commençant par ajouter les dizaines, puis les unités… Et les résultats intermédiaires, Gwenaëlle ne les garde pas toujours en mémoire… Bon, je l'ai autorisée à écrire discrètement le premier résultat intermédiaire, athénienne lâcheté devant quelques larmes de petite fille, mais ne le dites à personne. Et puis, c'est elle qui me sert de chronomètre de base : je donne le calcul à effectuer (47 × 12), je surveille si Gwenaëlle trouve – facile à voir –, je donne le top pour écrire le résultat, ils se précipitent et écrivent, bruits de craies, puis je donne le top de fin. Tout le monde brandit plus ou moins fièrement son ardoise au-dessus de sa tête, en se tortillant pour apercevoir sur les autres ardoises les autres résultats… Mais je n'ai surtout pas abandonné la multiplication par douze, car il est bon de la pratiquer à côté de la multiplication par vingt, pour laquelle on multiplie par deux, puis par dix. Pour sentir la comparaison. Et Gwenaëlle aime mieux multiplier par vingt, parce qu'il n'y a pas de résultat intermédiaire… Ensuite Yanis proteste qu'on ne va pas assez vite. Il m'a même demandé un jour si on ne pourrait pas poser deux questions, pour ceux qui s'ennuient quand c'est trop long.

Foin de cette pauvre histoire du statut de l'erreur. Évidemment encore, les faux spécialistes se trompent absolument et complètement sur la réalité enfantine et la réalité des erreurs que les enfants commettent. La quasi-totalité de leurs erreurs sont des erreurs d'insécurité de raisonnement, de mémoire défaillante, d'inattention, de laisser-aller intellectuel. Très rarement, ce sont des erreurs exploitables pour infirmer une hypothèse. Valoriser l'erreur enfantine est funeste et une fois de plus stupide, antiéducatif. Comme si on mettait des points aux fautes de dictée ou aux infractions au Code de la route. Remarquez, les modernes ont réglé la question de la dictée, dont les erreurs, typiquement enfantines, sont toutes des erreurs d'inattention ou de mémoire ; ils ont supprimé les dictées. Avant de s'appuyer sur une sûre erreur pour infirmer une théorie existante – idéale mais sommaire description du moteur des progrès scientifiques –, il faut absolument avoir entraîné son raisonnement, son travail, ses écrits à la plus grande exactitude possible. Les enfants ne commettent que des erreurs d'exactitude qu'il leur faut apprendre à corriger ou, mieux, à ne plus commettre. Pour cela, enlever un point est la plus efficace méthode pédagogique. Sans doute la seule. Tant pis pour le statut péjoratif de l'erreur. L'erreur d'exactitude est néfaste.

Le lendemain de la boîte de thé glacé, j'ai demandé à mes élèves de diviser mentalement trois euros vingt par quatre. Réponse en moins de trois secondes pour un tiers de la classe, en moins de six secondes pour les deux tiers, en moins de dix pour tous. Pas une erreur sur trente-deux élèves élèves. Et Max, cheveux bruns droits sur la tête et sourire goguenard, a pris la parole à la fin pour dire que, au lieu de diviser par deux deux fois de suite, on pouvait aussi compter que trois euros vingt c'est trente-deux pièces de dix centimes, et trente-deux est dans la table de quatre… Je crois qu'il fréquente un peu les nombres… Il n'a pas l'air malheureux du tout.

Opéra

Je ne veux organiser qu'une sortie scolaire par an.

Nous ne pouvons faire moins ; sous peine de passer pour une mauvaise école.

Mais on voit tellement de ces groupes d'élèves de tous âges baguenauder en bandes dans le métro, dans les villes, dans les musées, regardant à peine ce que la vieille prof, devant, sac à main en bandoulière au travers de la poitrine, tente de leur montrer, encouragés en cela par les deux autres profs qui bavardent et rient nonchalamment à l'arrière du peloton… Or il y a tant à faire en classe…

Cette année, opéra ; l'année prochaine, classe de neige. Et ce sera tout.

Pour la classe de neige, il suffit de payer [1] ; mais pour l'opéra, il faut savoir passer devant les autres classes parce que les places sont rares. Lorsqu'il s'agit de

1. Il suffit de payer, dans le cadre de l'école gratuite, une somme finalement assez lourde…

défendre l'intérêt de mes élèves, de mon école, je suis prêt à tout. Un joli projet bien tourné – oh ! comme je crois aux projets pédagogiques… – et voilà l'affaire entendue, ma classe ira à l'opéra. On y donne *La Chatte métamorphosée en femme*, opérette en un acte d'Offenbach, en juin ; plusieurs classes y seront admises en matinée. Dont la mienne.

Une seule chose tombe mal. L'histoire, dans ma classe, est répartie sur deux années scolaires : de la préhistoire à la Renaissance une année, puis de la Renaissance à nos jours, l'année suivante. Malheureusement, cette année, nous en serons au Moyen Âge et à ses châteaux forts au moment d'écouter Offenbach, symbole musical du XIXe siècle. On ne peut jamais tout avoir.

Premier contact un mercredi après-midi d'hiver, dans la salle de répétition de l'opéra ; le service culturel – une passionnante jeune femme – réunit les instituteurs des classes élues. Elle nous situe la pièce d'Offenbach, les librettistes, l'origine du thème – La Fontaine et Ésope, tout de même –, nous donne quelques éléments de la mise en scène prévue. Une collègue prof de musique a choisi trois morceaux dans l'opérette, qu'elle a travaillés cet été, pour lesquels elle a écrit et enregistré un accompagnement de piano… Et elle nous apprend les trois chansons d'Offenbach dans la foulée, sans crier gare. Il y a peut-être beaucoup de métiers comme le nôtre où les gens aiment ce qu'ils font. Une fois de plus, voilà une enseignante déjà bien, bien occupée qui prépare pendant ses vacances un travail qui ne lui sera payé que quelques heures supplémentaires sans les frais. Nos remerciements pour son travail seront sans doute son meilleur profit. « Tin tin tin, joyeux tocsin… » Les « Miaou, miaou » s'élèvent, accompagnés du patient piano qui s'adapte à nos difficultés de chanteurs approximatifs. Je me trouve particulièrement mauvais. Peut-être chacun de nous a cette même impression. J'ai une excuse, je relève d'une grippe carabinée.

Et nous repartons soûlés de musique, avec une version de la pièce sur CD pour nos élèves, enregistrée une seule fois par France Musique, les accompagnements de piano, les partitions, les textes des chansons…

Le service culturel de l'opéra a prévu trois demi-journées de visite ; que je n'avais pas prévues : je suis très avare des demi-journées de classe de mes élèves, que je ne lâche pas comme ça. Mais le train est lancé. Je ne le regretterai pas. Une visite des bâtiments de l'opéra, de la scène, de la salle rococo, des coulisses, de la fosse d'orchestre, de la « forêt », l'ensemble des piliers qui soutiennent la scène entièrement démontable. Une autre jeune femme du service culturel passe une matinée dans la classe pour faire entendre à mes élèves quelques exemples d'opéras et d'opérettes, des ténors et des barytons, des mezzos et des sopranos. *Orphée aux Enfers* reçoit une approbation générale perceptible aux nombreux sourires surpris et joyeux. Ils attrapent l'air comme ça, et le chanteront dans la cour…

Avec moi, plus tard, ils ont appris deux chansons de l'opérette. Surtout une, par manque de temps pour les autres, c'est qu'une année scolaire est chargée : les couplets de Dig-Dig, magicien indien et gentil farceur, qui prétend que le joyeux tocsin des pièces d'or guérit de tous les maux de la vie.

Après quelques hésitations, j'ai construit une de mes semaines de français autour des cinq premières scènes de l'opérette. Manière économe d'aborder les notions de scène et d'acte et la transcription si particulière des dialogues de pièce de théâtre et d'opéra qui permet d'excellents exercices de rédaction ; « transmutation » et « métempsychose » passeront au compte du vocabulaire nouveau, de ses préfixes et de ses racines. Mais, surtout, nous faisons subir au début de la pièce une lecture et une explication ligne à ligne, comme nous savons bien faire, et l'enjeu initial de l'opérette est ainsi particulièrement clair pour tout le monde. Un peu plus même, quelques finesses du texte sont ainsi mises en évidence… Nous jouons même une des scènes…

Et puis, nous voici au spectacle. Trajet en autocar, traversée d'avenues en bande bien rangée – et je ne veux pas que cela baguenaude. Entrée dans la salle déjà occupée. Placement, fauteuils, coucou amical à la jeune fille de la visite qui est là. Attente bruyante. Lumières, silence, rideau…

Lorsque, à la fin de la pièce, le rideau se relève pour le salut des artistes, cette salle d'enfants se met à applaudir, applaudir, applaudir sans sembler désirer jamais s'arrêter. La troublante et presque gênante longueur de ces applaudissements enthousiastes nous est une émotion. Ils ne savent pas qu'ils le font, mais ils font un triomphe, ils inventent sous nos yeux une manière de triomphe, d'expression collective de joie et de bonheur, une inlassable et infinie salve de battements de mains, une allégresse simple et pure qui n'est pas sans troubler quelques-uns d'entre nous. Je vois bien qu'Amélie, la jeune femme de la visite, est émue.

Les artistes reviennent dans la salle, à nouveau applaudis avec chaleur, répondre aux questions des enfants. Des baignoires là-haut enfle doucement la chanson de Minette, « Miaou, miaou », la plus difficile des trois, chantée lentement par un chœur de voix enfantines et doucement soutenue par la claire voix bien posée de la maîtresse. Après la présentation des chanteurs, les questions fusent. Mais ce sont des enfants petits. Et ils ne s'intéressent pas vraiment aux mêmes choses que les grandes personnes :

– Quelle sorte de pétard a sauté quand Minette est apparue par magie ?

– C'était de la vraie magie ?...

D'autres questions viennent des plus grands :

– Avec le miroir, Minette a chanté la chanson de la Castafiore ?

– Oui, tu as bien entendu...

Mes élèves ne posent pas de questions. Ils sont de la campagne, et, toujours, les enfants de la campagne ont besoin d'un certain temps avant d'oser penser que leurs soucis sont des soucis universels.

– Monsieur Dig-Dig, est-ce qu'on peut chanter tes couplets ?

M. Dig-Dig, qui est aussi le metteur en scène, donne le départ, et doucement d'abord, puis de plus en plus posément, simplement, pleinement, toute la salle de ce magnifique opéra s'emplit d'un chœur frêle et juste, plein et pur. « Tin tin, tin tin, contre les maux de la vie, la fièvre, la fièvre et la calomnie… » Je regarde les miens, qui ne sont pas les derniers : ils chantent, captivés, emportés, ravis par la musique. « La meilleure philosophie et le meilleur médecin, c'est… c'est… c'est… » Je ne peux plus chanter… Je suis enchanté, envoûté par cette fraîcheur naïve, beauté simple et native. Je ressens une grande émotion d'instituteur. Coralie, malicieuse, toujours aux aguets, le remarque.

– Monsieur, on dirait que vos yeux brillent un peu…

Toupie, va !

Le retour en bus n'est pas triomphal, comme il arrive si souvent aux voyages des grands de l'école, lorsqu'ils reviennent d'une sortie que les petits jalousent forcément un peu, et dont il faut claironner fièrement l'inaccessible et glorieux succès. Ils chantent un peu « Dig-Dig », puis « Miaou », puis d'autres de nos chansons populaires plus faciles que celles d'Offenbach. Ils bavardent entre eux surtout. Annaïck et quelques autres me bombardent des questions qu'ils se sont retenus de poser devant tout ce monde.

– Monsieur, moi, j'avais une question importante, une question que je voulais vraiment savoir *(sic)*… mais je n'ai pas osé la poser.

– Quelle question ?

– Guido n'a pas dit la réplique : « Je vous ferai mon billet », pourquoi ?

Le metteur en scène a un peu dégraissé le texte, quelquefois trop XIXe. Mais ma classe a lu le texte intégral et a expliqué ce qu'était un « billet au porteur », un « billet à ordre », reconnaissances de dettes et ancêtres des chèques. De plus, nous avons en calcul étudié les questions commerciales –chose qui manquait terriblement dans les programmes scolaires depuis 1975 : débit, crédit, prix de vente et de revient, bénéfice, remise, TVA, en euros et en pourcentage. Et nous savons donc gérer des chèques… L'école primaire est un tout, un ensemble.

– Monsieur, moi aussi j'avais remarqué que la chanson du miroir ne venait pas de la pièce d'Offenbach ! Je savais que c'était la chanson de Marguerite…

C'est vrai, Ambroise m'avait fait un signe quand Minette a chanté par plaisanterie : « Je ris de me voir si belle en ce miroir… » Il vit dans une famille plutôt musicienne, il aime et il connaît.

– Monsieur, la chanteuse qui jouait Minette est la plus jolie jeune fille que j'aie jamais vue de ma vie. Je l'adore ! me confie Gladys, enthousiaste, qui se verrait bien en diva. J'ai aimé quand elle est descendue dans la salle, que sa voix est belle !

– Et forte ! Elle était drôle, aussi, avec le miroir…

Ils sont attentifs, curieux, précis. Ils voient tout ? Non, ils ne voient pas tout… Ils voient, ils remarquent toute une foule de détails quelquefois de peu d'intérêt général, d'autres fois de grand intérêt. Ils sont frappés avant tout par ce qui n'entre pas tout à fait dans leur vision initiale, ce qui choque et donc modifie ou précise leur compréhension. La mise en scène était d'une clarté remarquable. Une chatte se transforme en jeune femme, elle est donc enfant qui vient de naître et animal. Elle commet des bêtises d'enfant réjouissantes, elle boit à l'assiette, elle renverse de la nourriture…

Quel bonheur que ces transgressions, ces régressions !… Mais elle est aussi un animal, et elle veut explicitement le jeune Guido. Les jolis jeux de scène, en particulier à base de miroir, très simples, très discrets – euh, assez discrets ! –, montrant la jeune fille comme une enfant sauvage et naturellement sensuelle représentent tellement bien l'ambivalence de l'enfance qu'ils en saisissent bien plus que ce qu'ils entendent. Cette délicate opérette, si intelligemment mise en scène, montre très décemment l'éternelle histoire de l'amour entre deux jeunes gens. Et cela suffit.

Les projets pédagogiques d'éducation sexuelle qui courent ces années dans les écoles primaires sont des hors-sujets dangereux, néfastes et ridicules. Arrêtez d'apprendre aux petites filles de treize ans comment dérouler du caoutchouc sur des vits de bois. Emmenez-les au théâtre, apprenez-leur *Ah, dis-moi donc bergère*, faites-leur lire *Le Petit Chaperon rouge* ou, plus tard, *Le Jeu de l'amour et du hasard*… Mais laissez-les vivre leurs vies d'enfants et plus tard leurs vies de jeunes gens. Les Pygmalions modernes ne veulent pas seulement leur apprendre à penser… ils veulent tout leur apprendre. Quelle prétention, quelle horreur !…

La maman de Yanis me racontera, quelques jours après, le transport vers la leçon de judo des trois petits gars en kimono, ceinturés à l'arrière de la voiture, petits costauds rouleurs de mécaniques qui chantent tout du long du voyage les couplets d'Offenbach. L'école les a rendus heureux, elle a commis une propagande réussie pour l'opérette et l'opéra, elle a plongé les élèves dans une communion de bonheur et d'applaudissements.

Eh bien, cela m'inquiète. La justification d'une propagande à l'école, quelle qu'elle soit, même la mieux fondée, est presque impossible. Je ne devrais jamais les orienter vers l'opéra plutôt que le vers rock-and-roll. Il y aurait là une influence consécutive à mes goûts, mes opinions…

Il y a pourtant une considération générale sur l'enseignement qui sauve cette quasi-rupture de la laïcité : l'enseignement primaire est de fait l'enseignement classique. Il est l'enseignement de la part stable et immuable de la culture. Sa frange changeante, la nouveauté culturelle dérangeante, l'art moderne, le nouveau roman… ne peuvent se lire que par-dessus l'enseignement classique, en s'y opposant quelquefois, en le corrigeant d'autres fois. Ce sont des arts pour grands adolescents en désir de rupture. Avec lesquels ils rompront à leur tour, surtout ceux qui auront beaucoup lu.

La part immuable de la culture est composée de ce qui est établi sans conteste, de ce qui est « vrai » : en mathématique, c'est facile, deux et deux font quatre, et huit fois sept font cinquante-six. La littérature classique est celle qui nous a faits, que la dernière génération a retenue au tamis de sa mémoire collective. Il ne fallait pas apprendre de chanson des Beatles à l'école primaire quand j'étais petit. Maintenant, on peut.

Les enfants acquiescent, les adolescents essaient de douter, les adultes prouvent les nouveautés de leur adolescence, qui entrent alors dans le corpus culturel classique. C'est dans la période d'acquiescement de l'enfance que les civilisations transmettent leur culture à leurs descendants. Si elles ne le font pas là, elles disparaissent, puisqu'une civilisation est définie, circonscrite par sa culture. Or une culture n'a pas seulement une définition géographique, surface d'existence assez large nécessaire à sa stabilité ; il lui faut aussi une définition temporelle : il est nécessaire qu'une culture soit assez longtemps partagée pour pouvoir être transmise. Tout cela est très mécanique. Les microcultures simiesques ne sont pas soutenues par un assez grand nombre d'individus pour durer ; elles ne sont pas non plus assez stables dans le temps pour pouvoir être transmises. La stabilité d'une culture serait une de ces propriétés nécessaires à l'émergence chère aux philosophes matérialistes.

Pardonnez-moi ce soudain changement de registre, mais il me permet de mettre en évidence une autre gravissime faille de l'enseignement dit « moderne » depuis trente ans, peut-être la plus grave de conséquences : cette volonté affichée, but conscient de la théorie moderne, d'emmener tout de suite les enfants que sont nos élèves à la dernière théorie linguistique, mathématique, littéraire, historique et scientifique, en économisant le temps de la transmission de la culture classique. Comprendre la théorie des nombres, structure d'anneau, structure de corps… n'est possible que pour ceux qui savent faire une division à la main, et même, pour être précis, une racine carrée à la main… Savoir écrire intelligiblement à l'aide de phrases nominales – ce qui est la base évidente de la modernité actuelle en littérature – n'est possible que pour un écrivain qui a dominé la phrase classique avec un verbe conjugué. La culture classique doit être transmise, ne serait-ce que pour pouvoir être remise en question.

Nous venons d'assister à un très grave et très dangereux arrêt de la transmission culturelle parce que l'enseignement moderne enseigne les franges variables et non établies sûrement de la culture au lieu du corpus classique stable. Une des raisons à cette erreur monumentale est la pyramide des âges des années 1960, avec sa domination numérique des jeunes qui, en 1968, demandent et finalement imposent leurs soucis et leurs revendications d'adolescents à l'école des enfants dont ils sortent à peine. Ainsi s'installent l'éducation sexuelle, la liberté de parler, la mise à bas de l'autorité de l'adulte, mais aussi toutes les réunions coopératives, même de coercition, qui ne sont que vœux pieux d'adolescents en mal d'affirmation face à leur père. Je le sais, j'y étais. Si les adolescents prétendent s'en passer, les enfants, eux, ont besoin de leur père : « Hein oui, papa ? Hein oui, c'est vrai... ? » L'école moderne le leur enlève, par inepte philosophie d'adolescents.

L'autre part trouble de cette si jolie sortie à l'opéra est l'utilisation que l'on peut faire de l'émotion, en particulier l'émotion collective si facile à transformer en exaltation. Mes élèves me l'ont dit eux-mêmes : ils adorent défiler et chanter en chœur derrière un drapeau ou une pique brandis. Jusqu'à quels serments furieux iraient-ils derrière un magnifique champ de bannières rangées dans le vent ? Je leur apprends avant tout à lire, à écrire et à compter. Éventuellement, quelquefois, ces travaux génèrent quelques troubles émotions, après une jolie récitation, une belle intuition mathématique, une rédaction lourde de sentiments, une opérette remarquablement chantée. Mais je me garderai bien de les utiliser.

Nous enseignons par la raison, pas par l'émotion.

Nous enseignons la raison. L'émotion ne s'enseigne pas.

Lisez, démontrez, dissertez avant que de trop vite défiler derrière quelque pique brandie…

J'ajouterais bien, mais cela sort de mon sujet, que l'on ne devrait pas non plus gouverner par l'émotion, mais bien par la raison. Il semble que ce soit une gageure.

Rédaction

À l'école des enfants, le rite et la routine règlent les questions de forme qui, sinon, les encombreraient. Au CP, le matin, on sort le cahier bleu, puis le livre de lecture, alors on lit chacun son tour, puis on écrit les mots de la lecture sur le cahier bleu, puis on prend la fiche de calcul pendant que les CE1 lisent. Le seul objet changeant de la journée rituelle est le contenu : le lundi et le mardi, on apprend le *c* et l'addition, et le jeudi on apprendra le *on* et les dizaines. Le contenu enseigné est plus important que la forme. Il est le seul à varier. La forme est gérée par la maîtresse, grâce aux habitudes que les enfants prennent, une routine, des rites presque. Le contenu peut donc être le principal souci des enfants, puisque la forme est fixe et connue.

Une bonne partie des dogmes néopédagogiques et didactiques vient de Mai 68, révolte adolescente. Les adolescents contestent l'autorité des parents en s'attaquant tout d'abord à la forme des choses : vêtements, cheveux, type de langage, horaires, mœurs élémentaires, autorité… Leur première contestation est donc de pure forme ; elle porte sur le formalisme parental ; au départ, d'ailleurs, ils ne font que passer d'un formalisme à l'autre, de celui des parents à celui des copains, du brossage des dents au piercing. S'ils n'ont pas dépassé le stade binaire de l'évolution de l'intelligence, ils n'iront pas beaucoup plus loin. Ils ne sauront jamais que passer d'une conformité à une autre.

Les grands adolescents de 1968 ont donc renversé une grande partie des conventions formelles qui organisaient la société. J'ai apprécié en mon temps que certaines d'entre elles fussent contestées.

Le formalisme rituel de l'école primaire a ainsi été attaqué et renversé par les néopédagogues issus de Mai 68, contesté par une idéologie adolescente comme une entrave. Entrave aux adolescents, mais qui est si nécessaire aux enfants petits. Les néopédagogues et les didacticiens libèrent les enfants des contraintes qui leur sont essentielles, mais que les adolescents détestent. Les petits se retrouvent alors avec les formes changeantes à gérer en plus des contenus nouveaux. On les libère de la forme fixe qui leur est indispensable ; autant libérer un vieillard de sa canne, ou un nouveau-né de sa couche. Les didacticiens traitent les enfants comme des adolescents. Il s'agit d'une autre de leurs grandes erreurs.

Si pour les CP (sept ans) la journée est ritualisée, pour les CM (onze ans) ce sera la semaine. Pour mes élèves, ce sera : lundi, lecture et grammaire ; mardi, conjugaison et lecture ; jeudi, vocabulaire et rédaction ; vendredi, orthographe et analyse grammaticale.

Cependant, il est une matinée rituelle qui ne peut pas être routinière, qui ne l'est jamais. « Le jeudi, c'est rédaction… » Les jeudis matin, tous les jeudis matin, une ambiance particulière règne entre les pupitres. Ils attendent le sujet. La plupart du temps, ils ont déjà une bonne idée de ce qu'il abordera, grâce au thème général des lectures du début de semaine. La maison, les parents, l'école, les vacances, Noël, l'hiver, l'opéra évidemment, la semaine où nous y sommes allés… Et ils ont déjà aiguisé leurs plumes sans trop s'en rendre compte. Ils sont impatients. Ils ? Je devrais écrire elles ; tellement les filles sont majoritaires à cette jolie frénésie d'écriture. Les antihéroïnes du calcul mental et de l'orthographe, en particulier, frétillent plus que les autres encore. Même si leur langue maternelle n'est pas le français.

Mais avant d'écrire, il faut lire : un texte portant sur le thème de la semaine, classique en général, qui peut servir de modèle littéraire, est lu à voix haute. Son vocabulaire difficile est expliqué, écrit, et réutilisé. Puis quelques préfixes ou suffixes ou des familles de mots sont travaillés, eux aussi tirés du texte lu ou d'un texte récent. Enfin, je leur donne le sujet… « Comme Lavisse, décrivez votre classe », « La matinée à l'opéra », « Un jeu de cour de récréation »…

Quelquefois, si le texte littéraire de départ le permet, nous regardons comment il est construit pour y voir des méthodes d'écriture, des façons de rédiger…

De la porte placée dans un angle, je vis en face de moi, au fond de la salle, une grande cheminée où montait le tuyau d'un poêle ; le long des trois autres côtés, les écoliers, assis sur les bancs sans dossiers ni tables, tenaient une planche sur leurs genoux, leur planche à écrire, percée en haut d'un petit trou où passait une ficelle qui la suspendait au mur, la classe finie…

Ernest Lavisse se place à la porte de sa classe et il regarde. Qui veut se placer à la porte de notre classe, et dire ce qu'il voit ? D'autres fois, nous nous contentons d'énumérer tout un ensemble de vocabulaire concernant le sujet. Ou bien, nous cherchons quel verbe permet de fabriquer une telle phrase de description… Et puis, et puis, je les lâche…

Il y a quelques années encore, je corrigeais moi-même, avec eux, toutes les fautes d'orthographe de leur brouillon. Et le nombre de fautes par texte restait gravement stable… Maintenant, je ne corrige plus rien de leur brouillon, qu'ils doivent recopier sur le cahier du jour et que je note. Je n'aide que les élèves non francophones. Ensuite, ce que je n'aurais jamais osé faire voici dix ans, je les note comparativement et j'enlève des points pour une mauvaise orthographe. Et ils progressent… Bon, Nolwenn reste fidèle à ses épouvantables fantaisies orthographiques. Il faut bien que je me fasse du souci. Voici un exemple de texte d'élève… « L'opéra », puisque, aussi bien, je l'ai raconté moi aussi…

C'était un très beau spectacle. Cela parlait d'un jeune homme nommé Guido. Il n'aimait que sa chatte Minette. Il vivait avec une vieille gouvernante

qui s'occupait de la maison. À chaque fois elle lui disait :
« Il faut que vous **vos** *mariiez !*
– Non je te l'ai déjà dit.
– Mais il y a votre cousine qui vous a proposé de vous épouser mais vous avez refusé.
– Et je refuserai toujours. »
Il alla voir sa chatte Minette qu'il aimait passionnément, quand un **indien** *arriva. L'homme lui donna des florins, Guido fut ravi car il était pauvre. L'***indien** *lui dit qu'il était un grand maître dans l'art de la métempsycose. Guido lui demanda :*
*« S'il vous plaît, rendez sa forme de femme à Minette. » L'***indien** *répondit :*
« Je ne vous cache pas que c'est fort cher.
– Tenez, prenez **ça.** *» dit Guido en lui donnant les pièces.*
Alors, il lui donna le talisman pour transformer Minette en femme. Mais la nouvelle femme avait gardé de son ancien comportement qui laissait à désirer. Elle buvait beaucoup de lait et courait après les souris. Mais on apprend que Minette n'était autre que la cousine de Guido qui accepta de l'épouser et tout rentra dans l'ordre.

I. (CM1)

*Il était une fois un jeune homme nommé Guido qui était ruiné, misanthrope et pauvre parce que les débiteurs de son père lui avaient tout pris. Il n'aimait pas les hommes ni personne au monde, à part Marianne, la gouvernan***te et** *sa chatte Minette gracieuse et gentille*

*dont il était amoureux. Mais tout d'un coup un vieil homme indien entra comme ça. Il s'appelait Dig-Dig, il était jongleur indien. Il lui montrait une bourse en la faisant sonner en chantant. Après il montre une ravissante bague qu'il suffit de frotter en prononçant trois fois le nom Brahmâ puis Minette redeviendrait une jeune femme. L'***indien** *sortit, Guido prononça ces mots en disant trois fois le nom Brahmâ :*
« **Ô** *dieu puissant du Gange !*
Toi par qui tout se change,
Celle que j'aime est là,
À mes yeux **montre là**,
Brahmâ ! Brahmâ ! Brahmâ ! »
Minette apparut en disant :
« Hier je marchais à quatre pattes.
Et sur mes deux pieds me **voilà** *»*
Puis après Guido lui demanda : « Que veux-tu d'abord ? »
Elle lui répondit : « Un miroir, je veux me regarder ! »
Il lui tendit le miroir… « C'est une femme, la chose est claire ! »
Que **va t-il** *se passer ?*
Est-ce la chatte Minette ?
SUSPENS *?!*

M. (CM2)

Tout est d'eux, y compris l'orthographe, le subjonctif et le conditionnel, la ponctuation des dialogues, ainsi que la saisie sur l'ordinateur. « Misanthrope », « métempsycose », « débiteur »… font partie de ces mots étudiés, issus du texte original.

Bien sûr, ces deux-là ne sont pas mes pires élèves. Alors voici le même texte de Nolwenn, pour ne pas tricher, et surtout pour montrer à quel point le manque de rigueur nuit à la créativité, à quel point l'orthographe n'est pas la science des ânes – « cène » puis « cenne » au lieu de « scène », « brin » au lieu de « brun », « pattes » au lieu de « pâtes », « en fête » pour « en fait »... Ces erreurs dues à une inattention chronique pendant quatre ou cinq ans sont une barrière bien plus lourde pour l'accès au sens que notre « *b* et *a*, *ba* » et nos dictées méthodiques...

*La salle était rempl**i** de **classe** bruyantes quand nous fumes tous**ses** assis les lumières s'**ètaignièrent** peu à peu, le théâtre commença, accompagn**er** par la pianiste. Guido un jeune homme, misanthrope et ruiné par les hommes d'affaires. Il n'aimait que sa chatte minette et sa gouvernante Marianne. Apr**es** quelque temps écoulé sur **cène** Dig-dig un magicien indien lui ven**t** un talisman pour transmuter minette en femme il suffisait de le frotter en prononçant Brama **trios** fois et une merveilleuse femme aux cheveux br**i**ns appar**u** sur la **cenne**. À table, elle faisait les plus grosses bêtises du monde elle mangeai**s** les **pattes** avec **les main**, elle mettait les **patte** par terre. Elle alla **parci-parla** dans le publi**que**. Quand Guido fut dans la salle. La gouvernante avait minette dans les bras. La femme était en fête la cousine de Guido et dig-dig son oncle.*

Je suis effondré de présenter un tel texte, bien qu'il ne soit pas rare d'observer de telles orthographes dans les CM1 de France. Dans mon CM de trente-deux, il y a quatre élèves à peu près aussi « je-m'en-foutistes » que Nolwenn en orthographe, avec des textes du même type. Plus deux élèves d'origine étrangère qui font seulement un peu mieux, mais sont en progrès. Une demi-douzaine oublie régulièrement deux ou trois accords grammaticaux dans un texte de cette taille et commet entre trois et dix fautes d'usage, du genre de « cène » pour « scène ». L'autre moitié de la classe écrit très lisiblement, avec seulement quelques fautes ; parmi eux, il y en a tout de même sept ou huit qui sont presque capables de la qualité orthographique des deux textes d'au-dessus.

Au moins, je lutte avec eux contre l'approximation, l'inattention et l'imprécision de sens que toutes ces erreurs occasionnent. Les textes de mes élèves sont enrichis de mots et de formules issus de la littérature, que je tente de leur transmettre et qu'ils réutilisent. Nous ne restons pas « centrés sur l'élève » et sur son vocabulaire de rue. Des collègues outragées m'ont apporté un jour le texte d'élèves qui suit, fièrement reproduit dans le bulletin municipal de leur commune. Le professeur des écoles responsable de ce travail explorait ce qu'on appelle les registres de langage, pour bien faire sentir que l'on peut s'exprimer de plusieurs façons. Entre le texte de style « recherché » et le texte de style « populaire », il a fait commettre à ses élèves cet ignoble mais improbable style « injurieux ». Je n'ajoute pas mon sentiment…

Vol d'albatros (injurieux)

Souvent, pour se fendre la gueule, ces bâtards d'hommes d'équipage volent des connards d'albatros, oiseaux des mers qui volent comme des petites merdes et suivent, comme des limaces gluantes, le péteux navire glissant sur les sales gouffres amers.
À peine ces gros cons sont-ils déposés sur les planches à deux balles, que ces déchets toxiques, maladroits et honteux, laissent leurs sales ailes pourries comme des avirons dégueulasses traîner à côté d'eux.
Ce bâtard ailé, puant comme une déchetterie publique, comme il est déglingué ! Lui agace son bec de merde avec un brûle-gueule, l'autre mime en boitant l'infirme qui volait comme un con.
Le vieux poète des sixties est comme le SDF des nuées, qui se balade dans cette putain de tempête et se fout de ce salaud d'archer. Coincé sur le sol au milieu des provoc's, ses ailes toutes niquées l'empêchent de marcher.
C'est la perrave ! Vole, sale poule mouillée !
(Classe de CM2 de …, correction collective – avec le maître – de l'orthographe.)

Il faudra relire l'original, pour se laver le cœur. Même si l'on passe par-dessus la grossièreté recherchée, celle des purs « gros mots » que j'interdis dans ma classe, il reste dans ce texte la grossièreté de l'inutile, de l'imprécision, des mots en trop, de l'à-peu-près et de l'incompris. Ce n'est pas le travail de l'école que d'apprendre à mal écrire. Avec ou sans gros mots.

Des enseignants et des élus de progrès ont été d'accord pour publier cette horreur dans le bulletin municipal ? Sans doute pour montrer à leurs administrés combien ils étaient libéraux, combien ils étaient progressistes, en accord avec leur jeunesse…

Les adolescents cassent la coquille du formalisme familial qui leur était nécessaire jusque-là parce qu'ils veulent aller voir dehors. Ils franchissent quelques interdits. Les gros mots, la grossièreté adolescente sont un de ces franchissements. Il ne faut pas faire porter aux enfants les soucis des adolescents. Les enfants veulent rester dans l'œuf de la famille Et dans l'œuf, il ne doit pas y avoir de gros mots. Il est forcément tout propre, l'œuf.

Le poète n'a pas des « ailes toutes niquées » ; mais « des ailes de géant qui l'empêchent de marcher ».

Voici, pour vous laver le cœur…

L'albatros

Souvent, pour s'amuser, les hommes d'équipage
Prennent des albatros, vastes oiseaux des mers,
Qui suivent, indolents compagnons de voyage,
Le navire glissant sur les gouffres amers.

À peine les ont-ils déposés sur les planches,
Que ces rois de l'azur, maladroits et honteux,
Laissent piteusement leurs grandes ailes blanches
Comme des avirons traîner à côté d'eux.

Ce voyageur ailé, comme il est gauche et veule !
Lui, naguère si beau, qu'il est comique et laid !

L'un agace son bec avec un brûle-gueule,
L'autre mime, en boitant, l'infirme qui volait !

Le Poète est semblable au prince des nuées
Qui hante la tempête et se rit de l'archer ;
Exilé sur le sol au milieu des huées,
Ses ailes de géant l'empêchent de marcher.

Charles Baudelaire

Cercle

Surface du cercle. Cours moyen. Mai. Le début de la leçon est un tunnel de révisions.

– Comment avons-nous calculé la surface du parallélogramme ?

– En coupant le coin de droite, que nous avons reposé à gauche pour transformer notre parallélogramme en rectangle.

– Comment avons-nous trouvé la surface du triangle rectangle ?

– C'est la moitié de celle du rectangle.

Chaque figure citée est dessinée rapidement au tableau, puis le rectangle qui a permis le calcul de la surface est tracé, mis en évidence à la craie jaune.

– Comment avons-nous trouvé la surface du triangle quelconque ?

– C'est la moitié du grand rectangle qui le contient.

– Quelle est en réalité la seule surface que nous savons vraiment calculer, puisque toutes les autres surfaces en sont déduites ?

– La surface du rectangle.

– Nous ne savons calculer que la surface du rectangle en multipliant sa longueur par sa largeur.

J'efface tout et trace sans prévenir un gros cercle au tableau.

– Comment calculer la surface de ce cercle ?

Je sens bien que je les cueille. Les têtes se penchent, les positions bougent sur les chaises, Annaïck ondule, même assise…

– Mais ! monsieur, il va falloir transformer le cercle en rectangle !Ben c'est pas joué…

Émile observe Annaïck. Son expression orale franche et naïve à la fois le fait sourire ; mais il prête toujours attention à ses propos… et soudain, il se redresse et prend la parole sans lever le doigt, comme trop souvent, parce que je ne l'empêche pas assez de le faire… mais ce qu'il dit est tellement étonnant qu'en général on s'en préoccupe.

– Monsieur, il faudrait prendre tous les rayons du cercle, parce que le cercle est un peu comme tous ses rayons… et on les mettrait côte à côte, et ça ferait un rectangle… attends…

Le voilà qui commence à calculer de tête…

– La largeur sera le rayon du cercle… la longueur sera la circonférence puisqu'il y aura tous les rayons côte à côte…

Personne n'a compris ce qu'il veut dire. Je ne comprends pas tout de suite, pourtant, je me remémore le fil de ses paroles soudaines… ce petit machin de onze ans vient de parcourir tout seul la moitié du chemin qu'Euclide a parcouru à l'époque… Il continue de réfléchir à voix haute…

– Alors ça fera R, le rayon en largeur, multiplié par la circonférence en longueur… pi fois D – le diamètre –… R fois D fois pi… Des centimètres multipliés par des centimètres multipliés par un nombre sans unité… ça fera des centimètres carrés… c'est ça ! R fois D fois pi !

Il ne se trompe que sur la longueur du rectangle qui est la moitié de la circonférence et non pas la circonférence. Son système trouverait le double de la surface. Si j'étais seul avec lui, en manière de précepteur, je lui ferais calculer ainsi la surface du cercle du tableau, puis tracer le carré qui enchâsse le cercle – le carré exinscrit – et calculer sa surface. Il verrait alors que sa formule est fausse. Et nous nous attaquerions ensuite à la démonstration par découpage – celle d'Euclide – que j'avais prévue. Mais j'ai les trente-deux qui écoutent tout cela avec des yeux ronds. Émile a du mal à leur expliquer ce qu'il veut dire. Expliquer étant un métier à part entière – le mien –, c'est moi qui m'y colle. Je dessine et fais imaginer les rayons d'Émile comme des petites baguettes que l'on enlèverait du cercle et rangerait côte à côte, uniquement pour expliciter ses paroles…

– C'est pas idiot…, observe Annaïck…

– Moi, je ne comprends pas son truc… Je trouve ça bête, assène Léna avec une grimace de doute…

Me voici à nouveau au nœud de l'actuelle discussion pédagogique. Soit continuer dans la construction assez autonome du savoir, à partir de la superbe intuition d'Émile, mais encombrer les autres avec des carrés inscrits et exinscrits et les calculs de leurs surfaces, exercices longuets et fastidieux, usines à gaz qui encombreront toute la leçon de leur trop long détour, de leur apparente inutilité. Soit revenir à ma précise progression, héritée d'Euclide, transmission culturelle et embryon de démonstration…

Ce sera Euclide et l'embryon de démonstration, parce que nous sommes trente-deux et non un, parce que l'intuition n'est pas suffisante, même aussi géniale, parce qu'il faut habituer tout le monde à la précision, parce qu'il faut aussi transmettre les connaissances avant nous établies. Et parce que je veux semer l'idée de démonstration dans leurs jeunes cervelles de moineaux. J'y tiens beaucoup.

Sur une feuille de couleur vive rapidement distribuée, ils tracent un cercle de 5 cm de diamètre. Je leur demande d'y tracer dix diamètres régulièrement espacés, ou vingt, selon leur rapidité et leur dextérité habituelles. Je leur propose de découper les tranches d'orange ainsi obtenues et de tenter maintenant de construire un rectangle avec. Colle, ciseaux, langues tirées…

Ils ont trouvé : deux secteurs de camembert tête-bêche, puis deux autres, côte à côte, et ainsi de suite jusqu'au dernier secteur de camembert que l'on coupe en deux par la moitié pour avoir deux bouts de rectangle bien perpendiculaires. Depuis un moment déjà, Émile est venu me dire que ce n'était pas la peine de coller, que cela ferait un rectangle de R de largeur et de la moitié de la circonférence de longueur. Il calcule alors la surface avec le rayon de 5 cm, puis cherche une écriture générale.

Annaïck, soigneuse et déjà agréable dessinatrice, aime beaucoup l'exercice. Mais tout à coup, elle se retourne vers moi, et pose une question qui l'effleure...

– Oui, c'est joli comme collage, mais alors on va devoir les découper comme ça chaque fois qu'on voudra la surface d'un cercle ! Quel boulot !

Voilà la réalité enfantine. Il lui faut du temps pour réaliser que ce que nous venons de faire pour un cercle, nous pourrions le faire pour tous les cercles du monde de la même façon, et que, donc, ce n'est plus la peine de le faire chaque fois... « Ce que nous avons fait avec un cercle de 5 cm de rayon, on pourrait le faire avec un cercle de 6 cm de rayon, de 7 cm de rayon... il suffit de connaître le rayon et la formule. »

Yanis, du haut de ses neuf ans et du fond de son CM1, résume fort bien la question, car la maturité intellectuelle ne dépend pas seulement du nombre des années :

– T'es pas obligée de les découper à chaque fois, sçi tu sçais le faire pour un cçercle, tu sçais le faire pour tous les cçercles... Çça fait toujours R fois R fois pi !

Et en prime, il est arrivé tout seul à la solution.

– Non, c'est R fois pi fois D divisé par deux, proteste Émile.

– Çça m'étonnerait bien...

– ...

Ceux qui n'ont pas fini de coller leurs camemberts bleus n'écoutent pas. Les autres suivent le débat avec un sourire comme ils suivraient un échange au tennis ;

certains, bouche ouverte, ne voient plus la balle. Je dois donc bien prendre le temps de mener moi-même cette généralisation.

Je leur distribue la feuille recto verso de la leçon d'aujourd'hui, qui montre un dessin très régulier du collage en forme de rectangle. La leçon commence par un rappel de la circonférence du cercle, obtenue quelques jours avant par la mesure des périmètres de cercles de bois. Je repose la question de la circonférence. Les doigts se lèvent bien, la circonférence du cercle est assez bien gravée dans les mémoires.

– Alors, quelle est la longueur du rectangle reformé ?

Posément, double décimètre en main, en comparant leur rectangle et celui, plus petit, reproduit sur la fiche, ils commencent tous à voir. Bien sûr, les deux longueurs du rectangle, bosselées, sont la circonférence du cercle. Donc la longueur du rectangle est la moitié de la circonférence.

– Calculez cette longueur…

Il faut absolument passer par les valeurs numériques, par les grandeurs pour pouvoir ensuite généraliser. Pour gagner du temps, une moitié de la classe la calcule pour le rectangle de hauteur 3 cm. Je les oblige à écrire ce calcul en ligne, présenté par une phrase, sur leur cahier du jour :

Circonférence du grand cercle :
10 cm x 3,14 = 31,4 cm.
Longueur du rectangle bosselé :
31,4 cm : 2 = 15,7 cm.

Émile et Yanis protestent un peu bruyamment contre cette obligation d'écrire ce qu'ils estiment avoir trouvé depuis longtemps. Je ne cède certainement pas. Il faut écrire ce qu'on a trouvé. Je fais remarquer que l'on aurait pu faire directement 5 cm x 3,14 = 15,7 cm. Écriture courte qui ravit plusieurs retardataires. Antoine ajoute que la moitié de la circonférence, c'est le rayon multiplié par pi. Maintenant, ils doivent calculer la surface :

Surface du grand rectangle :

15,7 cm x 5 cm = 78,5 cm^2*.*

Évidemment cinq ou six élèves oublient d'ajouter l'exposant aux centimètres carrés… ce qui n'est pas toléré dans ma classe.

– Quand on multiplie… ???

– Quand on multiplie des centimètres par des centimètres, on trouve des centimètres carrés, répond un large chœur.

– … Ouais… quand on multiplie une longueur par une longueur, on trouve une surface, ajoute Antoine, qui n'aime pas le côté mécanique de cette litanie scolaire que j'installe dans mes classes.

Les opérations sont écrites au tableau. Comme toujours, un des esprits à main paresseuse propose son écriture la plus courte possible. C'est souvent Yanis :

– On peut écrire toutes les opérations à suivre parce que ce sont des multiplications et des divisions…

Il vient au tableau.

(5 cm x 3,14) x 5 cm…

Je mets de l'ordre : *5 cm x 5 cm x 3,14.*

Avec le cercle de 3 cm de rayon, cela donne : *3 cm x 3 cm x 3,14.*

– Et avec un rayon de 6 cm ? de 10 cm ? de 24 cm ? de 2,50 m ?

Ils répondent, en chœur jusqu'à ce qu'Antoine coupe le chant :

– C'est toujours la même chose… le rayon multiplié par le rayon multiplié par pi…

J'inscris la formule au tableau, mais elle trône aussi encadrée au bas de la fiche distribuée.

$S = R \times R \times \Pi$.

Ouf ! Ils se détendent : Émile tente de faire reconnaître à Yanis que tout à l'heure ils disaient la même chose. Yanis renâcle un peu. Dans le coin de Léna, cela discute ferme. Je lance un regard interrogateur. Léna se retourne vers son voisin de derrière à qui elle siffle…

– Ben si… c'est un rectangle, tu le vois bien ! Le maître l'a dit !

Puis, pour tout le monde, à haute voix, autorisée par mon regard inquisiteur :

– Monsieur, y a Benjamin qui dit que le rectangle bleu n'est pas un rectangle… Psss, c'est normal, le sien, il est tout moche !

En effet, le rectangle bleu de Benjamin est collé de travers, approximativement, avec des traces de colle noircie par les doigts un peu partout. Surtout, il n'a coupé son cercle qu'en dix gros morceaux, alors son rectangle est d'autant plus bosselé.

– Mais même celui de Léna, il est bosselé, hein alors ! Moins que le mien, c'est tout, alors ce n'est pas un rectangle non plus…, se défend le patachon de service.

Le saint des écoles doit veiller quelque part pour ainsi régulièrement donner quand même leur heure de gloire aux patachons. Sa question est une aubaine. Je saisis son collage et celui de la soigneuse Annaïck qui a découpé quarante secteurs de camembert. Je brandis les deux pseudo-rectangles qui se détachent bien en bleu sur fond blanc :

– Lequel est le plus « rectangulaire » ?

– Celui d'Annaïck, répond le chœur unanime.

Benjamin baisse le nez.

– Pourquoi ?

– Parce que celui de Benjamin est tout cochon !

– Ce n'est pas la seule raison !

– Il a fait moins de parts dans son camembert, alors les bosses se voient plus…

Benjamin m'offre une occasion de planter dans leur future intelligence du monde la première banderille de calcul infinitésimal, simplement, clairement, à l'occasion de la première démonstration infinitésimale de l'histoire.

– Si l'on découpait cent secteurs de camembert ?

– Ce serait bien plus droit !

– Mille secteurs… imaginez… dix mille secteurs… plus encore si l'on pouvait…

– Ce serait tout à fait droit…

– Et la surface serait la même ; donc la surface du cercle est bien celle de ce rectangle…

On n'ira pas plus loin. C'est bien assez, un peu trop pour certains déjà. Maintenant, ils vont devoir rédiger sur leur cahier du jour les exercices de la fiche. Ils sont très simples : calculer la surface d'un cercle de 8 cm de rayon ; de 4,5 cm de rayon ; de 8 cm de diamètre, etc.

Dans le silence scolaire qui suit, fait de grincements de chaises et de bruissements de pages tournées, je les regarde et me demande comment il peut se faire que des enfants si jeunes déploient ainsi de si jolies intuitions. Émile et ses rayons de cercle, quand même, quelle jolie vision !

Le début de la leçon était conçu pour cela. Toutes les surfaces sont déduites du rectangle. Nous ne savons calculer que la surface des rectangles. Donc on cherche à transformer le cercle en rectangle. La tâche est circonscrite. La ligne de la réflexion proposée aux élèves est bornée ; le tunnel lance le travail dans une direction très ferme. À l'intérieur de cette direction nettement imprimée, fermement bornée, l'intuition peut s'exprimer et le bonheur de découvrir par soi-même sera d'autant plus fréquent que les habitudes de rigueur sont déjà bien prises.

Alors que le constructivisme moderne, à l'inverse, laisse ses élèves chercher tout seuls la direction à prendre au milieu de la jungle inconnue de l'objet à étudier. Les didacticiens prennent les enfants pour des chercheurs accomplis qu'ils ne sont pas. Il y a beaucoup de choses à savoir et à savoir faire avant d'être vraiment capable de chercher tout seul.

Dans la petite bousculade de sortie de récré, Émile s'adresse à moi :

– Mes rayons, finalement, ce n'était pas idiot. Il y avait juste qu'il fallait les ranger par deux, tête-bêche, très fins, mais rangés par deux, cela faisait un rectangle deux fois moins long… C'était marrant !

Et il s'élance en courant vers un jeu de récré qui l'attend, suivi par Yanis qui lui crie :

– Oui, mais t'as pas trouvé qu'il fallait multiplier le rayon par le rayon et par pi…

Récitation

Dans l'interminable
Ennui de la plaine
La neige incertaine
Luit comme du sable.

Il est là, debout face aux autres, dos au tableau, les mains retenues aux reins, accrochées l'une à l'autre par ses doigts agités. Je le vois de profil. Seuls ses doigts bougent, le reste de son corps est tenu, tendu vers ce qu'il fait ; il récite. Il cille à peine, retenant ses paupières mi-closes devant son regard vague. La tête un peu en arrière, le regard fixe. Ses yeux ne surveillent pas le reste de la classe, ils scrutent sa mémoire, ils sont comme tournés vers l'intérieur.

Le ciel est de cuivre,
Sans lueur aucune.
On croirait voir vivre
Et mourir la lune.

Les néons éclairent ses cheveux raides jusqu'au milieu du front et accentuent les quelques taches de rousseur qui parsèment la partie supérieure de ses joues pâles. Il porte toute la dégaine moderne : baskets mal lacées, jean avachi et pull aux inscriptions anglaises. Tous les élèves de tous les temps ont porté leur dégaine moderne. Les pantalons de coutil rapiécés étaient modernes, les vestes retaillées dans celles des pères aussi… on est toujours habillé comme les autres s'habillent. Ce n'est pas un sujet.

Comme les nuées
Flottent gris les chênes
Des forêts prochaines
Parmi les buées.

Il me regarde de temps en temps, à la dérobée, se forçant à faire face aux autres malgré son envie de deviner si mes yeux sourient, si j'aime, si c'est bien. Il replace son regard mi-clos vers le fond de la classe, par-dessus les autres, la tête toujours un peu penchée en arrière. Il n'a jamais été aussi calme, aussi tranquille. Il veut bien faire ce que j'ai demandé de faire, et qu'il a travaillé. On n'est jamais si posément heureux que lorsqu'on a travaillé. Mais, petit animal encore, il voudra une récompense. Et il l'aura. La satisfaction du travail bien fait ne lui suffit pas encore.

Le ciel est de cuivre
Sans lueur aucune.

On croirait voir vivre
Et mourir la lune.

Il est pourtant un brigand, un agité d'après la récré, un bavard des leçons de maths. Il se tourne ici et là, vérifie sans cesse si on le voit, si on l'a vu, si ses copains sont toujours ses copains. Il parle fort, sans jamais se retenir, au milieu des trente-deux qui espèrent alors pouvoir s'exprimer aussi. Il est une source perpétuelle d'agitation et de bruit. Il tripote, à longueur d'école, des stylos qu'il casse, des règles de plastique qu'il plie, des cartouches d'encre qu'il perce. Il démonte, bricole, fabrique des inventions impensables, des combinaisons de corps de stylos scotchés et d'aimants équilibristes que je confisque régulièrement, quand je les vois…

Corneille poussive
Et vous, les loups maigres,
Par ces bises aigres
Quoi donc vous arrive ?

Il me fatigue. Je devrais le honnir. Mais il est tous les petits garçons de la terre. Il a les taches de rousseur qu'avait mon cousin petit, l'agitation perpétuelle et les cheveux raides jamais coiffés de mon voisin enfant, les longs voyages dans la lune de mon fils écolier, mes soucis inquiets d'enfant. Il a peur qu'on ne l'aime pas, et il s'agite dans tous les sens. Il est un vrai petit garçon.

Dans l'interminable
Ennui de la plaine
La neige incertaine
Luit comme du sable.

Un jour, il a volé un scoubidou pas fini noir et rouge qu'une fille du CM1 avait laissé traîner un instant. Il a ensuite coupé les longs lacets pour s'en faire une sorte de collier de fils mal noués en longueur. Vol et destruction, je l'ai grondé devant les autres, il a pleuré. Mais c'est parce qu'il avait envie de savoir comment on commence un scoubidou et n'avait pas de fils, et parce qu'Antoine lui avait dit que, puisqu'il l'avait trouvé, c'est qu'il était à lui. La petite est venue me dire le lendemain qu'elle lui avait pardonné et montré le nœud de départ avec des fils de plastique qu'elle lui donnait.

Et aujourd'hui, il récite assez tranquillement. Seuls ses doigts cachés dans son dos montrent sa nature agitée et la tension qu'il déploie pour se contrôler. Il a levé la main le premier, pressé de venir réciter avant les autres, parce qu'il « sait » sa récitation. Il l'a travaillée, avec maman sans doute. Il a fait un effort de mémoire et de diction. Il l'a peut-être récitée hier soir, avant le dîner, devant son papa attablé.

– *Paul Verlaine.*

Il dit vite le nom du poète dans un souffle soulagé, et se retourne immédiatement vers moi juge suprême en ce lieu. C'est qu'il a travaillé, il a récité en faisant bien attention, il a même essayé, petit bonhomme un peu maladroit, de « mettre le ton », d'envelopper sa déclamation d'une ligne mélodique expressive. Et maintenant il veut la monnaie de sa pièce. Il est trop jeune pour se contenter de l'art pour l'art. Mais il veut, dans chacune de ses activités de la journée, bricolage ou récitation, être distingué, être vu, reconnu. Il veut la reconnaissance publique. Il veut ma reconnaissance. Il veut une bonne note. Et il l'aura.

Jeune instituteur, perclus de niaises théories sans fondement, j'aurais refusé de le noter.

Depuis toujours, les États qui financent des écoles espèrent en tirer l'avantage de futurs citoyens bien élevés, moralisés, qui ne fument pas et qui trient bien leurs déchets. Alors, en tant que maîtres d'œuvre, ils installent en bonne place scolaire le prêche qu'il faudrait dire ailleurs : la morale. Dix campagnes scolaires antitabac n'empêcheront jamais les adolescents de sortir des cigarettes pour briller devant les filles qui entrent dans la zone d'attraction de leurs mobylettes.

Une récitation, activité si typiquement scolaire, permet à Théo de domestiquer son difficile comportement, pour un moment. Il se dresse lui-même bien plus efficacement qu'à l'écoute plus ou moins patiente de quelque prêche ou sermon. Si, à l'école, on fait de l'école, les comportements s'améliorent. Si l'école s'occupe des comportements, ils s'aggravent, et l'on ne sait pas de récitation.

L'instruction éduque. L'éducation n'instruit pas.

Philosophie

– Oh ! maîtresse, Richard n'est pas là ce matin !

– Sa maman est venue me dire qu'il a attrapé des poux à l'école. Elle « traite » ses cheveux ce matin.

– Oui, mais comment « ça s'attrape », les poux ?

– Les poux sont voyageurs… Lorsqu'on a sa tête près de celle d'un copain qui a des poux, ils sautent d'une tête à l'autre. Puis ils pondent, et alors on a des poux qui sont prêts à sauter sur une autre tête…

– Oui, je sais bien… mais ça ne dit pas comment ils sont venus, les poux…

– Les poux sont sur nos têtes ; avant, ils étaient sur les têtes des papas, et encore avant sur les têtes des grands-papas… et ainsi de suite.

– Alors, à ce moment-là, on peut dire que c'est Jésus qui a inventé les poux !

Jean est en moyenne section, mais ce n'est pas la première fois qu'il pose des questions métaphysiques lors de la séquence de langage. Boris, en grande section, intervient :

– Tu ne vas pas croire ça ? Tu ne vas pas nous dire aussi qu'il a ressuscité, quand même !

– Mon papy a dit que Jésus a inventé les rochers ; alors il peut bien inventer les poux !

La maîtresse intervient. Jean peut bien croire que Jésus a ressuscité, cela regarde ses parents, ses grands parents. Il s'agit d'une question éducative, dans laquelle l'école n'a pas à intervenir. Elle doit protéger celui qui croit au ciel de celui qui n'y croit pas, et celui qui n'y croit pas de celui qui y croit. L'opposition à la résurrection vient de la famille de Boris, le petit garçon répète ce qu'il a entendu chez lui. Jean tient son explication du début du monde, créé par Jésus, de son grand-père. Cette explication a dû être reprise un joli matin de navigation à la voile avec papy, forcé de contourner quelques rochers qui barrent l'entrée du port de Saint-Malo :

– Papy, et pourquoi il y a des rochers à l'entrée du port ?

– Tu sais, c'est ainsi ; ils sont là, voilà tout !

– Et qui a mis ces rochers là ?

– Ils sont là depuis très, très longtemps ! Depuis le début du monde sans doute…

– Depuis le début du monde ? Alors, qui les a mis là… au début du monde ?

– Euh, tu sais, le monde a été créé comme ça, avec des rochers que la mer use de siècle en siècle…

– Mais c'est Jésus qui a créé le monde.

Jean est d'une famille catholique où ces choses-là sont fréquemment évoquées.

– C'est Jésus qui a créé ces rochers, papy ?

Les questions métaphysiques de Jean portent aussi bien sur les poux que sur les rochers.

La réponse du papy n'a pu être qu'évasive : si, comme Jean en ce moment, on considère les rochers comme un mal, Jésus ne peut les avoir créés ; mais ces rochers sont-ils un mal ? Le papy ne peut pas se lancer dans une discussion métaphysique sur le bien et le mal dans le récif granitique… Jean est trop petit.

La maîtresse reprend :

– Chacun croit ce qu'il veut. Jésus, on en parle dans les familles. Certains y croient, d'autres n'y croient pas. On en parle à la maison, avec les parents, mais pas à l'école…

– Mon papy, il sait plein de choses : il a un bateau !

– Papy sait beaucoup de choses parce qu'il a vécu longtemps, pas parce qu'il a un bateau. Mais toi, qu'est-ce que tu en penses ?

– Je le crois parce mon papy me l'a dit. Si mon papy ne me l'avait pas dit, je ne l'aurais pas cru !

Certaines peintures et certaines réflexions de petits sont quelquefois très jolies, très fraîches, étonnantes. Mais elles ne sont ni de l'art ni de la philosophie. Elles ne sont que l'expression forcément parcellaire, et donc amusante, d'une intelligence en construction. Pourtant, les adorateurs de la pédagogie moderne, de philosophie rousseauiste ou naturaliste, pensent que l'enfant contient bien plus de pureté et donc de sagesse que les adultes, déjà pollués par le péché originel et l'arbre de la science du bien et du mal. Ils croient voir donc dans ces réflexions enfantines des manifestations quasi divines de la pensée philosophique à l'état de nature.

Alors, plutôt que d'apprendre à lire « fa… ri… ne » à leurs élèves, certains maîtres se lancent dans d'ambitieuses leçons de philosophie. Celle-ci est tirée d'une émission de radio[1] et le journaliste me la présentait comme le *nec plus ultra* de l'enseignement :

« Pourquoi certaines personnes font-elles du mal aux animaux ? propose le professeur des écoles et de philosophie réunies.

« – Quand on fait du mal aux animaux, par exemple, si c'est un animal sauvage, eh bien, si on le dresse, eh bien peut-être qu'on le prend de sa famille, et ensuite ça va lui faire mal.

« – Quel rapport avec le mal ? demande le professeur des écoles. Où est le mal là-dedans ? C'est ce que je ne vois pas ?

« – Le mal, c'est de prendre sa liberté. »

Là, l'élève dit au maître ce que le maître veut entendre, mais qui n'est pas du tout la pensée qu'il exprimait précédemment. Il n'y a dans ce passage aucune tenue intellectuelle, la pensée n'est pas conduite, ce qui est le propre de la philosophie. Perdons tout de même un peu de temps à analyser ce que dit cet enfant – à mon avis dix-onze ans, CM1 ou CM2 –, parce qu'on voit très bien ici un fonctionnement intellectuel enfantin, conforme en tout point à ce que nous en apprennent les psychologues sérieux (Wallon et dans une moindre mesure Piaget) et l'expérience que j'en ai.

1. *Ça vous dérange ?*, France Inter, Philippe Bertrand, le 4 juillet 2008, 12 heures-13 heures : « Faut-il changer l'école ? »

La question posée par le maître est elle-même typique de la dichotomie fondamentale chez les enfants : bien et mal ; et sa traduction immature : les gentils et les méchants. Les gentils aiment les animaux, les méchants les torturent. Évidemment, celui qui s'exprime appartient au camp des gentils, et il va pourfendre les méchants pour bien prouver à tout le monde, autant qu'à lui-même, que jamais, au grand jamais, il n'a arraché les ailes d'une mouche. Aucune pensée construite ni conduite dans tout cela. Seulement le fonctionnement natif – normal ici si cela vient d'un élève – de l'intelligence enfantine en construction. On peut supposer que le professeur a comme but de faire avancer les élèves vers une pensée plus construite, qui reviendrait à casser cette représentation binaire. C'est ce que font déjà beaucoup d'enseignants qui contrarient les propos béni-oui-oui des enfants contre la souffrance animale par la simple question : « Qu'as-tu mangé, toi, ce midi ? »

Le professeur ne comprend pas le mal qu'il y a dans l'histoire de l'animal sauvage qu'on dresse. Il ne me semble pas qu'il fasse semblant de ne pas comprendre. Le message anthropomorphique est pourtant simple : « Si on m'enlevait moi à ma famille, je souffrirais » ; est évoqué là le mal absolu pour un enfant qui ne vit qu'en relation avec sa famille. Ce mal n'est absolu que pour lui. Mais son maître philosophe ne le comprend pas. Ensuite, l'élève constate l'incompréhension de son professeur qu'il prend pour un désaccord, et il modifie sa pensée pour la rendre conforme à ce qu'il croit que le professeur attend, mais qui n'est plus du tout ce qu'il disait. Il s'agit bien d'une pensée enfantine qui passe d'une conformité à une autre, et rien de plus. Il n'y a pas du tout de réflexion philosophique là-dedans.

Le professeur des écoles et de philosophie, qui préfère se présenter comme un « animateur du moment de philosophie », se place comme un « ignorant » ; « à aucun moment il n'intervient sur le fond de la discussion, ce qui est en rupture radicale avec ce qui se passe habituellement à l'école, pas de « c'est nul », pas de « c'est bien ». La voici donc tout de même, la philosophie, qui apparaît. Elle n'est pas du tout celle qu'on ferait pratiquer aux petits enfants, mais bien plutôt celle du professeur, mièvre et moderne soupe qui se croit philosophie mais n'est que le fond idéologique insipide de la pauvre caste petite-bourgeoise actuelle, qui s'invente des ennemis très méchants pour pouvoir bien les dénoncer ; parmi eux, les infâmes instituteurs « qui aiment le pouvoir » et qui, oppresseurs d'enfants, distribuent les inutiles et malfaisants « c'est bien, c'est nul... »

« – Hassan a fait le ramadan et à la fin du ramadan, il tue un mouton. Il lui fait du mal.

« – Noëlla, je ne suis pas du tout d'accord avec toi, parce que nous, si on tue le mouton, c'est pour la bonne cause.

« – C'est comme toi, toi aussi, tu manges du mouton, hein ? Comme nous, on mange de la dinde et pas eux ! »

Finalement, une heure de fausse philosophie amène tout de même au « Qu'as-tu mangé ce midi ? » Il est dit par une élève, et pas par la maîtresse, voilà sans doute la supériorité de cette pratique philosophique sur ma petite classe traditionnelle. Seulement il est dit au milieu de l'infamie. Ah, mon collègue est certainement un « antiraciste » de haut vol. Cela se sent. Et nous le soutenons tous dans ses vœux de fraternité universelle. Mais en lieu et place du « Qu'as-tu mangé ce midi ? » bien net de la maîtresse d'école, il a obtenu un « NOUS, on mange de la dinde et pas EUX ! » À confondre les réflexions enfantines avec de la philosophie, on en arrive à une expression communautariste et caritative bien éloignée des idéaux républicains fondateurs, derrière laquelle le néoracisme inconsciemment méprisant est bien caché. Noëlla répète un propos quasi raciste entendu à la maison. Hassan se défend justement, mais sous prétexte non établi : « NOUS, c'est pour la bonne cause. » Il englobe tout l'islam dans son « nous ». Et la petite fille gentille et intelligente explique fort justement que tuer un mouton ici où là, pour le manger, est la même action, et que la discrimination avancée sur la commune mort du mouton ne peut venir que de la discrimination entre le « ici » et le « là »… Fort juste, gentille petite fille de socialistes. Mais comme Noëlla, tu répètes des propos entendus à la maison. Et ton « NOUS, on mange de la dinde et pas EUX ! » signifie : « NOUS, les gentils Blancs coupables de la colonisation et du racisme ambiant, devons protéger ces pauvres musulmans à qui notre civilisation a fait tant de mal… » En fait de philosophie, notre maître ne sait que reconnaître chez les enfants un ou deux éléments de sa propre soupe.

Tout cela n'empêche pas mon valeureux collègue de croire que, contrairement à l'école oppressive qui ne sait travailler que l'« intelligence mathématique » et l'« intelligence logicoverbale », lui, il s'attaque sans prétention aux autres formes d'intelligence sans lesquelles les pauvres petits élèves seraient « laissés sur le bord de la route ». Les autres formes d'intelligence ? Ah ! lui, amène ses élèves à « réfléchir, et pas seulement sur les sujets sur lesquels on les autorise à penser… et à développer un esprit de critique radicale ». La critique en apparence radicale n'est que le vœu des adolescents. Les enfants acquiescent, approuvent. Ils ne critiquent pas, ils n'en sont pas encore là. S'ils critiquent, ce n'est qu'en singeant un modèle, c'est-à-dire qu'ils ne savent qu'approuver. Et s'ils ne réfléchissent pas à tous les sujets, c'est tout simplement parce qu'ils ne peuvent pas, par immaturité, pas du tout parce que quelques enseignants en mal de pouvoir absolu les en empêcheraient… D'où sortent ces indignes affirmations ?

Tout ce verbiage mal analysé, mal conduit n'est que du temps perdu. Avec ces élèves-là, par exemple, et dans le but de mener un jour une véritable réflexion philosophique par eux-mêmes, apprends-leur donc, cher collègue, à passer du langage oral au langage écrit, porteur de pensée claire. Fais écrire au petit garçon sa crainte du dressage des animaux sauvages. Fais reprendre sa phrase écrite avec le reste de la classe : que veut-il dire ? Le dit-il ? Où est le verbe ? Comment pourrait-on le signifier autrement ? Avant de leur demander d'exprimer des idées qui ne sont pas les leurs, apprends-leur à exprimer leurs réelles propres idées. Et apprends aussi, toi, à respecter ce qu'ils veulent dire, en leur apprenant à le dire, plutôt que de les traîner dans ta vulgaire resucée de lieux communs de prof de philo qui a raté son Capes ; en nous faisant croire que c'est pour leur bien. Moi, je suis instituteur, et pas animateur ni professeur des écoles. Et contrairement aux légendes sulfureuses que tu t'inventes, j'aide aussi mes élèves à réfléchir. Je leur apprends à raisonner. Mais je ne les prends pas pour ce qu'ils ne sont pas ; je ne souscris pas à cette inepte rousseauisme, à cet innéisme mal analysé, à ce communautarisme charitable que je trouve dangereusement réactionnaire.

Je défends la nécessaire et bienfaisante laïcité de l'école publique française. Toi aussi, peut-être, mais je trouve que tu ne t'y prends pas bien. Dans la laïcité, il n'y a jamais NOUS et EUX. Même gentiment dit… Il n'y a que des citoyens égaux en droits.

Un jour, en histoire, je raconte à mes CM que, après l'impression de quelques bibles par Gutenberg, un certain Luther se met à écrire des libelles dissidents qu'il affiche sur la porte de son église au sujet de la vierge Marie et de la vente d'indulgences… Il s'agit d'histoire, et pour expliquer l'apparition du protestantisme à des élèves de dix ans, il faut bien différencier christianisme et islam ou bouddhisme, puis catholicisme et protestantisme comme étant deux branches du christianisme. Et je vois bien que la petite Marjorie, la grande sœur de Julie, se pâme littéralement d'émotion et qu'elle a ses grands yeux tout humides de dévotion tendre chaque fois que je prononce les mots Christ ou

Vierge Marie. Alors que le jeune Matthieu, au prénom pourtant évangélique, ricane doucement aux mêmes mots, s'agitant sur son siège et essayant de dire fort, comme ils font tous, toujours, en toute occasion, à cet âge-là : « Oui, mais moi, oui mais moi, mon papa il dit que… » Je sais bien ce qu'il va dire parce que je l'ai déjà entendu le dire une fois, dans la cour, et je n'avais pas bien anticipé le lob : « … c'est des âneries pour les débiles qui croient n'importe quoi… »

Opinion un peu verte, à laquelle il a évidemment droit, et qu'il peut me dire à moi, qui ne risque rien, mais qu'il ne peut pas dire ici, dans la classe, et que je coupe donc avant qu'elle soit exprimée. Son opinion est insultante pour qui n'est pas de son avis. Et son avis n'est pas de lui. Pas plus que celui de Marjorie, d'ailleurs.

Cette année-là, les agnostiques et autres mécréants, bien qu'assez innocents, étaient nettement majoritaires dans ma classe –je le sais par la fréquentation du catéchisme. Et la petite Marjorie aurait risqué des quolibets nombreux et lassants si je n'avais pas prêté attention à tout cela. L'année précédente, les catéchisés étaient majoritaires et dominants, et ma protection s'exerçait à l'inverse. L'année suivante, la question ne s'est pas posée de la même façon : ce sont les porteurs de chaussures de sport Nike qui ont tenté de faire régner leur dure loi, en moquant surtout les deux porteurs de Clark's, malheureux enfants de babas cool, et puis aussi, au printemps, le premier porteur de sandales ouvertes, qui a vécu le mois de mai dans les affres. Fin juin, tout le monde l'avait rejoint sur la question des chaussures ouvertes, parce les mamans avaient fini par gagner la printanière bataille des sandales qu'ils portaient finalement tous ; on aurait pu croire que le précurseur en sandales nu-pieds avait gagné, mais les anciens porteurs de Nike lui avaient trouvé un autre quolibet… afin que le monde reste monde.

Archimède

Voici donc à leur tour mes élèves qui se promènent dans l'école, encombrés de bassines de plastique coloré, de récipients divers et d'une boîte d'un décimètre cube en plastique transparent. Je ne comprends toujours pas pourquoi, à chaque distribution de matériel, ils se précipitent tous ainsi pour avoir le petit plaisir de transporter une ridicule bassine bleue, de trimballer le lourd sac de base-ball jusqu'au terrain de sport, ou bien le sac de ballons si encombrant… Nous ne devrions jamais demander aux élèves prêts à partir : « Qui veut porter la bassine bleue ? » puisque cette question génère chaque fois une agitation stérile de « Moi, moi, moi… » et une bousculade pour s'approcher au plus près de l'objet convoité. L'enfance est enthousiaste pour n'importe quoi. Il faut dire : « Jacques, prends cette bassine, s'il te plaît. » Se voir ainsi désigné pour une action sans intérêt ou même une lourde corvée les remplit d'aise et de fierté. Ils ne sont vraiment pas des adolescents. Ils se rengorgent même quelquefois, tournant sur eux-mêmes pour constater sur les autres l'effet de leur nomination à ce précieux honneur qu'est la charge d'une bassine. Mais les autres sont occupés à intercepter la bassine suivante…

Cette façon de faire a l'avantage de donner à chacun son tour, mais risque de voir contestée la comptabilité approximative des « C'est à moi maintenant » :

– Mais c'est toujours Jacques qui porte les bassines, alors !

– C'est la première fois cette année que nous avons des bassines à transporter !?

– Oui… mais c'est lui qui a relu la petite dictée de ce matin et en plus c'est encore lui qui est allé chercher les craies neuves hier…

– Mais a-t-il déjà transporté des bassines pour nous ?

– Non !

Bien pâle raison que la raison du plus fort. J'ai vraiment du mal avec cette comptabilité qui ne m'est rien mais leur importe beaucoup. La deuxième bassine ira donc à Julian qui n'a pas lu à voix haute depuis longtemps, et la troisième à Coralie parce qu'elle est juste là, devant. Une bassine pour dix.

Je demande à Ambroise s'il veut bien prendre sa boîte à crayons, plumier métallique parallélépipédique, et le préviens qu'elle risque de rouiller car on va la tremper dans l'eau. Ambroise sacrifie fièrement l'avenir de son plumier de fer ; Yanis lève un bras et prend la parole sans autorisation :

– Ouais, je sçais ce qu'on va faire, on va faire flotter des trucs, j'ai déjà fait çsa à la maison, çs'est sçuper !

Et il se précipite à son pupitre, dont il extrait tout un tas d'objets hétéroclites qu'il bourre dans ses poches, boîtier de taille-crayon, petit morceau de bois, cube de papier, gomme, avec l'espoir d'avoir le temps…

– Allons-y !

Et le rang informe se déplie dans le couloir qui sépare nos classes. Nous allons traverser l'école jusqu'aux toilettes des maternelles, bien plus spacieuses, et qui disposent de trois larges lavabos bas et alignés. C'est que mes trente-deux garnements sont difficiles à loger sans trop déranger le voisinage. Naturellement, au bout de quelques pas, Julian a posé la bassine de travers sur sa tête, mimant un soldat stupide au trop grand casque qui se cogne contre les murs. Il ne fait pas de bruit vraiment, seulement quelques gestes saccadés, une superbe grimace qui contrefait remarquablement la stupidité et il lance une petite onomatopée de choc de temps en temps. Il ne fait pas beaucoup de bruit et il est drôle ; je ne peux pas m'empêcher de sourire à son mime. Je l'arrête pourtant :

– Julian, arrête, ou bien Max portera la bassine à ta place.

La coercition est bien petite, et pourtant très efficace. Julian arrête tout de suite. Si je l'avais laissé à sa drôlerie plutôt talentueuse, si, bien pire, j'avais honnêtement ri de ses pitreries qui le méritent, le deuxième porteur de bassine se serait mis à l'imiter, si possible à le dépasser… Les autres auraient alors ri plus fort, puis tenté à leur tour une autre pitrerie, celui-ci avec son plumier, celui-là avec le décimètre cube de plastique transparent… Il en est ainsi des classes nombreuses, à qui la joyeuse pitrerie est malheureusement interdite. De fait, mécaniquement, pas par une sordide volonté de méchants maîtres tristes, coercitifs et réactionnaires… Julian est vraiment drôle, mais je ne peux pas le lui dire… il ne ferait plus que ça !

La troupe arrive près des toilettes des élèves de maternelle, qui n'en sont pas encore tout à fait sortis. Nous devons attendre sans bruit ; c'est à moi de leur demander de se pousser pour laisser passer ceux-ci ou ceux-là ; ils n'ont pas conscience de la place qu'ils prennent ; ils sont préoccupés de leur vie individuelle. Julian cherche son petit frère, un autre fait « coucou » à son cousin, et les petits sont ravis de cet intérêt qu'ils suscitent, n'écoutant plus vraiment leur maîtresse. Quatre grandes filles ont réussi à attirer l'attention de la maîtresse des tout-petits, qui leur enseigne l'anglais aux heures des siestes, par des petits signes de la main et des sourires de connivence auxquels elle répond discrètement. En maternelle, nous ne sommes pas chez nous, mais nous y avons des amis. La vie quotidienne d'une petite école est bien jolie, même s'il arrive qu'on y interdise le port non réglementaire de bassines sur la tête…

Allez, remplissage des trois lavabos larges, que nous obturons avec des bouche-éviers ronds apportés spécialement. Trois groupes de dix, chaque élève doit à son tour aller enfoncer la bassine dans l'eau jusqu'à ras bord et l'y maintenir ; puis un objet plus petit, ici le décimètre cube transparent, là le plumier d'Ambroise, et là-bas le tout petit boîtier de taille-crayon de Yanis, pas peu fier de fournir ainsi du matériel choisi par lui.

Bien sûr, je ne vous raconte que l'essence de l'action, mais pas toutes les vapeurs qui s'en dégagent…

– Monsieur, on voit rien.

– Y a Jacques qui s'avance trop.

– Maël m'a éclaboussé exprès !

– Eh, Ambroise a débouché le lavabo qui se vide…

Rires… Re-remplissage… À chaque enfoncement de bassine ou d'objet plus petit, je leur demande de noter la force nécessaire (forte ou faible), d'observer le niveau d'eau dans le lavabo (haut, très haut…). Trente-deux élèves, c'est beaucoup.

Ensuite, de retour dans la classe, ils s'ébrouent un peu et commentent tout cela :

– C'était super-marrant, même que Julie n'arrivait pas à tenir la bassine dans l'eau et ça a fait ploutch quand la bassine est remontée d'un coup ; on a bien rigolé…

Ils remplissent le tableau d'observation. Force nécessaire, niveau d'eau… Antoine, fils et petit-fils d'agriculteur, arrête de remplir les cases, il est pensif devant le schéma de lavabos et de bassines que j'ai dessiné sur leur page de calcul. Il fait un geste symétrique des deux mains jointes au départ qu'il fait descendre en s'écartant un peu, puis remonter sur les côtés. Il s'arrête un instant et refait le même geste encore…

– C'est normal, monsieur, plus on pousse d'eau avec la bassine, plus on soulève de l'eau autour…

Et il recommence son geste des deux mains… Plusieurs ont levé la tête. Je demande : « Quel volume d'eau est déplacé ? », utilisant soigneusement l'efficace formulation d'Archimède. Antoine n'attend pas l'autorisation de parler :

– La place que la bassine prend… la bassine prend la place de l'eau, alors elle pousse l'eau (il refait son geste) et l'eau monte. C'est celui qui tient la bassine vers en bas qui porte l'eau qui a monté…

Je leur fais retourner la page que j'avais distribuée et lire le premier paragraphe du verso où j'explique à peu près cela avec mes mots, puis je leur raconte l'histoire d'Archimède, à partir du texte tiré d'un dictionnaire :

Vers 200 avant J.-C., le roi de Syracuse, Hiéron, soupçonnait un orfèvre d'avoir mélangé de l'argent à l'alliage d'une couronne d'or. Il consulta Archimède sur un moyen de vérifier la pureté de l'or sans faire fondre la couronne. Archimède réfléchit longtemps : comment trouver la masse volumique d'un objet qu'on ne peut mesurer ? Un jour, dans son bain, il s'aperçut que ses jambes et ses bras, plongés dans l'eau, perdaient une partie de leur poids. Ainsi fut trouvé le « principe d'Archimède » : tout corps plongé dans un liquide reçoit une poussée verticale, de bas en haut, égale au poids du liquide déplacé.
On raconte que, dans l'enthousiasme de sa découverte, il sortit du bain et s'élança dans la rue en s'écriant : Eurêka ! Eurêka ! (« J'ai trouvé ! J'ai trouvé ! » en grec ancien).

Je sens bien que ma classe comprend ce qu'Antoine dit, ses gestes, mon explication. Évidemment, Julian fait remarquer qu'Archimède, s'il sortait du bain, il devait être tout nu dans la rue ! Émile lui assure doctement qu'en ce temps-là, chez les Grecs, la nudité n'était pas un problème. Cela ne fait rien, cette histoire est bien croquignolette tout de même, et elle provoque quelques sourires et ricanements réjouis des garçons du fond et l'inévitable remarque d'une petite fille sage :

– Ah ! monsieur... qu'est-ce qu'ils sont bêtes, les garçons...

Je le sais bien. Je coupe court, mais ils voient bien, au pli de mes yeux, que je ne suis pas loin d'être aussi bête qu'eux. Je ne suis pas assez sévère, c'est mon défaut. Il ne faudrait jamais accepter de rire de leurs bêtises, je n'y arrive pas toujours. Et cela me coûte chaque fois un quart d'heure scolaire perdu, que je n'arrive pas à récupérer, à faire cesser vite. Rappelez-vous ces rares fous rires scolaires, enfantins, collectifs, soutenus malgré lui par le sourire du maître, qui signifie par là, sans le vouloir vraiment, que oui, cet incident, ce bon mot, cette grimace sont drôles, fins et reconnus comme tels. Il y en a dans toutes les classes, et les enfants s'y roulent avec bonheur, sûrs de la drôlerie de l'affaire, puisque le maître rit aussi. Mais, toujours, les moins mûrs tentent de prolonger cette gaieté par des rires plus ou moins forcés ou d'autres facéties, forcément moins drôles, qu'il faut savoir arrêter.

Cette fois-ci, la nudité d'Archimède ne suffit pas à déclencher une de ces crises de rire. C'est que je tiens beaucoup à la suite. Les réflexions d'Antoine étaient remarquables. Il a placé la classe dans un bel état de réceptivité, que les facéties de Julian perturbent, mais dont j'entends profiter. Une classe qui suit, qui comprend est un bonheur bien supérieur à celui d'une franche rigolade collective. Je fais relire le principe d'Archimède une fois, deux fois, trois fois. Puis le fais répéter sans lire, de mémoire, encore, encore, à toi et à toi… Avant de commencer avec eux le premier exercice : calculer à quelle profondeur s'enfonce un cube de bois ou de béton dans l'eau.

Et c'est ici que nos chemins se séparent. Nos chemins ? Je veux dire que mon chemin se sépare du chemin des constructivistes, des expérimentalistes, des « main-à-la-pâtistes » et autres néopédagogues de l'autoconstruction du théorème d'Archimède. Jusqu'ici, ils me lisaient, presque d'accord, presque protecteurs, encourageant ma grille de résultats, souriant à ma trop gentille tolérance vis-à-vis des facéties enfantines… Mais voici les questions qui nous séparent.

Avant d'enfoncer des bassines dans l'eau, mes élèves ont appris, calculé et recalculé des surfaces, des volumes, des décimètres cubes, des masses volumiques… Et l'observation des bassines qui s'enfoncent s'appuie sur des connaissances connues et travaillées ; elle va donc donner lieu à des calculs bien précis, bien encadrés, qui vont illustrer mathématiquement nos bricolages et nos patouillages. Je veux bien qu'on patouille dans l'eau, là n'est pas la question. Mais je veux aussi que la compréhension physique passe par son abstraction qu'est le calcul raisonné. Nous savons calculer quelques volumes droits, nous savons tirer la masse volumique d'un objet, à partir de son poids et de son volume, et nous savons aussi, c'est plus difficile, trouver une hauteur à partir du volume et de la surface de base. Tout cela a été travaillé toute l'année dans une sérieuse progression, la plus simple et la plus limpide possible ; tout cela a été soutenu par une étude progressive des grandeurs et de leurs unités, étude tout à fait parallèle à ladite progression, et qui, pour certains élèves en a été l'ossature. Dans ma classe, on sait que lorsqu'on multiplie des centimètres par des centimètres, on trouve des centimètres carrés ; lorsqu'on divise des kilomètres par des heures, on trouve des kilomètres par heure ; lorsqu'on divise des centimètres cubes par des centimètres carrés, on trouve des centimètres, c'est-à-dire que, lorsqu'on divise un volume droit par sa surface de base, on trouve sa hauteur.

Pour « La main à la pâte », c'est de la bassine innocemment plongée dans l'eau que les petits élèves vont tirer eux-mêmes le principe d'Archimède, la notion de volume, de masse, de poids et de masse volumique. Ils ne connaissent à l'avance aucun calcul de volume car celui-ci n'est plus au programme depuis des lustres, ils n'ont jamais manipulé la moindre unité de surface ou de volume puisque les mathématiques néopédagogiques ont supprimé l'utilisation des unités dans les opérations, comme preuve de leur moderne abstraction mathématique ; cette simple suppression des unités dans les opérations est d'ailleurs à elle seule une explication à quasiment toutes les lacunes de raisonnement mathématique et physique de nos jeunes gens actuels. La première plongée de bassine « à la pâte », virginale bassine, est chargée de générer les capacités, les volumes, le poids, la flottaison…

Mon second problème, destiné aux CM2 qui ont fini avant les autres, est plus difficile. Évidemment, quelques CM1 l'ont réussi aussi. Le lendemain et le surlendemain, nous avons exploré les conséquences du principe d'Archimède en calculant de combien les planches de bois s'enfoncent dans l'eau, en fonction de leur forme, de leur surface de base, de leur masse volumique.

Une grande partie de la classe est très intéressée, mais c'est difficile. Lorsque j'ai proposé à la classe de poser une planche ronde sur l'eau, Gladys m'a interrompu :

– Une planche ronde ? Mais, monsieur, qu'est-ce que vous allez chercher encore ?

Et elle s'est contentée du problème facile. Gladys est toute jeune, elle a le temps. La véritable difficulté de ces problèmes est le calcul de la hauteur d'un volume connaissant sa surface de base. Cette utilisation de connaissances, cette inversion de la multiplication habituelle ne lui est pas encore naturelle. Une certaine pratique, un certain nombre de problèmes mettant en jeu les connaissances sont nécessaires à leur maturation. Il ne suffit pas d'attendre. Il faut faire… et refaire encore. Il faut travailler, que voulez-vous !

Mais sur mes trente-deux élèves, j'ai tout de même une bonne quinzaine de maudits cartésiens en bon état… Avant la fin de ces exercices, Émile est venu me voir…

– Monsieur, toutes les planches de toutes les formes s'enfoncent pareil !

– De tous les bois ?

– Non, du même bois…

– Écris ce que tu penses…

Il revient un peu plus tard avec ceci : « Avec une planche de bois, peu importe la hauteur de la planche, tu obtiens toujours le même pourcentage qui est dans l'eau. Par ex., pour le platane, il y a toujours 65 % d'immergé. » (Le platane a une masse volumique de 0,65 kg/dm^3.)

Cela est tout à fait exact. Et devant ma figure étonnée, il ajoute :

– Ben, si, pour calculer le volume du bois, tu multiplies par la surface de base, hein ? Bon, après, pour trouver la hauteur du volume, tu divises par la surface de base ; alors la surface de base, finalement, elle sert à rien !

Je ne sais pas s'il me tutoie ou s'il s'adresse à un interlocuteur générique. Peu importe, vraiment…

Yanis, de son côté a entamé une dispute technique avec Max :

– Je te dis que cç'est toujours pareil…

– Mais non, c'est pas pareil, ça s'enfonce pas pareil quand la planche est plus grosse…

Ils ne sont gênés que par l'expression imprécise de ce qu'ils ressentent ; si vous lisez bien, dans une moindre mesure, Émile aussi. Pourtant, il exprime déjà, comme des éclairs qui sortent du nuage, des intuitions soutenues de raisonnement, des intuitions qui ne sont plus enfantines, des intuitions contrôlées par sa raison. L'alliance sacrée des produits de sa jolie cervelle de moineau et de ce que l'école lui a appris. Remarquable.

La précision du langage et la connaissance intime de sa structure, qui s'appelle la grammaire, sont les principaux supports du raisonnement, et donc de l'intelligence.

Donc, les néopédagogues ont supprimé l'apprentissage de la grammaire, l'étude du vocabulaire, les unités dans les opérations et l'écriture de la phrase française qui explique ce que l'élève cherche dans son problème…

Les nouveaux programmes rétablissent la grammaire, le vocabulaire, les problèmes… Je n'en demandais pas plus.

Grammaire

> « L'*étude de la grammaire* dont la valeur ne peut être prisée assez haut [...] conditionne le commencement de la culture logique [...] Cette étude est à regarder comme la philosophie élémentaire. »
>
> Hegel, *Textes pédagogiques*, Vrin, 1990, p. 85-86.

Lors de ma deuxième année d'enseignement, Rémi P., neuf ans, lassé par mon obstination et la quantité d'exercices correspondante, m'a demandé :

– Mais, monsieur, à quoi ça sert, la grammaire ?

Je n'ai pas su lui répondre vraiment, tellement il m'était évident que la grammaire est le principal devoir d'un jeune instituteur. Mais j'y ai souvent repensé depuis. Quelques années plus tard, un médiocre inspecteur me reposait incidemment la même question en saisissant entre son pouce et son index méprisants la trop grande épaisseur des fiches de grammaire d'un de mes élèves. Ce n'était plus la naturelle petite paresse enfantine qui s'exprimait, mais bel et bien un militant de l'ordre grammatical nouveau : l'observation réfléchie de la langue prenait le pouvoir. Une autre catastrophe encore. Il s'appuyait sur la petite paresse naturelle des enfants pour en tirer qu'il ne faut plus travailler la grammaire en classe, mais se contenter d'observer la langue, et d'y réfléchir de temps en temps, à la volée de quelques phrases rencontrées. Vous observez les mots… et vous savez les lire. Vous observez la langue… et vous savez l'écrire.

« Pour prendre une image, la grammaire nouvelle est une sorte de guide touristique destiné à visiter des monuments classés, alors que la grammaire ancienne est une école d'architecture où l'on apprend à bâtir des maisons [1]. »

Observer un objet d'étude ne suffit pas à en dégager la structure. L'observation guidée du brin de muguet ne permettra la mémorisation de sa structure simple – feuilles, tige, clochettes – que lorsqu'elle aura été dessinée. Il faut, d'une part, distinguer les éléments, puis effectivement observer leurs liens, puis les reproduire, c'est-à-dire les exprimer. Observer les mots ne suffira pas à faire lire. Il faut être capable avant tout d'en distinguer les éléments, les lettres qui doivent être connues, puis apprendre la façon générale de les lier (*b* et *a*, *ba*), puis écouter le sens du mot lu. Observer la langue ne suffit pas. Et la structure de la langue est un objet beaucoup plus complexe. Il faut à coup sûr

---

1. Claude Duneton, Le Figaro.fr-23/10/2008 (http://www.lefigaro.fr/livres/2008/10/23/03005-20081023ARTFIG00461-ecrasons-l-infame-.php.

reconnaître ses éléments (noms, verbes, adjectifs...), puis discerner leurs liens, leur fonction (sujet de..., attribut de...), puis exprimer ces liens selon une méthode connue de tous, ritualisée presque, l'analyse grammaticale (observation : nom commun, féminin, singulier, sujet du verbe « permettra »). Pour comprendre, il faut faire. Sans rien faire, on ne comprend pas.

Mais si jamais on se contente d'observer la langue telle qu'elle est écrite dans l'actuelle littérature de jeunesse, qui ne connaît qu'un seul style, ne comporte aucun mot inconnu d'un enfant de sept ans, aucune phrase complexe, et bien souvent des phrases sans verbe, alors, on observera seulement la structure d'une sous-langue pour enfants, sans jamais rien faire avec, donc sans jamais la comprendre. Nous avions déjà les sous-dictionnaires pour enfants, ne contenant que le tiers des mots de la langue. Mais enfin, comment un dictionnaire peut-il être volontairement incomplet ? Les mots qu'on cherche sont évidemment des mots qui ne font pas partie de notre vocabulaire ; eh bien, ces mots-là, justement, les seuls mots que les enfants chercheraient, les éditeurs de dictionnaires pour enfants ont pris bien soin de ne pas les inscrire, pour, sans doute, ne pas trop encombrer les esprits jeunes de connaissances inutiles...

Donc ma classe tirera son premier complément d'objet direct de Victor Hugo. Pas moins...

Un peu avant Noël, tous les deux ans, puisque j'ai mes élèves pendant deux années consécutives, je fais lire Cosette, Montfermeil, les Thénardier...

La file de boutiques en plein vent qui partait de l'église se développait, on s'en souvient, jusqu'à l'auberge Thénardier. Ces boutiques, à cause du passage prochain des bourgeois allant à la messe de minuit, étaient toutes illuminées de chandelles brûlant dans des entonnoirs de papier.

… le seau d'eau, la forêt sombre, l'inconnu dans le noir…

En ce moment, elle sentit tout à coup que le seau ne pesait plus rien. Une main, qui lui parut énorme, venait de saisir l'anse et la soulevait vigoureusement. Elle leva la tête. Une grande forme noire, droite et debout, marchait auprès d'elle dans l'obscurité. C'était un homme qui était arrivé derrière elle et qu'elle n'avait pas entendu venir. Cet homme, sans dire un mot, avait empoigné l'anse du seau qu'elle portait.
Il y a des instincts pour toutes les rencontres de la vie. L'enfant n'eut pas peur.

… la poupée, la divine poupée…

La pauvre enfant s'arrêta pétrifiée. Elle n'avait pas encore vu cette poupée de près. Toute cette boutique lui semblait un palais ; cette poupée n'était pas une poupée, c'était une vision. C'étaient la joie, la splendeur, la richesse, le bonheur qui apparaissaient dans une sorte de rayonnement chimérique à ce malheureux petit être englouti si profondément dans une misère funèbre et froide.

… et jusqu'au louis d'or dans l'affreux petit sabot cassé. Il faut au moins deux semaines, à raison de deux lectures de trois pages par semaine, avec les explications quand elles sont nécessaires. Mais Hugo est si grand que, à part quelque vocabulaire un peu désuet, il n'a pas besoin qu'on l'explique. On l'utilise plutôt pour des belles leçons de vocabulaire, de phrases, de description…

La figure maigre et chétive de Cosette se dessinait vaguement à la lueur livide du ciel.

Normalement, les bonnes années, à l'arrivée de la poupée…

La porte se rouvrit, l'homme reparut, il portait dans ses deux mains la poupée fabuleuse dont nous avons parlé, et que tous les marmots du village contemplaient depuis le matin, et il la posa debout devant Cosette en disant :

– Tiens, c'est pour toi.

… ils pleurent en cachette. Tout simplement.

Cosette posa Catherine sur une chaise, puis s'assit à terre devant elle, et demeura immobile, sans dire un mot dans l'attitude de la contemplation.

– Joue donc, Cosette, dit l'étranger.

– Oh ! je joue, répondit l'enfant.

Merveilleux.

Car si l'on veut concurrencer l'envahissante télévision ou les simplistes mangas, il vaut mieux utiliser ces chefs-d'œuvre puissants que les pâles bluettes, quelquefois un peu vulgaires, de l'actuelle prétendue littérature de jeunesse. Ah ! il y en a tout de même un peu de lisible.

Rassurez-vous, les petits Anglais n'étudient plus Shakespeare non plus. Tout va bien…

À la fin de notre premier pavé de Victor, dans une ambiance encore tout effrayée par la sombre forêt, l'eau froide, le poids du seau et la puissante main qui le saisit tout à coup, j'écris au milieu du tableau :

Le complément d'objet direct

La dernière baraque était une boutique de bimbeloterie.
Le poids du seau raidissait ses bras maigres. Une main saisit l'anse du seau.

Le complément d'objet direct d'un verbe est une notion simple à saisir, pour peu que le cas des attributs du sujet et des verbes d'état soit écarté. Donc l'attribut du sujet est étudié avant le complément d'objet direct. Je ne m'étalerai pas longtemps sur des questions qui sont finalement assez professionnelles, assez techniques, seulement pour faire remarquer que le complément d'objet direct n'arrive pas ici au hasard, mais bien au sein d'une progression mûrement réfléchie, qui a posé point à point tous ses jalons de façon à rendre les éléments et la structure étudiés les plus simples, les plus limpides possibles. L'observation, à la volée, d'une fonction, ou d'un type de mot, comme ça, au hasard, est la négation de mon métier, fait de soigneuses progressions, bien pures, bien simples, aux moindres compromis. En deux mots, intelligemment progressives. On pourrait d'ailleurs remarquer, plus précisément encore, que si l'observation autonome par l'enfant des lettres, des mots ou des tiges suffisait, mon métier serait effectivement inutile. Je vous assure que je ne suis pas inutile ; continuez à épargner un peu de vos impôts pour me payer…

Donc l'exemple reprend, avant de commencer vraiment et pour mieux comparer, l'attribut du sujet dans la première phrase ; puis deux compléments d'objet dans la deuxième. Toujours, les nouveautés sont présentées dans la continuité ou par opposition à un objet connu. L'intelligence enfantine se construit ainsi, appariement ou opposition. Rien ne se comprend seul ; le nom n'est nom que par rapport au verbe et par opposition à l'adjectif ; l'addition n'est addition que face à la soustraction et à côté de la multiplication…

Pour mieux percevoir la nouveauté – un verbe d'action, un acteur (le sujet) et un objet qui subit l'action –, j'essaie de montrer quelques exemples physiques, vivants. Si la baraque et la boutique sont la même chose, la main et l'anse sont deux choses bien différentes.

« Le ver grignote la pomme. » Un sujet, une action, un objet qui subit…

« Le cuisinier épluche les légumes. » Un sujet, une action, un objet…

À leur tour…

– Mon frère mange sa soupe. Un sujet, frère, une action, manger, un objet… soupe.

– Ma sœur met ses chaussures… La pomme tombe du pommier… Ah non, pommier n'est pas objet de l'action…

Souvent, l'un deux utilise ce petit jeu de grammaire pour régler des comptes :

– Émile aime Gwenaëlle. Un sujet, Émile, une action, aimer, et un objet de son amour… Gwenaëlle !

La phrase ne se termine pas dans le silence attentif d'une classe de grammaire, mais dans un brouhaha de rires retenus et de deux protestations à mi-voix mais véhémentes… Grammaticalement, il y a bien un sujet, une action sans mouvement, nuance qu'il m'intéresse d'entendre exprimer, et un objet. Socialement, nous avons un observateur attentif et plaisantin, et une bombe à retardement dans ma leçon de grammaire. Émile ne peut pas protester librement pendant une classe de grammaire ; en récréation, ce genre d'assertion se conclut irrémédiablement par une course-poursuite éperdue. Émile trouve une parade adaptée ; il lève la main :

– Max aime Annaïck… un sujet, une action, un objet… et toc !

Max est très petit et Annaïck très grande ; il l'avait bien cherché. Il m'arrive encore trop souvent de tenter de détourner cette malice enfantine au service de la grammaire. Mais cela ne fonctionne jamais bien longtemps.

– Pas deux fois le même verbe, sinon, nous allons tous répéter la même phrase en changeant les prénoms…

– Antoine embrasse Stéphanie !

Protestations…

– Jacques embrasse… euh ! caresse la joue de Chloé…

Rires…

– Répète bien… le sujet ?

– Jacques.

– L'action ?

– Caresser.

– L'objet de l'action ?

– Chloé.

– Non…

Je suis obligé de monter un peu le ton, la plaisanterie a étouffé la grammaire. Le complément d'objet direct est « joue ». Quelquefois, les choses dégénèrent plus vite encore… Julian s'agite, c'est mon tour, c'est mon tour…

– Max crache sur Émile…

Et il se rassoit, tout fier, tout rayonnant, il tente de déchiffrer sur les visages les rires qui marqueraient son succès. Il est un allié de Max. Il reçoit quelques petits ricanements, mais tout le monde sait qu'il a franchi les bornes.

– Sujet ?

– Euh… sujet ?… euh Max.

– Action ?

– Euh… cracher…

– En voilà une belle action… Objet de l'action ?

– Émile…

– Non, Émile n'est pas l'objet de l'action, il est l'endroit où tu craches. Quand le serpent crache son venin, venin est l'objet de l'action !

Ainsi va la vie d'une classe. Centrer sur l'enfant et ses centres d'intérêt, l'enfant réel et ses réels centres d'intérêt… peut ramener à cette excitation régressive. Julian est tellement préoccupé de plaire aux autres, de se faire remarquer qu'il oublie complètement l'exercice de grammaire pour ne plus jouer qu'aux plaisanteries pas très fines. Restons-en donc à notre jolie grammaire.

Mais avant de passer aux exercices, je leur donne encore une autre méthode de reconnaissance du complément d'objet direct, qui a toujours été un sujet de discussion pédagogique.

Remarque : Si on est certain que le verbe n'est pas un verbe d'état (être, sembler, paraître…), on peut trouver le complément d'objet direct en posant la question « quoi ? » après le verbe. Cosette souleva « quoi » ? Le seau ! La main saisit « quoi ? » L'anse !

Poser la question « quoi ? » pour trouver le complément d'objet direct ? Quelle dangereuse technique mécanique, mécaniste même ! Je le sais bien. La technique est dangereuse si elle est trop mécanique, j'en suis bien d'accord. Et je suis persuadé qu'il faut la donner quand même, comme un complément à l'autre technique de reconnaissance, qui n'en est pas une, qui est l'exploitation directe du sens de la phrase, la compréhension de la structure de base de la phrase française – sujet, action, objet de l'action. Il s'avère que les réponses mécaniques, obtenues donc par un simple effort de mémoire et sans trop de réflexion, soutiennent très souvent la compréhension en rassurant l'élève. Tout simplement, les deux techniques sont nécessaires, par compréhension et par mécanique. Certes, l'utilisation de l'unique question « quoi ? » n'amène pas à la compréhension du complément d'objet. Un élève sur vingt, à peu près, tombe dans ce panneau illusoire, et il est souvent bien difficile de l'en sortir. C'est ainsi. À nous de le savoir, de le repérer, puis de faire expliciter chaque fois « sujet, action, objet de l'action » à ces élèves-là. Ils comprennent aussi en sentant, en ressentant.

Mais on ne comprend pas seulement en ressentant les choses, le ressenti ne suffit pas.

Les exercices sont nécessaires.

Exercices

De toute façon, impatients, curieux, inquiets quelquefois, ils attendent les exercices.

– Monsieur, on va avoir à faire ça après ? demande souvent Gwenaëlle en considérant, au tableau, une opération un peu longue ou une proposition subordonnée qui déborde un peu de la leçon.

Ou bien encore, le jour de la surface du cercle, Annaïck a demandé s'il faudrait découper ainsi tous les cercles en tranches rien que pour calculer leur surface.

Yanis, lui, s'inquiète surtout de la longueur d'écriture :

– Monsieur, on a le droit aux abréviations ?

– Non, je ne veux pas voir « COD » qui finit par n'avoir aucun sens, j'attends que vous écriviez « complément d'objet direct ».

– Pfff ! (soupir discret)… Alors on peut écrire « compl. » au lieu de complément et « sing. » au lieu de singulier ? Il y a dix mots à analyser, quand même, c'est long…

Quelquefois, je cède. D'autres fois, quelques grandes filles s'opposent :

– Mais moi je m'applique à tout bien écrire… Alors lui aussi !

Yanis trouve toujours que sa main va moins vite que sa tête. Un jour où je protestais contre son écriture relâchée, il me répond gentiment – il n'est pas insolent, il explique seulement, il est pragmatique et logique :

– Bon, monçsieur, il va falloir que vous choisissçiez, sçoit j'écris bien et doucçement, sçoit j'écris vite et pas très bien…

– Yanis, là (et je pose mon doigt sur sa page) est-ce « pas très bien écrit » ? Ou complètement illisible ?

– Euh… oui, là çse n'est vraiment pas très bien du tout…, convient-il avec un sourire qui désarmerait un vieil adjudant.

D'autres fois, pourtant, il considère l'exercice que je propose avec un sourcil relevé plus haut que l'autre, sourit et s'exclame, selon une formule à la mode dans notre école…

– Mais çs'est cadeau, çsa, m'çsieur !

Lorsqu'un père montre à son fils, sa fille un petit jeu nouveau, un petit tour de passe-passe, un petit dessin facile, l'enfant regarde ; s'il n'a pas bien vu, il demande : « Encore » ; et le père lui montre à nouveau… Finalement, l'enfant ouvre la main de son père, il y prend le jeu, le crayon, le truc…, il dit : « À moi, à moi… » Et il essaie.

La première tentative, en général, n'est pas couronnée de succès. Le père montre encore, place lui-même les objets dans les mains du petit, enveloppe même quelquefois la petite main dans la sienne et la guide. Il fait passer le geste nouveau de sa main à celle de l'enfant… Et le petit recommence, « à moi, à moi… » Il a déjà oublié son dernier échec… il croit qu'il pourra, il espère, il veut ; il veut faire tout seul ; il déplie la main de son père, il la replie, il prend lui-même l'aide dont il a besoin, il la repousse quand il ne la veut plus. La deuxième ou la troisième tentative sera la bonne. Après, il sait faire. Alors il refait, et il refait, et il refait, longtemps ; il savoure son nouveau savoir, et ainsi il s'entraîne ; les adultes sont lassés, mais il continue encore. « Va jouer plus loin… » Il va jouer tout seul. Quand il sait vraiment faire, il se lasse à son tour. Il recommencera demain… et puis, on passera à autre chose, son père lui montrera un autre objet à dominer… Un vélo, des lettres à tracer, une balle à lancer, des patins à roulettes… Les premières dizaines de mètres de petit vélo sans roulettes ne se font jamais que sur un vélo retenu à la selle par le papa plié en deux qui court derrière…

« Montre-moi, montre-moi, à mon tour, ah non, je n'y arrive pas, montre-moi encore, ça y est j'ai compris, euh, non, ça ne marche pas, si ça y est, j'y arrive, j'y arrive… Youpi, regarde comme j'y arrive bien. » Tant qu'ils n'ont pas fait eux-mêmes, seuls, rien n'est compris.

« Laisse-moi, je sais faire ! » disent-ils souvent pour se débarrasser de notre aide envahissante.

Donc, pour comprendre, il faut faire. Donc, pour avoir compris, il faut avoir fait. Tout seul.

Alors, il faut des exercices après la leçon.

Un jour, mon fils aîné qui est un peu savant répondait à mes questions au sujet de l'espace vectoriel, devant lequel mes paresses d'adolescent m'ont laissé en plan.

« … Mais je n'ai commencé à le comprendre qu'après l'avoir utilisé ! »

Je ne comprends toujours rien à ce maudit espace vectoriel, que je n'ai jamais utilisé, mais il a bien confirmé ce que je sais de mon métier. Il faut utiliser. Cela ne suffit certes pas, mais il faut avoir « fait avec ».

Il faut des exercices après la leçon.

Depuis trente ans, depuis qu'une idéologie sommaire qui voudrait se faire passer pour une science a pris le pouvoir, les exercices d'application sont proscrits. La découverte initiale les remplace : la « situation-problème ». La découverte de l'objet que l'enfant étudie serait l'intelligence qui permet d'en concevoir la structure. Il regarde le brin de muguet, il comprend la structure tige, feuilles, clochettes. La découverte permettrait de « comprendre », d'« aller au sens », comme ils disent. La pédagogie moderne donne à voir et à entendre ; c'est gentil. Mais il faut aussi donner à faire. Car ils jugent les exercices d'application mécaniques, mécanistes, un peu bêtes, sans aucun intérêt puisque, après une leçon sur l'addition, par exemple, les exercices d'application demandent forcément des additions [1], et n'ont donc pas d'intérêt.

---

1. Roland Charnay, agrégé de mathématiques, responsable des programmes de 2002 et 2005, lors d'une conférence pédagogique à Rennes en 2006.

Alors, après une leçon sur l'addition, les élèves modernes n'effectuent presque pas d'additions, n'utilisent plus d'additions, n'ont presque pas d'exercices ou de problèmes avec des additions. J'ai compté en tout et pour tout six problèmes dans un des livres de maths de CE2 les plus répandus en France, alors que mes élèves de CE2 en ont résolu plus de trois cents. Les plus rapides d'entre eux ont résolu quatre ou cinq cents exercices et problèmes dans l'année.

Un problème, depuis au moins le CE1, se présente toujours de la même façon : une phrase française dit ce qu'on cherche ; une opération en ligne trouve le résultat qui s'écrit derrière le signe égal, tous les nombres ayant leur unité inscrite.

Les 3 paquets de bonbons coûtent :
1,20 € x 3 = 3,60 €.

L'opération en colonne est à droite, sans unités, avec sa preuve par neuf si possible. Lorsqu'il y a plusieurs étapes, chaque étape doit être explicitée par cette phrase qui est l'initiation au raisonnement. Quatre étapes ? Quatre phrases et quatre opérations… Cette fixité de la forme, qu'il faut exiger, est une de ces nécessités fondamentales que les didacticiens ont jetées sans souci. J'ai tenté déjà d'en expliquer les causes. Dans un véritable livre de pédagogie, on pourrait détailler ces questions de forme, parce qu'elle évolue tout doucement avec l'âge et le niveau scolaire. Une progression scolaire contient les éléments de connaissances progressivement abordées, mais aussi la progression de la forme que revêtiront les exercices autonomes des élèves ; ce serait trop long à détailler ici, mais, bien souvent, la forme contient le fond ; une équation contenant des additions et des produits n'est qu'une autre forme de ces raisonnements à déroulement planifié par lesquels il est nécessaire de passer.

Les CM ont appris le complément d'objet direct. Ils vont en avoir quinze à reconnaître dans la journée, une demi-douzaine le soir à la maison, et encore trois ou quatre vendredi, après la dictée. La plupart du temps, ces exercices de reconnaissance revêtent la même forme : l'analyse grammaticale.

Une main saisit l'anse du seau.

anse : nom commun, féminin, singulier, complément d'objet direct du verbe « saisit ».

seau : non commun, masculin, singulier, complément du nom « anse ».

Ici aussi la progression de cette forme commence avec la progression de la grammaire. Lorsqu'ils ne savent que la nature des mots, ils n'inscrivent que la nature du mot. Lorsqu'ils reconnaissent le genre et le nombre, ils l'inscrivent dans leurs exercices… La forme immuable et connue de l'exercice laisse ainsi toute la réflexion sur la question posée. Et la réponse y est libre : elle peut être bonne ou fausse. C'est dans ce genre de question que la jeune Annaïck a découvert ce qu'était, justement, le poids de la véritable liberté scolaire :

– Parade : nom commun, masculin, euh, non, féminin… singulier, complément du… non, sujet du… euh…

Et voilà qu'elle est libre de choisir ce qu'elle veut… et que sa pensée a de la valeur, si elle est juste. Il y a eu des pseudo-philosophes pour s'attaquer à la valeur de cette pensée, à cette liberté-là, qui n'en serait pas une ? Allons, quel recul épistémologique ! Mais quel recul éducatif aussi ! Cette petite liberté-là est le chemin de l'autonomie intellectuelle. Les néopédagogues le barrent.

La maîtresse de grande section explique :

– Le 5 est un gros bonhomme avec un dos bien droit (elle trace en parlant un très grand cinq au tableau, du plat de la craie), un grrros ventre et une petite casquette bien horizontale qu'on trace à la fin ! Sa casquette protège son gros ventre de la pluie. (Rires.) Quand on s'habille, on met sa casquette au début ou à la fin ?

– À la fin !

– Alors on ne trace la casquette du 5 qu'en dernier !

Elle leur fait mimer de tracer à grands gestes dans le vide… On reconnaît les maîtresses de petits à leur faculté d'écrire devant elles dans le vide à l'envers, pour que leurs élèves voient l'endroit.

Et puis, et puis, ils ont trois lignes de 5 à tracer sur leur feuille, par ailleurs agrémentée d'un joli dessin, mais ils ont trois lignes de 5 à tracer. Dans la première ligne, les 5 sont tous tracés en pointillés, avec un point et une petite flèche qui montre où commencer. Dans la deuxième ligne, seuls les points de départ avec leur petite flèche apparaissent. Dans la troisième ligne… on se débrouille tout seul. La liberté, cela s'apprend.

La liberté ? critiqueront les didacticiens que je malmène à longueur de pages ; mais il n'y a aucune liberté dans ces exercices d'écriture réactionnaires où les petits élèves sont contraints de respecter scrupuleusement des conventions qu'ils n'ont pas établies eux-mêmes.

La liberté d'aller et de venir, la liberté irresponsable, la liberté inconséquente n'est pas un des buts de l'école. Vous pouvez, vous, si vous le souhaitez, laisser votre enfant de dix-huit mois libre d'aller et venir sur le trottoir d'une rue à fort passage automobile ; vous aurez alors rapidement conscience que la liberté a un prix, et donc qu'une liberté gratuite n'en est pas une. Le mauvais tracé du 5 a un prix moindre, mais il a un prix : tracé « comme on veut », le 5 sera illisible ; personne ne pourra le lire et donc aucun travail arithmétique rigoureux ne sera possible pour cet élève. Un 5 qui commence par la casquette dégénère très vite en S, ce qui, pour des enfants petits confondant droite et gauche, est terrible, car le 2 aussi, si on ne lui maintient pas sa pointe arrière, se transforme en S, mais à l'envers...

Alors, dans cette classe, si un 5 est mal tracé, si un 5 est commencé par la casquette – et la maîtresse voit tout –, il est barré, en rouge. Et le petit élève n'a pas droit à sa médaille d'or. Eh oui, cette maîtresse a un feutre large à encre dorée, et quand le travail est tout bien fait – ou seulement mieux que d'habitude pour un petit qui a du mal –, la maîtresse dit à l'enfant : « Médaille d'or », et elle trace une rapide médaille au coin de sa feuille, que les petits élèves de six ans montrent le soir très fiers à leur maman. Chaque lettre de l'alphabet, chaque chiffre est ainsi tracé dans un graphisme précis et exigeant, dans l'ordre, en respectant toutes les conventions de notre écriture. Tracé, et retracé…

– Le *m* et le *n* sont des frères, ils se ressemblent, mais ne sont pas les mêmes… Ce sont des « ponts » (graphisme connu de moyenne section). Traçons le *m* : et un, et deux, et trois, queue en l'air ; traçons le *n* : et un, et deux, queue en l'air…

Et ainsi pour toutes les lettres…

La grande section doit s'occuper des lettres une à une, les tracer, les entendre et les réemployer dans des exercices d'écriture et de lecture. La grande section est l'année des lettres – et des chiffres.

Cessons donc de nous leurrer nous-mêmes en nous efforçant de nous plier à cet inepte ludisme perpétuel qui sert de commentaire à toute innovation ; il faut travailler, que voulez-vous ! Et le travail, parfois, est un « cadeau » !

Liberté, égalité

Encore une conférence pédagogique. Il n'y a rien de mieux pour entendre le fond du discours qui a détruit l'école. Cette fois, une spécialiste des mathématiques, didacticienne à l'IUFM de C., corédactrice des programmes de mathématiques de 2002, est venue nous dire le bon chemin, tous frais payés par l'éditeur scolaire qui nous attend dans le couloir de sortie, derrière sa table de nouveaux manuels.

Tout heureux d'avoir réussi à trouver un vidéoprojecteur, et un rien obséquieux, les conseillers pédagogiques et l'inspectrice sont fiers de nous présenter une telle sommité de l'Éducation nationale. Ils l'applaudiront tout à l'heure. Depuis une dizaine d'années, les professeurs des écoles ont pris l'habitude d'applaudir les conférences pédagogiques, toutes les conférences pédagogiques. Les inspecteurs applaudissent pour montrer l'exemple, et les professeurs des écoles du premier rang – ceux du Sgen [1] – suivent, puis toute la salle concède bientôt à un vulgaire prof de maths, qui n'a obtenu son agrégation que par décret du ministère et qui n'a pas enseigné plus de quelques heures devant des CP ou des CE2, un hommage que Dumézil ou Derrida n'ont reçu qu'après quatre-vingts ans, lorsqu'ils venaient modestement tenter de redonner la fleur du sel du travail de leur vie à quelques étudiants chanceux et très conscients de l'être.

Celle-ci a dit son nom que je n'ai pas entendu dans le brouhaha ; c'est une grande femme maigre et altière, à l'air intelligent et vif, que je crois avoir rencontrée depuis dans un débat de la Société mathématique de France. S'il s'agit bien de la même personne, celle-ci, au moins, a vraiment obtenu son agrégation ; les mathématiciens de mon groupe se sont interrogés devant moi :

– H. ? Elle fait des maths ?

– Ah oui, c'est elle qui a démontré... (je ne saurais vous dire quoi) et elle a travaillé avec X sur la... *(idem)* !!

– Ah, bon, alors, ça va... !

J'aime les mathématiciens, je veux dire les vrais. Ils ont une valeur commune, la seule valeur intangible de l'humanité, ils ne parlent que du vrai. Ils semblent désintéressés, désintéressés d'argent, de belles voitures, quelquefois de bonheur et de confort, parce qu'ils sont intéressés de vérité et du système qui permet de la

1. Syndicat Général de l'Éducation Nationale, syndicat enseignant affilié à la CFDT.

prouver. « Elle fait des maths ? – Oui. – Alors, c'est bien. Nous pouvons nous comprendre. »

Mais je n'applaudis pas facilement, en particulier les conférences pédagogiques dont le but principal est de « gourou-iser » un peu plus encore le dernier destructeur de divisions à la mode. Car cette conférencière, toute mathématicienne qu'elle fut peut-être, en veut à la division. Cette conférence qui avait pour but de nous raconter les nouveaux programmes de l'époque nous a en fait suggéré, nous a surtout invités, poussés…

– Chers collègues, reconnaissez que la division… ne doit être qu'abordée à l'école primaire… (Sourire entendu de la salle)… Chers collègues, entre nous, on peut en dire un peu plus encore, la division pourrait sortir sans dommage du cursus primaire pour n'être abordée qu'au collège… n'est-ce pas, chers collègues… ?

Sourires et hochements de têtes du devant de la salle… Indifférence polie à partir du quatrième rang. Au fond, grognements de mon voisin :

– Mmmh ! Mais que dit-elle ?

– Qu'il faut supprimer la division ; il ne faut plus faire de divisions à l'école !!! (Et, plus fort :) Mais, madame, l'apprentissage de l'algorithme de la division n'est pas du tout au programme du collège qui n'aborde cette question qu'à travers les fractions…

– Ah ! Nous n'avons pas de tableau à craie ici… et c'est bien dommage, car je vous aurais demandé, monsieur, de descendre ici montrer devant tout le monde comment on peut l'apprendre au primaire… On aurait pu voir l'impossible…

Je ne dois mon salut qu'à la modernité vidéo-informatique… tant il est vrai que la division s'apprend sur un tableau à craie…

– Mais je veux bien, madame…

L'absence de tableau noir dans cette salle servira de prétexte à tout le monde ; je ne me voyais pas construire en cinq minutes une telle progression du CP au CM2 devant trois premiers rangs imbus de leur hostilité. Mais la conférencière semble, de son côté, s'accommoder fort bien, finalement, de l'absence de tableau pour éviter de me donner la parole.

À partir de là, le ronron consensuel de la conférence est rompu. C'est fini. Plus rien ne passera. Le reste sera du temps perdu. La salle s'opposera, au moins par inertie. Les jeunes collègues me diront à la sortie :

– Oui, tu as sans doute raison pour la division… mais quelle agressivité…

Cela étonne encore mon voisin grognon, qui est un homme très honnête et très droit, et qui n'a pas perçu l'agressivité de mes propos. Il en est toujours ainsi, le ressentiment collectif s'exprime souvent contre le trublion, l'original qui se lève pour alerter, pour demander. Celui qui n'applaudit pas avec le chœur.

Ainsi, je n'applaudis jamais les conférences pédagogiques, je prends le temps de les analyser. Et cela peut prendre un moment. Lors de celle-ci, par exemple, ce n'est pas tant cette stupide haine de la division, déjà connue, qui m'a marqué. Pourtant, cette mise à l'écart de la division, cette suppression de l'étude de l'algorithme est bien plus grave encore qu'il n'y paraît. La division effectuée à la main génère certains quotients qui n'en finissent pas ; la pratique de la division à la main permet de prouver que ces nombres ne seront jamais exacts parce que certaines divisions provoquent obligatoirement des séries régulières de chiffres au quotient décimal. Ce sont les nombres rationnels qui forment un « corps » (Q), autrement dit les fractions. L'algorithme de la racine carrée, lui, génère certaines racines qui n'en finissent pas non plus, que l'on ne peut qu'approcher, mais dont les chiffres qui s'alignent n'ont aucune raison de se ranger en séries régulières : ce sont les nombres irrationnels. Toute la théorie des nombres dépend donc de ces deux algorithmes qui, bien sûr, ont été supprimés du cursus, que plus personne n'étudie jamais, ni à dix ans, ni à quinze ans, puisque les calculettes le font pour eux.

Dans cette conférence pédagogique-ci, c'est une petite remarque de rien, une petite parenthèse de la conférencière qui m'a un peu choqué, mais je n'ai rien dit et j'y repense régulièrement depuis. Elle concerne le signe « égal ».

– Il faut laisser les élèves s'exprimer librement, au brouillon, dans un travail de recherche, explique la conférencière. Quelquefois, dans une situation à deux étapes, il peut arriver qu'un élève rajoute un nombre au produit déjà trouvé. Je vous donne un exemple : huit livres au même prix de 3 €, puis des frais de livraison de 5 € ; les élèves calculent : 8 x 3 = 24. Et puis, ils réfléchissent à la suite et rajoutent les frais, ce qui est bon : 8 x 3 = 24 + 5 = 29. Prix total : 29 €… Je sais bien que c'est faux, mathématiquement, car la chaîne des égalités est rompue : huit fois trois n'est pas égal à 24 + 5. L'un vaut 24 ; l'autre vaut 29 ; on ne peut écrire le signe « égal » entre 24 et 29. Pourtant, le raisonnement est bon ; nous devons donc tout simplement laisser passer cette erreur, somme toute minime, puisque nous aussi, dans la même situation, aurions écrit les choses ainsi. Peu importe que 8 x 3 n'égale pas 24 + 5 !

Il se trouve que, dans ma classe, je combats systématiquement cette écriture, parce qu'elle est illicite, fausse, parce qu'elle ne respecte pas le signe « égal » ; pourtant, sur mes propres brouillons, lorsque je calcule ce genre de chose pour moi, j'avance par étapes et néglige sciemment le respect du signe « égal » ; je fais comme elle a dit, et j'empêche mes élèves de le faire. Ce que j'accepte pour moi, je ne l'accepte pas pour mes élèves petits. Inégalité de traitement ; le soupçon toujours sous-jacent d'autoritarisme inutile, de mauvais traitement presque, envers plus faibles n'est pas loin ; ils ont le droit d'utiliser les raccourcis que les adultes utilisent. L'autorité du maître ne peut être prétexte à de tels excès de zèle.

Voire ?

Cette petite considération d'une conférencière prescriptrice de programmes nous renseigne bien plus précisément encore que sa stupide haine de la division posée. Elle considère tout simplement que les élèves sont déjà des adultes mathématiciens. Elle leur donne le droit de ne pas respecter une forme contraignante, qui est uniquement destinée à faire comprendre la réalité du sens du signe « égal » à des élèves qui ne le connaissent pas.

Lorsque vous ou moi écrivons 8 x 3 = 24 + 5… sur notre carnet de courses, nous savons pertinemment que nous ne respectons pas la forme qu'impose le signe « égal ». Notre écriture elle-même, sur le carnet de courses, est un griffonnage assez informe, qui ne respecte pas non plus la forme légitime des lettres, mais que pourtant presque tout le monde peut lire, et surtout nous-mêmes, qui allons l'utiliser tout à l'heure.

Les élèves de neuf ans ne respectent pas la forme imposée par le signe « égal » parce qu'ils ne connaissent pas encore le sens véritable du signe « égal », son sens profond, et parce qu'ils sont naturellement portés à la négligence, à ces petites paresses qui permettent d'aller plus vite. Ils négligent ainsi une forme qui serait leur moyen d'accès au fond de la question. La compréhension directe du sens du signe « égal » n'est pas possible.

Au début de la scolarité, le signe « égal » n'est qu'un signe purement formel pour les élèves : il indique seulement l'endroit où le résultat de l'opération doit être écrit. Il n'a pas d'autre utilité ni d'autre sens. Il est déjà bien assez complexe – plus une notion est simple, pure, plus elle est difficile à comprendre – pour des petits de différencier le « plus » du « égal », jolis petits dessins qu'on utilise très, très différemment. Le « plus » leur indique quelle opération faire. Le « égal » leur montre où écrire le résultat. Pas plus.

Alors, comment donc des élèves petits vont-ils pouvoir comprendre que les deux objets situés de chaque côté du signe « égal » ont la même valeur ? Ils vont comprendre le fond de la question en étant contraints régulièrement à respecter la forme que ce fond impose. C'est lorsque le maître leur enlèvera un point ou leur comptera une erreur devant leurs écritures d'égalités erronées comme 3 x 8 = 24 + 5 ; c'est seulement en ces occasions qu'ils vont être poussés par leur amour-propre à tenter de comprendre pourquoi le maître est si pointilleux sur une simple question de forme. Le maître n'enlève pas de point pour un trait de séparation tracé à quatre carreaux plutôt qu'à cinq. Mais il enlève des points pour une simple paresse de descendre à la ligne d'en dessous y écrire entièrement la seconde opération.

L'âge primaire, âge de l'enfance, est l'âge du respect de la forme des choses.

D'autant plus lorsque la forme n'est qu'une conséquence du fond.

L'adolescence, la fin du collège, est l'âge du refus des formes – les cheveux longs quand les parents les ont courts, les cheveux courts quand les parents les ont longs, mais aussi les hideux clous noirs dans les sourcils, ou les cheveux en crêtes rouges… qui ne sont que des questions de forme sans intérêt ; l'adolescence est donc l'âge qui permet de commencer à apercevoir le fond des choses : il est des formes qui sont conventionnelles et sans intérêt ; il en est qui sont fondées.

Pour pouvoir simplement être capable de renverser certaines formes à l'adolescence, il faut qu'elles aient été installées dans l'enfance, à l'âge où tout l'être aspire à la conformité.

« Hein, maman ? C'est bien comme ça ? C'est comme ça qu'il faut faire ? »

Pour être capable d'écrire 8 x 3 = 24 +5 il faut absolument avoir compris la réalité du signe « égal ». Un élève de seconde, qui a résolu toutes les équations du premier degré de la terre, a le droit de rajouter les 5 € de frais comme ça, sans précaution, parce qu'il sait pertinemment qu'en l'écrivant ainsi il rompt l'égalité.

Le laisser faire à un élève de primaire est tout simplement destructeur. Pour être plus précis, c'est un geste éducatif inverse, c'est un geste anticonstructeur. La grande inspiratrice des avant-derniers programmes de mathématiques travaillait à l'abrutissement des nouvelles générations. Elle ne le savait pas. Elle croyait qu'elle les sauvait de l'abrutissement calculatoire de petits enseignants un peu stupides comme moi, un peu mécanistes, un peu bêtes ; de pauvres instituteurs pas assez préoccupés de compréhension, de sens profond... En réalité, elle empêche toute approche intellectuelle du fond des mathématiques, qu'elle aime sans doute et qu'elle pratique à un haut niveau, parce qu'elle ne connaît rien à l'enfance, sinon les quelques dogmes usés et faux qui se répètent niaisement depuis 1968.

« Laissez l'élève libre d'écrire comme il veut. »

Non.

Apprenez-lui à écrire, apprenez-lui la forme exacte des choses, apprenez-lui à la respecter. Vous le rendrez libre. La liberté d'un petit de huit ans n'est pas la liberté d'un adulte. Le petit élève de ma classe n'est pas non plus un ouvrier écrasé par la vile exploitation capitaliste que son maître d'école lui imposerait. Il est un enfant en train de domestiquer lui-même son intelligence.

Au début, avant huit ans, il lui faut apprendre à faire exactement ce qu'on lui dit de faire. C'est une étape, aujourd'hui sautée. Ensuite, il faut lui apprendre à faire tout seul ce qu'on lui dit de faire. Puis, après l'adolescence, il faudra lui apprendre à faire ce qu'il veut… Les modernes didacticiens jouent avec les éléments fondamentaux de la vie de leurs élèves, sans précision, sans précaution, sans connaissance, sans intelligence. La didactique, dans son état actuel, devrait rejoindre l'alchimie et la casuistique dans les poussiéreux placards de la bêtise historique de l'humanité.

Pour ce problème de huit objets à 3 € pièce avec 5 € de frais, il fallait exiger – oui oui, exiger, l'exigence du maître est son seul véritable cadeau à l'élève :

Le prix des 8 objets à 3 € est :[2]

3 € x 8 = 24 €.

Le prix de revient, avec les frais, est :

24 € + 5 € = 29 €.

Après, avec les élèves qui savent faire cela, et qui ont compris pourquoi ils le rédigent ainsi, on pourra introduire des parenthèses et une seule ligne pour l'opération, pas avant…

---

2. Remarquez que l'on fait toujours, par convention pédagogique primaire : 3 € x 8 et non pas 8 x 3 €, et qu'ainsi la multiplication élémentaire n'est pas commutative.

Fraternité

Jo est née à Madagascar. Elle est toujours coiffée, vêtue, arrangée avec soin et presque élégance. Ses cheveux très frisés sont tantôt tirés en arrière, tantôt libres et épais, mais toujours coiffés, soignés. Elle a le visage un peu triangulaire, le teint caramel, métis. L'émotion fait pâlir les ailes de son nez. Quand les autres lisent à voix haute, elle suit soigneusement le texte lu de son doigt, elle lit à voix très basse, et je l'entends ralentir ou accélérer son débit pour dire ses mots exactement au même moment que l'élève qui lit à haute voix. Elle demande toujours à lire, à écrire au tableau, à répondre. Elle lève le doigt et m'appelle : « Maître, maître ! » Cette façon de dire n'est pas la tradition ici. Elle nous l'apporte d'une autre école. Elle répond souvent aux questions sur le sens précis des phrases, des paragraphes. Elle comprend assez finement tout ce qui se lit ici – en ce moment, *La Petite Fadette*, texte intégral : « Pourtant, Landry est très gentil avec Sylvinet, je crois que Sylvinet est un peu jaloux, mais il a tort… » Quand arrive son tour de réciter la poésie devant tout le monde, elle se plante comme les autres face à la classe, puis se ravise et se tourne d'un coup vers moi, et elle récite, ses yeux noirs exclusivement plongés dans les miens, sérieuse, dans un élan de confiance semblable à celui qui permet de se jeter du haut du grand plongeoir. Ces moments de grâce me font sentir à quel point ma profession est la plus belle et la plus précieuse du monde. Jo sait lire mais ne savait pas écrire. Elle « tournait » tous ses « ronds » à l'envers, ce qui donnait à son écriture une allure confuse, hors lignes, illisible. Elle profite de trois demi-heures de ce soutien quotidien récemment mis en place : la maîtresse de grande section lui réapprend à former ses lettres. Comment une petite fille avec un tel désir d'école, un tel amour de l'école et du travail scolaire a-t-elle pu manquer à ce point l'apprentissage des lettres ? Tout simplement parce que son école ne les lui a pas apprises. L'école moderne n'apprend plus à écrire les lettres. Il lui restait un soir sur quatre sans demi-heure supplémentaire, par crainte de surcharge. Elle n'a eu de cesse d'obtenir le droit de venir au petit groupe de calcul que je tiens le lundi. Les rythmes scolaires ne la fatiguent pas, ne l'ennuient pas, elle les aime. Va, petite Jo, avance encore, et que l'école publique t'accompagne au plus loin que tu pourras.

Max est un galopin de cour de récré, un bagarreur impénitent, un vrai gars, avec des cheveux noirs maintenus en brosse piquante par une sorte de gel luisant qu'il applique en quantité chaque matin. Il a toujours un sourire en coin, une mauvaise blague en préparation, une remarque incongrue en attente. Gladys dit qu'elle l'aime, et il affecte l'indifférence. Il me rend sa rédaction sur l'automne, négligemment, du bout des doigts, il me la jette presque avec une moue… « De toute façon, je n'aime pas écrire des rédactions, c'est des trucs de filles ; j'aime que les maths… » C'est vrai qu'en maths, quelquefois, il voit loin et juste, mais toujours avec le sourire en coin. Pourtant, sa rédaction, certes un peu courte, ne cache que quelques fautes d'orthographe…

Je traverse une forêt automnal avec plein de feuilles qui tombent. Par terre, il y a tellement de feuilles que l'on dirait un immense lit douillet cent pour cent naturel. Les écureils courent dans tous les sens pour trouver de la nourriture pour l'hiver. Les insectes commencent à mourir dans tout ce froid. Les arbres se vident de leurs verdeurs. Les belles feuilles vertes se détache de leurs branches comme ci une force les attirait au sol. Et dès que l'hiver est là les arbres vides jouent à faire les morts.

Je ne corrige aucune faute à l'avance, tout est de lui ; sa « verdeur », il semble y tenir. Le « lit douillet cent pour cent naturel » est vraiment de lui, quant aux « arbres vides [qui] jouent à faire les morts »… Alors, vraiment, les rédactions, c'est que des trucs de filles ?

Elle est arrivée d'Afrique, un matin d'hiver, encore tout éberluée de ce changement de monde, de climat.

Elle s'est assise sagement à la place que nous lui avons donnée, dans sa classe d'âge, inquiète tout de même et regardant soigneusement en silence tout ce qui l'entourait, vérifiant comment les autres s'asseyaient avant de s'asseoir elle-même. Mais elle n'a rien pris de sa première matinée : elle ne lisait pas. Pourtant, le cahier ramené montrait d'énormes additions et de longs problèmes de certificat d'études, mais elle ne lisait pas. Rapidement, la maman a vérifié sa vue, et des lunettes lui ont redonné le sourire qu'elle gardait pour elle. Nous avons sciemment triché sur son âge et l'avons installée, sans rien dire à l'administration, dans le CE1-CP. Et nous lui avons appris à lire discrètement, mais vite. Soutenue à la maison, elle a pris la question scolaire comme une question de survie et, par son travail et son intelligence, elle a fait deux années scolaires par an. Je l'ai mise en sixième à treize ans, en bon état scolaire. Elle était grande déjà, se tenait droite et fière, le regard dur quelquefois, lorsqu'elle ne comprenait pas : « Ah ! monsieur, c'est vous qui avez dit que… et j'ai fait comme vous avez dit ! Alors ! » ; mais son sourire radieux ne tardait jamais après le petit orage. Elle oubliait quelquefois, en dictée, les *r* que son accent africain ne prononce pas. Mais elle savait accorder sans effort tous les verbes et les adjectifs…

Du climat de la planète au chevalier Bayard, tout l'intéresse. Grand Pierrot lunaire aux longues joues grêlées de taches de rousseur, il lève sans arrêt le doigt pour dire, pour raconter ce qu'il sait, les dinosaures, les champignons, les panzers, et il sait tout un tas de choses, il a des connaissances éparses et variées. Mais dès qu'il faut les écrire, il ne peut pas. Les parents nous le présentent comme dyslexique, cela les rassure. Pas moi. Il a plein de choses à dire, sur l'automne, par exemple, peut-être plus de choses à dire que Max, mais voilà…

Promenad

*Une prom***ende jantan** *le bruit perpetuel***le** des des feuill**e** *sous tou***t** *ses arbr***e** *chanter. Avec leur musi***c** *naturelle, je vois toute* **set** *si belle végétation* **o***tour de moi si petit les papillons qui* **sen***volent. La* **port** *de la* **natur** *souvre à* **senut** *qui* **fon at***tention* **a** *elle.* **au s'***animaux qui y viv***e** *et qui y vivron***s jespair***. Par***sce lomme** *sa***c***age la* **natur alor** *il fau***x** *fair a***t***tention* **a** *elle. Et si elle meu***r** *nous mourons.*

L'école ne lui a pas appris à lire. Il est sans doute tombé sur mon collègue Freinet qui voulait discuter de théorie, avec sa méthode naturelle par devinette. « La port de la natur », pas de *e* en fin de mot : méthode fondée sur la première syllabe, méthode par hypothèse, de plus, phonétique, car en phonétique le *e* final des mots français n'existe pas. Mais « senut » pour « ceux » montre encore plus à quel point on ne lui a rien appris. Il ne se rappelle plus bien quel couple de lettres *en* ou *eu* donne le son [eu] : il ne le sait pas. Mon Pierrot lunaire a subi la conjonction fatale de deux causes : il est un garçon très inattentif, « planeur », qui a subi une méthode de non-lecture par hypothèse, phonétique et par albums. Nolwenn aussi était très inattentive, mais elle a subi une méthode alphabétique, et elle est en train de resserrer ses boulons de semaine en semaine. Pierrot, lui, ne sait pas lire, il en souffre terriblement, on l'a handicapé à vie. Je suis furieux. Quand donc cessera cette sorte de crime inconscient commis par un corps professionnel pourtant dévoué, mais perdu d'idéologie fausse ? Ce n'est pas avec de l'idéologie qu'on apprend à lire, mais avec des lettres, des *a*, des *b*, des *c*… des lettres…

Elle a tout. Elle est la fille d'un médecin de gauche, blonde, jolie, intelligente, vive et fraîche, pour paraphraser Victor Hugo. Franche, honnête, gaie, bonne camarade, toujours en tête de classe, elle est tout de même préoccupée d'être « populaire », comme disent les jeunes élèves américaines. Très coquette, elle s'applique à plaire. Les parents la font passer directement de CM1 en sixième où elle entre donc à dix ans. Ma classe va plutôt bien, un élève en tête de classe de mon CM1 entre en sixième très facilement. Elle revient nous voir à la rentrée. Elle porte un string dont les lanières latérales dépassent des côtés du pantalon. Elle a dix ans. Elle n'est pas du tout préoccupée de génitalité, seulement de conformité, de popularité ; et, dans une ambiance de filles préadolescentes, elle a demandé à sa mère, et obtenu bien trop facilement, ce symbole de maturité et de liberté. Elle a eu le symbole, mais elle n'avait pas la maturité. Les autres grandes filles l'ont moquée, manipulée, menacée, utilisée, mise au ban… jusqu'à une dépression, un changement de collège puis de ville... Pourvu que sa scolarité n'en pâtisse pas trop... On lui a volé la fin de son enfance en courant sans retenue vers la satisfaction de tous les désirs de consommation, vers la moderne liberté dont elle ne savait que faire, et qui l'a bien abîmée. Elle en a sans doute beaucoup souffert. Les enfants sont des personnes, certes. Mais il est malheureusement nécessaire de le redire haut et fort : les enfants sont des enfants.

En tenant la main de leurs parents, Belinda et sa grande sœur Soraya ont franchi à pied quelques cols de montagnes d'Asie centrale, traversé quelques frontières inquiétantes dans des voitures inconnues, pour fuir leur pays persécuté par l'histoire du XXe siècle. Au bout de leur périple, leurs parents se sont installés par chez nous, dans une maison prêtée au début, puis louée... Avec le soutien d'une de ces associations dont on ne parle jamais, ils sont maintenant de fiers salariés indépendants, qui élèvent soigneusement leurs deux filles.

Les deux fillettes sont arrivées un matin à l'école, donnant la main à la dame de l'association, suivies par leurs parents pour répondre aux questions élémentaires : « Comment s'appellent-elles ? Quel âge ont-elles ? » La dame de l'association savait déjà les prénoms, pas les âges. Les petites suivent très attentivement nos propos qu'elles ne comprennent pas, tournent la tête à droite puis à gauche, observant la bouche de celui qui parle, écarquillant nos mots de leurs yeux noirs, aux sourcils froncés par l'attention. Par signes, nous arrivons à trouver que Belinda a l'âge de la grande section et Soraya celui du CE2. Cinq minutes après leur arrivée, elles sont assises avec les autres, devant un cahier neuf, avec un stylo ou un crayon de couleur, la petite en grande section, la grande au CP, malgré son âge. J'aime cette idée devenue réalité ; l'aide que notre société ne peut apporter à des adultes que par l'entremise d'une association caritative, la République la donne à tous les enfants, systématiquement, sans question, sans charité, comme un droit, comme une réponse légitime : l'école publique gratuite et obligatoire accueille dans l'instant tous les enfants qui se présentent. Notre histoire, nos ancêtres nous ont tout de même légué de très beaux et très grands *principes*.

La grande a refait un CP, c'est-à-dire qu'elle a appris le français dans un livre de lecture. La théorie alors en vigueur, celle de la classe d'âge, nous interdisait de scolariser Soraya en CP ; nous avons caché sa date de naissance pendant deux ans. Notre maîtresse du CP a débuté sa carrière dans une classe de primo-arrivants, et elle est sûre de son fait : il faut apprendre à lire très vite aux élèves qui ne parlent pas notre langue. Soraya a récupéré son retard, elle est maintenant en quatrième, première de sa classe de collège en français. Lorsqu'elle s'est assise la première fois au milieu de ses camarades, elle ne savait pas dire un mot de français. Sa petite sœur était un peu capricieuse au début, chamboulée bien sûr, mais aussi très protégée, on le comprend. Elle s'est bien vite adaptée aux mœurs obéissantes de notre école, elle a appris à lire, et finalement elle est arrivée dans ma classe, petite brunette aux cheveux noirs très épais coupés à la Jeanne d'Arc. Quel caractère ! Elle n'aime pas l'orthographe française parce qu'elle n'entend pas bien les syllabes nasales qui n'existent pas dans sa langue de naissance ; elle confond les *in*, les *an*, et les *on*. Et je ne vous parle pas des *ain*, des *ein*, des *en* avec un *e*, ou de la subtile différence entre *un* et *in*. Mais dans tous les domaines scolaires, elle essaie, elle tente, elle apprend avec une volonté et une détermination dignes d'un candidat aux présidentielles américaines. Elle se fâche quelquefois, contre les autres, contre le problème trop difficile, contre moi aussi… et contre elle-même, en se tapant la main sur le front : « Je suis bête »… Oh non ! ma grande, tu n'es pas bête, tu en es même bien loin. Et ta volonté de vivre et d'apprendre est un grand mérite. Pourvu que ta prochaine école t'apprenne bien des choses encore.

Pourvu que ta prochaine école t'apprenne le subjonctif. « Ouais hein ! Il faudrait que je sois-fusse, vous m'voyez parler comme ça à ma mèr'… », disait la publicité pour le film encensé. Cette publicité entérine la pire des lâchetés enseignantes, elle valide l'abandon de certaines ambitions pour certains de nos élèves, pour certains milieux sociaux qui n'en auraient pas besoin, elle considère presque le subjonctif comme « réactionnaire ». Mais comment donc, petite Belinda, tu n'aurais pas le droit, toi, d'émettre des vœux, de tirer des plans sur la comète ? Je t'ai appris le subjonctif présent, dans les cas simples, car il faut commencer par le commencement : « Il faut que j'apprenne le français à maman », « Il faut que je réussisse », « Il faut que je vive ! »… Le subjonctif, tu l'as dans le ventre, comme un besoin farouche, et il faudrait t'en ôter les mots de la bouche. Je revendique le subjonctif pour toi, pour tout le monde, comme un droit, comme un devoir de l'école. Le subjonctif permet les rêves et les espoirs.

Alors, sans le subjonctif dans la tête, les jeunes gens désespérés ont très vite le couteau à la main.

Renaissance

> « Je crois très sincèrement que l'attitude – fût-elle d'apparence – prise publiquement par une partie de l'épiscopat français à l'égard de la politique et des hommes dits "de Vichy" risque d'avoir des conséquences graves en ce qui concerne la situation du clergé et peut-être de la religion en France après la Libération. »
>
> Ch. de Gaulle, 27 mai 1942, à Mgr Salièges, hostile au régime de Vichy.

Lorsque l'on descend de l'Auvergne vers le sud, on passe par un petit village, en creux de montagne, que la grasse verdeur des prés environnants pénètre par tous les interstices, jusqu'à entourer une de ces églises romanes typiques du Massif central. Lourde, écrasée de sa charge, majestueuse de stabilité arrondie, de pierres dures et blanches, mais si doucement taillées et assemblées par les hommes que ses absides rondes semblent sortir tout droit du fond de la nature, comme les menhirs de Carnac. Alors on s'arrête et on va passer sa main ouverte sur la pierre arrondie, doucement, pour y sentir la chaleur du soleil emmagasinée. Et bien sûr, suivant le mur de la main, on entre dans la sombre nef, bien plus haute qu'il n'y paraissait, et qui recèle discrètement quelques obscurs trésors, ex-voto d'anciens bagnards, sculptures du Moyen Âge, triptyque… Pur joyau de bois sculpté, une Vierge noire se tient là, adossée au large montant de pierre, à peine éclairée par le mince vitrail voisin, en hauteur.

C'est une Vierge de bois qui porte l'Enfant sur un genou, hiératique, romane, médiévale Elle est taillée dans un large tronc ; ses traits, son corps, son visage sont excessivement allongés en hauteur, entraînés par le fil du bois contre lequel le sculpteur n'a pas assez lutté. Excès de longueur et proportion anormale lui donnent cet air majestueux et doux, hors du temps, féminin, qui me séduit presque autant que la hiératique mais voluptueuse statue égyptienne de pierre noire, au vêtement diaphane, celle qui marquait autrefois l'entrée des salles orientales du Louvre.

J'aime les femmes. Est-ce la raison pour laquelle j'ai choisi ce métier où, comme elles, je suis toujours encombré d'enfants ? La Vierge noire ne semble pas encombrée de l'Enfant. Sans doute l'importance qu'il a justifie-t-elle cette représentation immobile qu'en donne l'artiste. Il n'est en réalité qu'un symbole d'enfant. Beaucoup des enfants représentés au Moyen Âge ont ce caractère long, irréaliste, un peu faux. Ils semblent des hommes en réduction. Ils sont seulement plus petits que les adultes qui les entourent. Ils n'ont d'enfantin que leur petite taille, relativement aux autres personnages du tableau. Tant que Léonard de Vinci, à la Renaissance, n'a pas étudié les proportions de la tête et des membres par rapport au corps, la seule différence corporelle entre l'enfant et l'adulte a été la différence de taille. Le corps d'un enfant n'est pas du tout semblable au corps d'un adulte.

L'intelligence d'un enfant n'est pas du tout semblable à l'intelligence d'un adulte.

L'enfant n'est pas un adulte en réduction.

La première tentative de description rationnelle de l'intelligence enfantine, celle du XXe siècle, n'est qu'une description symbolique, une rénovation de l'Émile de Rousseau : l'enfant construit lui-même son savoir, il compare lui-même et doit décider lui-même du vrai et du bien, il est bon et compatissant, perméable à la morale dite ; il a besoin de liberté mais la confrontation sociale, la compétition le traumatisent...

Le symbole de Nicée tient l'Enfant sculpté éloigné de sa mère, au bout de ses genoux, le dos bien droit, déjà Dieu dans un faux corps d'enfant. Le symbole du Nouvel Émile tient l'enfant moderne éloigné de la société corruptrice, éloigné de l'influence du monde adulte, éloigné de la transmission de la culture. Ce monde désagrégé et pervers que l'enfant doit à tout prix éviter est un amalgame moderne de la corruption terrestre par l'arbre de la science du bien et du mal, celle du péché originel, mélangée à un peu de la corruption capitaliste de la classe bourgeoise. Le Nouvel Émile est l'enfant illégitime de la faucille et du goupillon.

Après la Deuxième Guerre mondiale, il était difficile de se prétendre progressiste et catholique traditionnel, tant certains atermoiements apparaissaient alors comme criminels[1]. En revanche, il était facile d'être à la fois communiste et progressiste, tellement le « Parti » avait courageusement sacrifié ses militants armés sur l'autel brisé du pacte germano-soviétique.

D'un côté, les atermoiements du Vatican pouvaient s'analyser sévèrement par la traditionnelle proximité avec divers pouvoirs nationaux ; de l'autre, les glorieux dirigeants du Parti savaient pertinemment que, eux, n'approcheraient jamais du pouvoir en Occident : Staline en avait décidé ainsi.

Alors, après-guerre, sur la lancée des scoutismes d'avant-guerre, les jeunesses militantes apparemment opposées, mais aux sigles si proches (JC, JOC...), se sont lancées à illusions perdues dans le « travail de jeunesse », pot commun de la cuisine néopédagogique d'aujourd'hui. Les Éclaireurs ont concurrencé les Scouts, le patronage laïc s'est installé en face du patronage du presbytère, l'équipe bleu ciel de la Garde Saint-Yvy a joué contre les gars d'En Avant au maillot rouge et noir, les Ceméa[2] et l'UFCV[3] ont formé concurremment les moniteurs de colo, le journal *Vaillant* a tiré autant d'exemplaires que *Fripounet* ; et, bien sûr, l'école publique gratuite et obligatoire a tenté de

1. Cf. citation au début du chapitre d'après Ph. de Saint-Robert, « De Gaulle, la laïcité et l'action politique », *Le Figaro*, 12 octobre 2008.

2. Centres d'entraînement aux méthodes d'éducation active.

3. Union française des centres de vacances et de loisirs, organismes concurrents chargés de la formation des animateurs de centres de vacances.

mieux enseigner que l'école catholique, bien trop occupée à garantir son financement par l'État.

Finalement, une fois financés, ils se sont tous rejoints sur la pédagogie.

Est-ce à force de fabriquer les mêmes cerfs-volants hexagonaux, de chanter en chœur les mêmes ritournelles, de taper dans les mêmes ballons de foot et de rugby, ou de dessiner les mêmes héros de magazines illustrés qui sauvent les mêmes veuves et les mêmes orphelins pauvres ? Ou bien est-ce une volonté politique établie par le Komintern, qui a décidément confirmé la non-prise du pouvoir en Occident en impulsant la campagne de « la main tendue aux catholiques » ? Ou alors la conséquence de l'importance qu'a prise cette branche folle que l'Église romaine a sciemment laissé croître en Amérique du Sud et ailleurs, sous le nom de « théologie de la libération », peut-être pour racheter un peu les maudits atermoiements cités plus haut.

Les convergences étaient évidentes. Les militants pédagogiques de base se sont affrontés de moins en moins fermement, les dirigeants se sont rapprochés : la « théologie de la libération » a généré la « pédagogie de la libération », méthode éducative du Nouvel Émile sur laquelle les deux courants se sont retrouvés ; deux courants qui ont en commun une justification extérieure, une Raison supérieure d'agir qui les place au-dessus du peuple à gouverner : les cathos de gauche et les enseignants communistes savent ce qui sera bon pour le peuple qu'ils entendent gouverner.

Souvent ensemble, mais la plupart du temps en concurrence, les deux têtes de pont de l'« éducation nouvelle » ont redéfini l'enfant nouveau, objectif pédagogique, objectif politique et moyen d'atteindre enfin la rénovation de cette humanité rétive qu'aucun révolutionnaire ni aucun théologien n'a jamais obtenue.

Politiquement, les enseignants communistes sont restés communistes et les catholiques de progrès sont devenus la deuxième gauche, celle qui a intégré le Parti socialiste au congrès d'Épinay pour le dominer aujourd'hui.

Syndicalement, l'hégémonique Syndicat national des instituteurs a explosé en deux principaux courants, le courant communiste de la Fédération syndicale unitaire et le courant socialiste du Syndicat des enseignants. La nouvelle gauche a occupé une place syndicale de plus en plus large dans l'Éducation nationale après 1968, dans le Sgen-CFDT (Syndicat général de l'Éducation nationale).

Scientifiquement, il manquait à tout ce joli monde une justification. Elle est venue de la psychologie qui aspirait alors à dépasser le succès public de la psychanalyse. Liée à la pédagogie générale par le psychologue Piaget, elle est devenue science sociale d'abord, puis science tout court et bientôt donneuse d'ordres et prescriptrice de l'organisation de l'enseignement international[4] moderne.

---

4. *Psychologie et pédagogie*, de Piaget (Denoël, 1967), n'est qu'une planification de toutes les réformes pédagogiques occidentales de l'après-guerre.

Humainement, il ne restait plus qu'à prendre les places et à faire fructifier cette nouvelle théologie de l'enfant. Un inspecteur proche des communistes, bardé d'un peu de psychologie piagetienne et de sa volonté de libérer l'enfant de l'oppression des maîtres, invente la méthode de non-lecture, et bousille l'avenir culturel et donc économique d'un pays. Un ancien membre de la JOC, chroniqueur à *La Vie catholique*, dirige pour « la gauche » toutes ses réformes pédagogiques destinées à sauver la classe ouvrière. Un ancien de la Ligue communiste et du Sgen devient pseudo-chercheur en lecture, et organise le pseudo-laboratoire qui tente de sauver l'héritage de la méthode de non-lecture. Un vieux prof de maths du Parti communiste, en mal d'agrégation, se fait le chantre moderne de la suppression de la division à l'école primaire... Tous trempent leurs pieds dans une des deux idéologies sources, et roulent leur justification théorique dans la psychologie de bazar. Tous sont soutenus par des syndicats, des partis, des groupes pédagogiques qui sont autant de lobbies de l'« éducation nouvelle ». Tous sont plus ou moins fondateurs d'une science nouvelle, psychologie, psycho-pédagogie, pédagogie générale, didactique, sciences de l'éducation.

Tous profitent de leur science nouvelle pour s'en attribuer les chaires inutiles.

La République, pour défendre les Lumières, avait dû rendre aux clergés la charge de la théologie – la vraie. Parce que la théologie prétendait à la domination absolue des autres sciences, on l'a renvoyée à sa place, sous la responsabilité des Églises, mais surtout pas au centre de l'université républicaine. Un grand pas pour la laïcité.

Les sciences de l'éducation ne sont qu'une dogmatique, une théologie, une alchimie. Les servants des sciences de l'éducation sont donc un corps constitué chargé d'organiser le respect d'un dogme, c'est-à-dire un clergé organisé dans l'État. La République avait rendu la théologie aux religions ; les cathos de gauche, aidés des enseignants communistes, nous en ont imposé une autre, plus progressiste à leurs yeux, plus dominatrice encore, et de sinistres conséquences.

J'ai assisté un jour à ce comble : les meilleurs mathématiciens du pays réunis à Normale sup, en société organisée, ont dû entendre, en conclusion de leurs travaux sur l'enseignement des mathématiques, la présidente une association française de didacticiens des mathématiques. Elle leur a assené un discours complexe, fastidieux, incompréhensible et incompris, composé de triangles didactiques, de « situations-problèmes » et de quelques autres âneries stériles mais ronflantes, qui les a laissés cois. Dans le monde ancien, les théologiens en imposaient aux astronomes. Dans le monde moderne, la didacticienne en impose aux meilleurs mathématiciens du pays, aux responsables des mathématiques de nos plus grandes écoles, aux professeurs de mathématique appliquée qui forment les ingénieurs en aviation et en fusées, à la fine fleur du seul pur panthéon humain possible... ceux qui ne parlent qu'à coup sûr, les mathématiciens.

Notre pays va disparaître pour avoir laissé pérorer les ânes devant les savants.

Notre pays va disparaître pour avoir laissé usurper le beau nom de « science » par des objets qui n'en sont pas. Science de l'éducation, science économique, science de la communication… j'ai même lu science administrative ! Le dira-t-on jamais assez clairement : n'est pas science qui veut. N'est pas scientifique qui le prétend. Les pédagogues, les administratifs et les économistes ne parlent pas à coup sûr, ils ne prédisent rien. Ils ne sont pas des scientifiques. Leur faire confiance comme s'ils prédisaient le vrai à coup sûr amène des catastrophes, pédagogiques, économiques… Nous y sommes.

La didacticienne a étouffé les mathématiciens par une théorie de l'intelligence enfantine fumeuse parce que non établie. Théorie idéologique, théorie politique, militante, volontariste, mais pas théorie issue de l'observation du réel.

C'est pour « libérer l'enfant de l'oppression capitaliste exercée sur lui par les maîtres de l'école des flics et des patrons » que les pédagogues modernes de gauche ont inventé la réunion citoyenne copiée sur la réunion de cellule, où les enfants de huit ans sont censés résoudre collectivement, en légiférant, les problèmes sociaux de leur cour d'école. Et c'est pour « protéger le pur enfant de la corruption native de la société des hommes », autant dire du « péché originel », que les autres pédagogues, chrétiens de progrès, ont inventé la même réunion citoyenne copiée sur les confessions collectives où la délation, la contrition et l'autodénonciation tiennent lieu d'objectifs éducatifs.

C'est pour rompre avec la tradition et ses formes imposées que ces pédagogues-ci ont, sur le modèle de Vatican II, cassé toutes les formes rituelles qu'avait établies l'enseignement de masse. C'est pour du passé faire table rase que ces pédagogues-là ont foulé aux pieds toutes les formes efficaces d'exercices rituels que sont l'analyse grammaticale, la lecture à voix haute et la solution rédigée de problèmes.

Selon les uns, c'est pour promouvoir la « culture prolétarienne », par opposition à la vile « culture bourgeoise », mais, selon les autres, c'est par charité envers les pauvres gens que l'école a abandonné l'étude de la littérature classique et du dessin d'art, pour les remplacer par l'étude de modes d'emploi d'appareils électroménagers, du montage de moteurs de mobylettes, de recettes de cuisine et de « règles de jeu ».

Par opposition à la libre concurrence capitaliste d'une part, mais aussi pour que, ici et maintenant, les derniers soient les premiers, le parti pédagogiste a supprimé toute note, toute mesure comparative, toute compétition, toute échelle hiérarchique intellectuelle, privant les enfants en construction de ce qui leur est le plus nécessaire : l'opinion mesurée que la société a sur eux-mêmes.

L'« éducation nouvelle » n'est donc pas une pédagogie réelle, mais une déclinaison de volontés abstraites sur l'enfant parfait, l'enfant de demain, l'enfant épuré. La réalité enfantine, dès qu'elle est réellement décrite, est beaucoup plus mouvante, beaucoup moins simple à cerner. L'Enfant Jésus et le Jean-Baptiste de la

Renaissance, ceux de Michel-Ange et de Raphaël, aux corps réalistes de bébés potelés, grimpent agrippés aux cheveux des femmes, le pied au milieu du bras, juste là où ça fait mal, et ils chahutent dans leur dos… Les enfants réels ne sont jamais où les théoriciens adultes les attendent. Ils dérangent toujours qui ne les comprend pas. L'intelligence enfantine n'a pas encore été décrite… C'est peut-être une bonne chose, à lire les Machiavels pédagogues qui veulent en faire un être pur. Pourtant, Wallon avait commencé à débroussailler. Mais, je suis comme un moine défroqué meurtri par sa vieille foi, je ne crois plus rien ni personne, et n'accepte d'observations sur l'enfant que celles que mon expérience confirme, celles que mes collègues institutrices corroborent. Et, même là, je ne suis sûr de rien…

- L'enfant petit est un ancien bébé qui commandait impérieusement sa mère par des cris et des pleurs. Nous recevons à l'école des bébés qui ne sont pas tous sortis de cette ancienne toute-puissance, et notre devoir est de la leur contester très rapidement et très fermement. Elle leur est néfaste. Ainsi, et Wallon le note très bien, le refus d'obtempérer, chez un petit, conséquence d'une carence éducative maternelle, est une grande cause de retard intellectuel.
- La compréhension enfantine ou, pour mieux dire, l'appréhension enfantine du monde qui les entoure n'a rien de commun avec la démarche intellectuelle de l'adulte à la culture construite. Ce n'est ni le

même travail ni la même structure intellectuelle. Les enfants abordent tout ce qu'ils perçoivent du monde en parallèle, ensemble, au départ sans liens. Simplement, grossièrement, et même quelquefois sommairement pour être plus exact, ils engrangent les informations comme elles leur arrivent. Elles se rassemblent par similarité ou opposition – toujours Wallon – et se précisent petit à petit, toutes en parallèle.

- Le premier outil intellectuel à la disposition des enfants s'appelle l'intuition, fonctionnement d'appariement et d'opposition naturel, natif, quasi animal. La discrimination par pointage du doigt, puis par nommage, c'est-à-dire le vocabulaire, est l'élément primordial du système de stockage.
- Détail corollaire, mais de grande importance à mon sens : la quantité de données connues par le jeune enfant est génératrice de complexité et de précision. En résumé, plus le vocabulaire d'un enfant est étendu, plus il est précis, plus l'enfant est intelligent. L'intelligence est partiellement liée à la quantité de vocabulaire, donc à la mémoire. On ne peut inventer des systèmes qu'à partir de données connues. Une tête vide ne peut pas être bien faite.
- La « compréhension », dans un tel système, est assez différente de l'intuition du départ, et consiste surtout en la génération de liens logiques entre les ensembles de données déjà rassemblées. Ces liens – souvent intuitifs aussi – se précisent par l'exactitude grandissante que la perception sensitive apporte avec la maturité.

- La culture humaine établie, la culture adulte – il n'y en a qu'une, il n'y a pas deux cultures adversaires, la culture bourgeoise et la culture prolétarienne – est construite selon une ligne plutôt droite et pure, organisée et présentée selon des traditions culturelles qui sont notre humanité. Le système de construction de la culture adulte est la raison conduite (*i. e.* le raisonnement mathématique, la démonstration, l'invention d'expériences de confirmation-infirmation, la dissertation philosophique…) comme système de contrôle de l'intuition toujours présente.
- Le rôle des enseignants est de faire passer les élèves de l'intuition élémentaire à la raison conduite, mais aussi à l'intuition prouvée. Imposer, comme cela vient d'être fait depuis trente ans, que les enfants de huit ans, de quatorze ans même, construisent eux-mêmes leur savoir *ex nihilo* revient à demander à des enfants intuitifs de se conduire comme des savants qui ont déjà domestiqué toute la culture de leur domaine par la raison conduite. Justement, nos élèves ne savent pas conduire leur raison. On ne peut atteindre un but en utilisant ce but comme un moyen déjà en place. Les enfants ne sont absolument pas des chercheurs scientifiques. Ils sont des enfants.
- La confirmation par l'adulte, l'approbation est le premier système de construction du savoir enfantin en lieu et place de la raison conduite des adultes et de ses preuves. Cette approbation leur est furieusement nécessaire. La saine volonté de les faire avancer vers la preuve autonome que représentent les

premières démonstrations ne justifie pas de purement supprimer l'approbation par l'adulte.

- Considérant que les premières impressions neurologiques viennent des sens donc du corps, que l'approbation par l'adulte est nécessaire aux petits, que le premier travail intellectuel véritable proposé aux enfants est l'apprentissage de la lecture, que la conduite de la raison est un des objectifs à atteindre : il est rigoureusement nécessaire de commencer le travail de lecture par l'écriture des lettres une à une, en grande section, selon des règles précises et impératives, qui représentent les fondations de l'exactitude et de la précision intellectuelles, qui font progresser l'organisation en parallèle des connaissances dans le cerveau, et qui sont les ingrédients les plus nécessaires à l'apprentissage de la conduite de la raison.
- L'apprentissage de la lecture s'obtient donc par l'écriture-lecture ; il est le premier travail de raison conduite, et se fait donc par transmission directe, précise et exigeante de l'enseignant à l'élève. Le véritable travail des enseignants pour cet apprentissage consiste en une progression d'abord graphique, puis phonétique qui série les difficultés en les organisant de la plus simple à la plus complexe, c'est-à-dire des lettres uniques aux prononciations les plus régulières jusqu'aux diphtongues et aux combinaisons complexes ou de prononciation variable.
- Les méthodes de lecture (globale, mixte, par hypothèses, par albums, naturelle… *i. e.* fondées sur la recherche par l'élève à l'intérieur de mots appris

globalement) qui dominent depuis trente ans et qui sont encore nettement majoritaires sont des méthodes de non-lecture aux conséquences catastrophiques pour la lecture et tout le travail intellectuel à venir de l'élève. Elles sont à proscrire. Les principes qui les justifient sont au mieux faux, la plupart du temps idéologiques, fondés sur l'enfant théorique, et au pire stupides et sans intérêt. Il est rare dans l'histoire qu'un domaine de la connaissance ait été à ce point saccagé par idéologie et par bêtise. Je ne comprends toujours pas comment les pays occidentaux ont pu si longtemps laisser passer de telles stupidités destructrices.

- Les enfants ont besoin, d'une part, de se mesurer les uns aux autres pour savoir qui ils sont. Leur échelle de construction personnelle est sociale et comparative. L'approbation de l'adulte leur est, d'autre part, un élément de construction. Les notes données par un maître à son élève sont une remarquable échelle de mesure et d'approbation par l'adulte. De plus, elles permettent de faire porter la valeur, et donc les efforts, sur des objets dont l'intérêt n'est quelquefois perceptible qu'à long terme. Une mauvaise note ne traumatise pas. Elle secoue un peu, et c'est très bien comme ça.
- L'adulte nourricier commande l'enfant nourri. *A fortiori*, le maître commande sa classe dans laquelle il maintient l'ordre et de longues plages de silence studieux. Les jeunes élèves doivent apprendre à écouter avant d'apprendre à parler dans une collectivité organisée par le maître. Le calme et le silence

sont nécessaires au travail intellectuel, mais aussi au bonheur d'un grand nombre d'enfants.

- Avant d'être capables de faire ce qu'ils veulent, les enfants doivent apprendre à faire exactement ce qu'on leur demande ; pas à pas, puis d'un seul coup. Sous peine de ne même pas apercevoir l'objet visé. Faire, c'est comprendre. L'exercice de la liberté suppose une puissance qui ne s'acquiert que progressivement. La liberté s'apprend. Elle s'acquiert. Elle ne peut pas être seulement donnée.

Les enfants ne sont pas des adultes, et surtout pas des savants cherchant « dans la jungle de l'informulé » le chemin d'une nouvelle connaissance. Ils sont des enfants. Françoise Dolto a milité pour que l'enfant soit une personne, à l'époque où son individualité n'était pas reconnue, à l'époque où le châtiment corporel était un système pédagogique, ce qu'il n'est pas. Elle a obtenu sur ce terrain des progrès incontestables et bénéfiques. Qu'elle en soit remerciée, au nom de la protection de l'enfance. Mais maintenant que cette question fondamentale a été si bien posée, il nous reste à finir la traversée entre le Moyen Âge et la Renaissance pédagogique par une description plus exacte, plus fine, plus réelle de l'intelligence enfantine. Il est temps d'affirmer que l'enfant n'est ni un adulte ni un adolescent. L'assimilation des enfants aux adolescents a été réalisée par ma classe d'âge, les « soixante-huitards », qui ont tout simplement fait redescendre leurs élémentaires préoccupations de jeunes gens de dix-sept ans sur les enfants petits. L'assimilation de l'enfant à l'adulte a été décrétée par un courant idéologique de rénovation de l'humanité qui a pris indûment la direction du ministère de l'Éducation nationale. Et nos enfants ne savent pas lire.

Automne

> « Quatre ou cinq bons vieux et bonnes vieilles, de ceux qui regardent s'élever la jeunesse avec indulgence, et qui sont, dans un endroit, comme les pères et mères à tout le monde, devisaient quelquefois entre eux sous les noyers de la Cosse, en regardant tout ce petit ou jeune monde grouillant autour d'eux, ceux-ci jouant aux quilles, ceux-là dansant. Et les vieux disaient :
> « – Celui-ci sera un beau soldat s'il continue [...] celui-là sera tiret et entendu comme son père ; cet autre aura bien la sagesse et la tranquillité de sa mère... »
>
> George Sand, *La Petite Fadette*.

– Y en a-t-y d'la jeunesse à s'agiter par là ! me souffle Simone.

C'est le repas de l'école. Trois cents convives, parents, grands-parents, élèves, anciens élèves se sont retrouvés ce soir dans la salle des fêtes du village, autour d'un repas de crêpes, à la bonne franquette. Le repas terminé, les tables ont été repliées et rangées, et les chaises poussées sur le pourtour de la salle. Le DJ a lancé le tube de l'été dans ses énormes haut-parleurs rectangulaires. Bernard et Simone sont assis dans un coin de la salle ; je suis près d'eux, guettant leur désir de rentrer se coucher, car ils sont bien vieux, et c'est à moi de les ramener chez eux.

Aux premières notes de musique joyeuse, les enfants qui couraient tout à l'heure entre les tables se sont précipités sur la piste de danse éclairée de flashes de lumière bleue qui découpent des silhouettes ahurissantes. Les plus grands tiennent le centre de la piste, les petits s'agitent tout autour. La musique me semble stridente et saccadée.

– C'est-y beau, tout de même… toute cette jeunesse…

Pour s'adresser à moi, Simone se tourne de tout son corps noué de vieillesse. Ses cheveux gris perle sont impeccablement coiffés de ce matin, mais elle ne se déplace plus qu'appuyée sur sa canne, pliée en deux par les années du travail de la terre. Dans les années 1950, avant le maïs, on binait les rangs de betteraves à la main, à la binette courte, et on ne se redressait pas au bout du champ pour changer de rang. Elle est désormais tellement tournée vers le sol qu'on ne peut l'entendre que lorsqu'elle est assise. Justement, ce soir, elle a beaucoup de choses à me demander.

– Combien qu'on a d'élèves, cette année, nous autres ?

Ce n'est pas qu'elle est curieuse, mais elle aime bien savoir…

– Cent cinquante-deux le jour de la rentrée…

– Ah ! Tu vois, Bernard, je te l'avais bien dit…

Elle le savait très bien avant de demander, je crois qu'elle me le demande uniquement pour avoir le plaisir de l'entendre répéter à nouveau. Leurs petits-enfants ont quitté l'école depuis quinze ans et ils vont bientôt se marier, mais les grands-parents disent encore « nous » pour parler de l'école, de leur école. Et du nombre d'élèves qu'elle accueille, pourvu qu'il soit supérieur à celui de l'« autre école ».

Bernard est président d'honneur de l'Association des parents et amis de l'école publique. Il est le fondateur de cette association qui a lancé la première cantine scolaire d'ici, où les parents fournissaient les légumes et organisaient des bals pour acheter des assiettes et des verres. Il a mis sa vie au service de « son » école ; tant que sa santé lui a permis de tenir debout, il est venu à chaque fête, à chaque kermesse griller les saucisses que nous roulons dans des galettes de blé noir, monter les meubles de l'école neuve, tenir la buvette, ou la caisse de ceci et de cela, offrir quelques bouteilles de son délicieux cidre… Il est maintenant adoré de tous nos parents qui ont ce bonheur de pouvoir lier leur travail bénévole d'aujourd'hui à une fière et belle tradition. Celle de la défense de l'instruction publique, si joliment incarnée par ce couple de vieux paysans propriétaires de quinze hectares. Le peuple défend l'instruction publique. Les jeunes mamans viennent les saluer gentiment, les embrasser, les cajoler. La nouvelle présidente de l'association ne les connaissait pas encore, je les ai présentés. Autour d'eux, ce soir, on ressent, presque physiquement, une sorte de quiétude chaleureuse, comme une plus grande épaisseur de l'air alourdi de tendresse et de reconnaissance. Une bien douce impression.

Annaïck est venue m'embrasser, elle est en deuxième année de fac. Elle veut devenir éducatrice. Elle me confirme que, oui, Jacques est militaire, il est parti voici deux semaines, un peu contre l'avis de son père. Simone veut savoir.

– Celle-ci, c'est bien la fille d'Henri ? Et le militaire, c'est le petit-fils de Jeannette, non ? On me l'avait dit qu'il voulait être militaire…

Et puis passe Pepette, resplendissante de jeunesse, le sourire malicieux, qui vient d'avoir son bac en juin. Simone la reconnaît sans hésiter. Tout le monde la reconnaît sans hésiter. Non, elle n'a pas eu de mention au bac.

– Mais comment, tu avais seize et dix-sept aux deux épreuves de français ? Et tu n'as pas eu de mention ? Dis donc, tu as dû passer une belle année de terminale, toi !

Elle rit et court rejoindre les danseurs. Elle est en première année de droit.

Stéphane, un peu fatigué ce soir, me harponne. Il est cadre dans la grande distribution alimentaire. Il me raconte un peu les terribles mœurs managériales qu'ils subissent. Mais il est fier de ses copains d'école, il est fier des élèves de sa génération.

– Regardez bien, parmi ceux qui ont plus trente-cinq ans… Pas un n'est resté à l'écart. Nous avons tous des bons boulots… Et depuis, les plus jeunes ont suivi…

Il est fier de son école, mais ce qu'il dit n'est pas tout à fait vrai. Je sais très bien quels anciens élèves, issus de quelle génération, n'ont pas vraiment réussi. Il y en a… malheureusement, il y en a. Le papa de Nolwenn nous interrompt, il trouve qu'elle commence à faire attention à son orthographe. C'est vrai, nous nous sommes mis d'accord au début de l'année pour cadrer cette question… et cela semble « prendre ». Le papa de Yanis demande pourquoi on ne sort pas plus de l'école. L'opéra l'an dernier, une classe de neige cette année, ce n'est pas assez ; surtout pour les enfants qui n'ont pas suffisamment d'occasions d'ouverture. Il ne parle pas pour ses enfants, qui pratiquent déjà des dizaines d'activités diverses, mais pour d'autres enfants…

– Je dois choisir ; si je fais l'école soigneusement, je ne peux pas gaspiller le temps scolaire en promenades. Non, la plus efficace ouverture que je dois à mes élèves, c'est la lecture. Pourvu qu'ils sachent lire, et ils pourront s'ouvrir sur tout ce qu'ils voudront !

Lire ! Tout le monde est d'accord. Les lieux communs de notre société de consommation de loisirs ne tiennent pas longtemps. Même les enfants pauvres, il faut leur apprendre à lire, plutôt que de les promener… Ce soir, cela nous semble si vrai. Et la lecture est bien le premier rôle de l'école, son rôle sacré.

Simone a envie de rentrer maintenant. Elle me dit que les jeunes collègues ont l'air « très bien ». Je confirme. Je les observais, tout à l'heure. L'une est venue avec sa jeune sœur, infirmière de bloc opératoire, qui regardait avec un peu de jalousie la grande sœur maîtresse d'école, centre d'attention de plusieurs groupes de petits qui se sont succédé pour venir la voir, lui parler, la toucher… Les patients opérés ne sont pas si reconnaissants. Le jeune mari de l'autre, qui travaille dans l'industrie, pariait sur les prénoms des élèves de sa jeune femme chaque fois qu'il en apercevait un pour la première fois : « Celle-là, ce doit être Sandra ? Et c'est celui-là Kévin, non ? » Oui ! Il les connaît sans jamais les avoir vus. Tous les soirs, elle doit le soûler des récits de sa journée d'école…

– Bon, il est tard…, dit Simone.

Je les emmène tous les deux à la voiture, où ils montent en se pliant difficilement, et les reconduis à la petite ferme. Pendant que Bernard ouvre tranquillement la porte de la maison, Simone soupire :

– Tu ne viens pas nous voir assez souvent. Tu sais, le temps passe…

Et puis, du seuil de sa cuisine, celle qui porte sur son dos plié le mérite de la terre, le vrai mérite, se retourne vers moi avec ses reins cassés, appuyée sur sa canne, et elle redresse la tête pour me dire :

– Quand même, vous avez eu bien du mérite… toi et les instituteurs. Vous leur avez bien appris, c'est pour ça !

Quand Simone défend « son » école, elle parle de l'école publique. Elle me dit que nous avons bien appris à lire et à compter à nos élèves, et que donc nous avons bien défendu l'école publique. Je suis persuadé qu'il y a aussi, ailleurs, dans un de ces pavillons début de siècle de Versailles, ou de Neuilly, d'autres grand-mères qui s'insurgent avec le même bon sens contre les échecs patents de l'école de leurs petits-enfants. Le peuple veut des écoles qui « apprennent bien ». Tout le peuple veut des écoles qui « apprennent bien », même les défenseurs de l'école privée. La revendication est universelle. Le débat, qui m'importe pourtant beaucoup, de la religion dans l'école cède le pas devant l'autre, celui, primordial, de la lecture. « Est-ce une école catholique ou une école laïque ? » demandaient les jeunes parents qui emménageaient il y a vingt ans en Bretagne. « Ont-ils la méthode globale ? » demandent-ils aujourd'hui, quand ils ne cherchent pas ouvertement à habiter dans la commune qui a la chance d'« avoir » une école à méthode alphabétique. Et que l'école soit publique ou privée n'importe plus, pourvu qu'elle apprenne à lire.

L'école qui saura désormais « bien apprendre », qu'elle soit publique ou privée, sera l'école du XXIe siècle. Si nous voulons sauver nos écoles, quelles qu'elles soient, notre devoir d'instituteurs modernes est d'accepter d'avoir eu tort pendant quarante ans. Et de réagir… vite.

Remerciements

Remerciements à mes collègues, jeunes et moins jeunes, de l'école publique de Médréac, au professeur retraité Michel Le Normand, pour l'enthousiasme de sa jeunesse, et à mes élèves.

Table des matières

Collection « Coup de gueule »
igée par Jean-Claude Gawsewitch

dler, Gilles-William Goldnadel, *Conversation sur les sujets qui fâchent*
D'Alessandro, *AZF : une vérité foudroyante*
ardolle, *Éloge de la graisse*
phe et Martine Beck, *L'Otage oublié*
aul Brighelli, *La Fabrique du Crétin*
Paul Brighelli, *À Bonne École*
-Paul Brighelli, *Une École sous influence*
n-Paul Brighelli, *Fin de récré*
ominique Decèze, *France Telecom, La Machine à broyer*
Dominique Decèze, *Haute Tension à EDF-GDF*
Dominique Decèze, *Services publics, la grande braderie*
Dominique Decèze, *Gare au travail*
Pierre Delval, Guy Zilberstein, *La Contrefaçon, un crime organisé*
Caroline Derrien, Candice Nedelec, *Sarkozy et les femmes, un homme sous influence*
Gérard Filoche, *On achève bien… Les inspecteurs du travail*
Gérard Filoche, *La Vie, la santé, le travail sont précaires. Pourquoi le travail ne le serait-il pas ?*
Gérard Filoche, *Mai 68 : Histoire sans fin*
Gérard Filoche, *Les Caisses noires du patronat*
Gilles Gaetner, *Rachida Dati, et si on parlait de vous ?*
Jacques Gaillot, *Carnets de route*
Francis Guthleben, *Scandales à France Télévisions*
Michel Malaussena, *Les Animatueurs*
Noël Mamère, Patrick Farbiaz, *La Tyrannie de l'émotion*
Noël Mamère, Pätrick Farbiaz, *Petits arrangements entre amis*
Jeannine Martigny, *Otages à perpétuité*
Maurice T. Maschino, *Un Geste ordinaire*
Maurice T. Maschino, *L'École de la lâcheté*
Patrick Maugein, *Ouï-dire sur la mort*
William Nasarre, *Confidences dérangeantes d'un homme d'église*
Rosemonde Pujol, *Un Petit Bout de bonheur*
Rosemonde Pujol, *Le Vingtième sexe*
Barbara Romagnan, *Du Sexe en politique*
Jacques Séguéla, *Tous ego*
Régis Sérange, *Flic de supermarché*

Composition et mise en pages : FACOMPO, LISIEUX

Dépôt légal : mars 2009